논쟁으로 읽는 한국사
1

논쟁으로 읽는 한국사 1
― 전근대

초판 6쇄 발행 2021년 3월 12일
초판 1쇄 발행 2009년 9월 24일

엮은이 『역사비평』 편집위원회
펴낸이 정순구
책임편집 정윤경
기획편집 조수정, 조원식
마케팅 황주영

출력 블루엔
용지 한서지업사
인쇄 한영문화사
제본 한영제책사

펴낸곳 (주) 역사비평사
등록 제300-2007-139호 (2007. 9. 20)
주소 10497 경기도 고양시 덕양구 화중로 100(비전타워 21) 506호
전화 02-741-6123~5
팩스 02-741-6126
홈페이지 www.yukbi.com
이메일 yukbi88@naver.com

한국어판 출판권 ⓒ 역사비평사 2009
ISBN 978-89-7696-532-5 03910 / 978-89-7696-534-9 03910 (세트)

이 도서의 국립중앙도서관 출판시도서목록(CIP)은 e-CIP 홈페이지(http://www.nl.go.kr/ecip)에서
이용하실 수 있습니다.(CIP 제어번호 : CIP2009002867)

책값은 표지 뒷면에 표시되어 있습니다.
잘못 만들어진 책은 구입하신 서점에서 바꾸어 드립니다.

논쟁으로 읽는 한국사

전근대 1

『역사비평』 편집위원회 엮음

역사비평사

개정판을 내며

'논쟁'은 '운동'이자 '흐름'입니다. 자칫 고정불변의 주어진 실체로 인식될 수 있는 먼 과거의 역사상도 역사가들의 고민과 치열한 연구를 통해 그 생명을 얻고 다시 새로운 면모로 주목받곤 합니다. 그리고 역사가들의 또 다른 시선에 의해 새로운 의미를 부여받고, 부정되거나 재조명됩니다. '논쟁'을 통해 역사를 들여다볼 때 과거는 입체적이 되고, 우리들 자신의 현실에 대한 노련한 조언자가 되어주기도 합니다. 그리하여 역사는 흥미와 교훈을 두텁게 입습니다.

『논쟁으로 읽는 한국사』 1, 2권은 각각 『한국 전근대사의 주요 쟁점』(2002)과 『논쟁으로 본 한국사회 100년』(2000)을 초판으로 하는 책입니다. 말하자면 '개정판'인 셈입니다. 두 권의 책은 역사가 고정불변의 주어진 실체가 아니라는 사실, 때로는 새로운 사료의 발견으로 풍부해지고, 때로는 치열한 관점의 충돌로 벼려지는, 움직이고 성장하는 그 무엇이자 그 자체로 또 하나의 '역사'라는 사실을 말해주었습니다.

두 권의 책이 출간된 지가 어언 10여 년 전이지만, 아직까지도 많은 독자들이 새롭게 이 책에 흥미를 보여주고 계십니다. 대학에 입학하여 이런저런 주제로 짤막한 소논문을 작성해야 하는 학생들, 역사학의 특정 시대나 분야로 관심을 좁히기보다는 다양한 주제에 접근할 길을 찾고 있는 인문 독자들, '논쟁'이라는 독특한 프리즘을 통해 과거 역사상만이 아니라 그 역사를 추구하고 고민해온 '역사가들의 역사'를 읽고 싶은 독자들까지, 목적은 다양합니다.

그 성원에 힘입어, 비록 지난 10여 년 사이에 나온 최근의 연구성과를 반영하지 못하는 아쉬움을 안고서라도, 이 책들을 좀 더 보기 편한 방식으로 다듬어 독자들께 다시 소개해야겠다는 생각을 했습니다. 전근대편과 근현대편을 하나의 타이틀 아래 1, 2권으로 묶고, 장정과 본문 디자인을 좀 더 읽기 편한 스타일로 바꾸고, 쉽고 깔끔한 문장으로 제목과 본문을 다듬었습니다.

새롭게 단장하고 독자를 만나기 위해 다시 서점에 나서는 이 두 권의 책이, 사라진 논쟁의 풍경을 환기할 수 있으면 좋겠습니다. 연구자들이 자신의 모든 것을 걸고 하나의 '진실'을 주장할 때, 그들은 늘 깨지기 위해 그렇게 몸을 던지는 것이라고 생각합니다. 더 날카로운 진실, 더 인간적인 진실을 찾아나가는 것이야말로 학문의 길일 것입니다. 그 길의 어느 시점에서 지나온 논쟁의 흔적을 정리하고 새롭게 펼쳐질 길에 대한 기대감을 품어볼 수 있는 것은 독자들의 기쁨일 것입니다.

─역사비평사 편집부 올림

초판 서문

　흔히 역사는 과거에 일어났던 일 자체를 뜻하는 말로 사용된다. 그렇지만 타임머신을 타고 과거로 돌아간다면 모를까, 일반인은 물론이고 전문적으로 역사를 연구하는 사람이라도 과거에 일어났던 일을 직접 대면할 수는 없다. 즉 우리가 마주하는 역사는 모두 누군가가 연구하고 기록한 결과물에서 비롯된다. 이 책을 골라 펼쳐볼 정도의 독자라면 아마 지금 언급한 정도는 진작에 알고 있을 것이다. 그럼에도 굳이 이를 들춰내는 것은, 역사학에는 관점의 차이가 존재하고, 또 그에 따라 논쟁이 전개되는 것이 당연하며, 오히려 그래야 옳다는 것을 강조하기 위함이다.

　언젠가 TV에서 경찰이 과학적인 수단을 써서 찾아낸 여러 증거를 들이대며 범인의 자백을 받아 진실을 찾아내는 장면을 보다가, 역사학의 난제도 저런 식으로 해결될 수 있지 않을까 생각해본 일이 있다. 그러나 곧 머리를 저을 수밖에 없었다. 우선 역사에는 '자백'을 통해 진실을 확인받을 대상이 사회구성원 전반에 걸치는 예가 적지 않은 데다, 특히 전근대사의 경우 그들이 죽은 지 이미 오래인 까닭이다. 또 과거 사실의 실제가 어떠했는지 입증할 객관적 물증을 대기는 극히 어렵고, 직접 겪거나 본 사람의 증언이나 기록도 확보하기 쉽지 않아, 대개 한 사람 이상 건너서 전해들은 간접적인 증언과 기록이 증거의 대부분이다. 직접 겪거나 본 사람 자신의 기록이라 해도 주관적 요소를 걸러내 사실의 실체를 찾아내는 일이 꽤 어려울진대, 여러 단계를 거친 기록에서의 작업은 어떠하겠는가? 엄청난 양의 기록이 전해지는 사건도, 간단한 기록만 남아 유일한 실마리 구실을 하는 사건도, 객관적 실체를 파악하려면 나름의 애로를 겪어야 한다.

그럼에도 역사가는 자신이 중요하다고 판단한 역사적 사건의 실상을 알아내기 위해 갖은 노력을 기울인다. 역사가가 들이는 노력의 내용은 어느 시대의 무엇을 주제로 삼았는가에 따라 다르다. 어떤 이는 수많은 증거와 증언, 기록 가운데 쓸 만한 것들을 골라 어디는 공백이 생기고 어디는 중첩될 수밖에 없어 다소 불완전한 퍼즐을 맞추듯이 과거사를 복원해가고, 어떤 이는 한 줌도 안 되는 기록에 돋보기를 들이대고 앞뒤 시기의 역사와 비슷한 시대 다른 지역의 역사를 참고하며 종횡으로 실마리를 풀어간다.

그런데 주목할 것은, 같은 시기의 같거나 비슷한 주제를 연구한 역사가들조차 서로 다른 결론을 도출하는 사례가 비일비재하다는 점이다. 이런 일은 구체적 사건에 대한 연구인가 아니면 거대한 역사적 사건이나 역사의 체계 및 성격에 대한 연구인가를 막론하고, 또 증거자료의 많고 적음을 막론하고 어느 경우에나 나타난다. 긴 시간이 흐른 뒤 역사적 안목이 달라지고 새로운 증거가 많이 발굴되어 인식이 달라진 것이라면, 이는 역사지식이 퇴적되어 그 지표면의 풍경이 달라진 탓이라고 이해할 수 있다. 그러나 비슷한 시기에 제출된 연구성과에서 서로 주장이 맞서거나 엇갈린다면, 여기에는 여러 경우의 수가 상정될 수 있다. 해당 주제에 대한 작은 시각차이가 반영된 것일 수도 있고, 해당 시대의 역사상을 달리 보는 데서 말미암은 것일 수도 있으며, 역사 전반의 발전 과정에 대한 이해를 달리한 결과일 수도 있다. 이 책은 한국 전근대사와 관련하여 이루어졌던 큰 논쟁, 혹은 논쟁에까지 이르지는 않았더라도 학문적 의견대립이 뚜렷이 전개되었던 주요 주제를 통해 지난 한 세기 동안 어떤 내용의 역사상과 역사관들이 공존 대립하면서 역사인식의 지평을 변모시켜왔는지 더듬어보고자 마련되었다. 더 정확히 말하자면, 20세기를 지나는 동안 한국사의 이해에 영향을 끼친 주요 역사관과 역사적 시각들이 어떤 역사적 사실에 큰 관심을 기울였고, 각 사실에 대한 주요 주장이나 이해를 수용하면 해당 시기 및 한국사 전체의 역사상이 어떻게 설명되며, 그와 관련하여 현재를 사는 우리의 중요한 역사적 과제는 결국 무엇으로 설정되는가를 찾아내 독자들에게 알려주자는 생각이었다. 사실 역사가가 굵직한 주제를 연구하여 일정한 결론을 내릴 때는 이미 주제로 삼은 과거의 사실이 현재의 원인으로서 중요한 의미를 갖고 있다는, 그리고 바람직한 미래상을 건설하는 데 그 주제에 대한 깊은 인식이 필요하다는 판단이 전제된다.

지금까지 역사관이나 시대구분, 사회성격 등 굵직한 주제를 놓고 몇몇 학자들이 발표와 토론을 벌인 일이 여러 차례 있었고, 드물기는 하지만 서로 견해차이가 부각되어 반론과 재반론이 잇달아 전개되기도 하여, 이와 관련된 주요 견해들에 대해서는 그것이 딛고 선 현실인식의 내용과 지향하는 미래상을 대강이나마 파악할 수 있었다. 그러나 웬만한 주제들은 시간차를 두고 발표되는 여러 논저들에 의해 조용히 서로 다른 주장이 제기된 채 지나가는 것이 보통이었다. 더구나 한국사를 업으로 삼는 역사가들은 전문적 연구성과를 담은 논저 외에 중심 연구대상으로 삼은 시기와 분야에 대한 자기 나름의 역사상이나 역사관을 발표한 사례가 드물고 개설서를 펴낸 경우도 많지 않아, 도대체 그 역사상이나 역사관의 내용이 어떤 것인지 파악해내기 지극히 어려운 것이 현실이다.

이 책을 기획하면서는 현재 이 주제를 다루는 데 별 무리가 없는가 하는 실현가능성의 측면보다, 이 주제는 당연히 포함되어야 한다는 당위성에 초점을 맞추었다. 그러다 보니 필자를 정하지 못한 주제가 적지 않게 나왔고, 몇 분은 억지로 부담을 안은 뒤 계속 글쓰기를 미루기도 했다. 오래 전에 글을 보내주신 분들 가운데는 글을 다시 쓰다시피 손질한 분도 있을 것인데, 여하튼 대단히 죄송하다는 말씀을 전한다.

—오종록

차례

논쟁으로 읽는 한국사 1 _ 전근대

개정판을 내며 • 5
초판 서문 • 7

원시·고대

고대국가의 초기 형성 • 15
상상 속의 고조선, 역사 속의 고조선 • 29
적석목곽분으로 들여다본 신라 • 43
고대사회와 철제 농기구 • 59
임나일본부와 고대 한일관계 • 75

고려·조선

한국 중세는 언제 시작되었나 • 91
고려사회를 어떻게 볼 것인가 • 116
고려 초기의 정치체제와 호족연합정권 • 129
전시과체제에서 사전의 성격 • 140
고려시대의 농업생산력은 어느 정도였나 • 154
고려시대의 신분제 • 169
2군 6위는 어떤 이들로 구성되었을까 • 184
삼별초는 어떤 조직인가 • 201
원 간섭기 개혁정치의 성격 • 212
고려·조선의 친족제도 • 226
조선왕조 성립을 어떻게 볼 것인가 • 244
훈구와 사림 • 255
인조반정과 서인정권 • 265
실학, 환상인가 실체인가 • 286
내재적 발전론과 한국사인식 • 307

참고문헌 • 325

원시·고대

고대국가의 초기 형성

초기국가 형성론은 계급분화에 기반해 최초로 성립한 국가의 출발점은 어디이고, 단계는 어떻게 설정하며, 그 내용과 성격은 어떤지를 둘러싸고 진행된 논쟁이다. 1970년대 초부터 1990년대까지 20여 년 동안 진행된 이 논쟁에는 여러 전공의 많은 연구자들이 참여했는데, 그 규모나 진행기간을 볼 때 극히 이례적이다. 한국 고대사 분야에서는 사료가 빈곤하여 이설異說이 많이 제기됨에도, 구체적인 문제를 놓고 변변한 논쟁이 이루어진 적은 별로 없었던 것 같다. 그런 측면에서 이 초기국가 논쟁은 괄목할 만한 하나의 사건이었다. 기존의 통설이었던 부족국가론을 대신해서 성읍국가론城邑國家論, 취프덤chiefdom론 등의 대안들이 모색되었다. 아직 논쟁이 완전히 마무리된 상태가 아니므로 공과功過를 충분히 따지기는 어렵지만, 어떻든 이 방면의 이해수준을 한 단계 끌어올리는 데는 일정하게 기여했다고 총평해도 좋을 것 같다.

부족국가론의 설정과 논란

초기국가 형성 문제를 둘러싼 논쟁의 기원은 사실 '부족국가론'이 처음

주창된 1930년대로 소급된다. 이때 제기되어 뒷날 통설화되는 부족국가론에 대해서는 이미 당시에도 비판이 있었지만, 그것이 제대로 정리되지 못했기 때문이다. 부족국가론의 모태가 된 1930년대의 소위 '원시부족국가론'은 애당초 개념상 큰 문제가 있었는데, 그것을 둘러싼 논란이 중도에 끝나버린 뒤 별다른 논의의 진전 없이 서서히 정착되었다. 그런 의미에서 부족국가론은 어쩌면 태생적 한계를 갖고 출발했던 것인지도 모른다.

한국사에서 부족국가론을 처음 제기한 사람은 백남운白南雲이었다. 그는 1933년 『조선사회경제사』를 간행하면서 맑스K. Marx의 역사발전단계론을 한국사에 적용하여 체계화해보려 했다. 본문을 제1편 원시씨족사회, 제2편 원시부족국가의 제형태, 제3편 노예제국가시대로 크게 나누고, 원시공동체사회가 해체된 뒤 곧바로 고대노예제사회로 이행하는 것이 아니라 과도기적 단계로서 원시부족국가를 거치는 것으로 설정했다. 그는 원시부족국가를 하나의 사회구성체가 다른 사회구성체로 이행하면서 반드시 거쳐야 하는 독자적인 단계로 간주했으며, 삼한·부여·초기 고구려·동옥저東沃沮·예맥濊貊·읍루挹婁를 그 구체적인 사례로 지목했다.

그에 의하면, 한국사에서 국가형성은 정치적 혁명에 의한 비약의 과정 없이 생산력의 완만한 내부적 진전에 따라 서서히 이루어졌기 때문에 노예제사회로 이행하기 위해서는 과도기를 거칠 수밖에 없었다. 말하자면 부족국가는 '씨족제'라는 원시공동체적 요소를 기본으로 가지면서도 내부에 새로이 형성된 계급적 요소가 공존했던 과도기적 단계의 정치형태라는 것이다. 이는 기실 19세기 후반 미국의 인류학자 모건Lewis H. Morgan이 『고대사회』에서 '국가란 씨족, 포족, 부족, 부족연합체(부족동맹)를 거쳐 혈연적 요소가 완전히 소멸된 상태에서 비로소 조직된 정치형태'라고 정의한 국가형성 과정론을 엥겔스F.

Engels의 저작 『가족, 사유재산 그리고 국가의 기원』을 매개로 변형 수용한 것이었다.

그러나 백남운의 부족국가론은 그와 같은 계통의 사회경제사학자인 이청원李淸源, 김광진金洸鎭 등에 의해 곧바로 배척되었다. 특히 김광진은 유물사관의 역사발전 법칙을 고구려사에 적용하여 고구려사회의 발전 과정을 밝히고자 하면서 부족국가론을 구체적으로 비판했다. 그는 노예제의 맹아가 보이는 단계를 씨족(원시)공동체사회로 파악하고, "백남운 씨는 이 시대에도 어떤 종류의 국가가 성립하고 있었던 것처럼 생각하지만, 부족조직이나 씨족조직과 같은 원시적인 공적公的 제도를 모두 국가로 간주한다면 부족국가 이외에 씨족국가도 존재해야 하며, 인류는 그 발생시대부터 국가를 갖게 된다"라고 지적했다. 김광진은 부족국가를 독립된 과도기적 단계로 설정하기를 거부하고, 거기에서 보이는 계급적 요소의 맹아를 차라리 원시공동체사회 내부의 조직으로 파악함으로써 혈연이 완전히 배제된 토대 위에 국가가 성립한다는 모건·엥겔스의 견해에 한층 더 충실한 입장을 취했다.

그러나 아쉽게도 이런 비판에 대한 반비판은 이후 이어지지 못했다. 일제 말기라는 폭압적 시기를 맞아 학술활동 자체가 어려웠던 저간의 사정에 말미암은 것으로 보인다.

해방 이후 동일한 사적유물론의 입장에서 한국사 개설서를 쓴 이북만李北滿이나 전석담全錫淡도 부족국가론을 수용하지 않고 백남운의 견해를 비판했다. 남북분단 고착화 이후 이들의 학맥은 북한 역사학계로 이어졌으나, 그들 사이에서도 부족국가론에 대한 논의는 전혀 없었다. 이로 미루어 짐작해보면, 맑스의 역사발전 공식을 그대로 견지하려 했던 북한 학계는 부족국가론을 전적으로 배척했던 것 같다. 그와 달리 유물사관의 공식을 극력 반대하는 입장을 취한 남한 학계가 오히려 백남운의 견해를 거의 그대로 받아들여 이후 통설화한 것은 큰 아이러니라고 하겠다.

부족국가론의 정착과 한계

부족국가론은 해방 이후 남한 학계에 계승되었다. 왕조사나 지배층 위주의 역사서술을 배격하고 민족을 중심에 둔 역사서술을 주창한 손진태孫晉泰는 『조선민족사개론朝鮮民族史槪論』에서 "씨족이 통합된 것이 부족이며, 이 부족이 가일보 통합된 것이 부족국가이며, 부족국가 중의 몇이 강력한 연맹체를 이룬 것이 초기왕국의 발생상태"라고 하여 부족통합에 의한 부족국가의 누층적 결합으로 부족연맹이 출현했다고 보았다. 그는 "엄격히 말하면 고조선, 부여, 초기 고구려는 벌써 소부족국가가 아니요 부족연맹적인 왕국이었으므로 이것을 부족국가로 간주하여 부족국가시대 편에서 취급하는 것은 불합리한 면이 있으나 부족연맹 초기왕국시대를 따로 둔다는 것은 기술상 상당히 복잡함과 곤란을 초래할 것이며, 또 그것은 왕위세습적 귀족국가에의 과도기적 국가형태"라고 하여 다시 부족국가에서 왕국으로 넘어가는 과도기를 설정했다. 즉 과도기의 과도기를 다시 상정한 셈이다. 이는 고조선이나 부여 등을 그보다 한층 미발달한 삼한과 같은 단계로 취급할 수 없다고 인식했기 때문이었다.

손진태의 견해는 두 가지 면에서 백남운과 사뭇 달랐다. 첫째는 백남운이 고조선을 다루지 않음으로써 사실상 이를 원시공동체단계로 설정한 데 반해, 손진태는 부족국가, 나아가 부족연맹으로까지 발전한다고 인식한 점이다. 둘째는 백남운이 제기한 부족국가를 두 단계로 세분하여 부족연맹을 설정한 점이다. 손진태에 의해 비록 부족국가의 테두리 안에서 다루어지기는 했지만,

부족연맹은 이후 계승자들에게 수용되어 점차 하나의 독자적인 단계로 정착되었다. 이로써 사실상 부족→부족국가→부족연맹이라는 부족국가론의 도식이 만들어진 셈이다.

그러나 부족국가나 부족연맹에 대한 손진태의 개념은 1950, 60년대 계승자들의 그것과는 내용상 상당한 거리가 있었다. 그는 부족국가를 완전한 계급사회인 귀족국가의 시초적 단계로 파악함으로써 계급관계를 중시했는데, 이는 뒷날 원시공동체가 고대국가로 전환될 때 출현하는 과도기적 정치체를 그 지배구조의 혈연성만을 강조하여 부족국가, 부족연맹이라 부른 것과 뚜렷이 대비된다.

손진태의 견해는 이후 내용상의 변용을 거치면서 통설로 자리잡았다. 부족국가론이 자리를 굳혀갈수록 손진태의 그것과 용어는 동일하면서도 내용은 점차 달라졌다. 이를 나름대로 계승한 김철준金哲埈은 씨족공동체적 질서가 그대로 유지된 채 내부에 새로운 가부장가족家父長家族이 등장한 정치체를 부족국가라고 부름으로써 손진태가 비중을 두었던 계급분화의 문제는 조금도 언급하지 않았다.

한편 이기백李基白은 청동기시대의 묘제인 지석묘를 주목했다. 그것을 운반하는 데는 상당한 인력이 동원되었을 것이므로 피장자는 권력자일 것이며, 이때 출현한 정치체가 곧 부족국가라고 했다. 특히 그는 손진태가 주창한 부족연맹체를 수용하여 하나의 독립된 장으로 설정함으로써 이를 비중 있게 다루었다.

부족국가론은 1930년대에 제기된 이후 오랜 시간을 거치면서 정착되었지만, 구체적인 개념에서는 논자마다 상당히 달랐다. 어쩌면 내용은 크게 다르면서 용어만이 통설로 정착된 것 같기도 하다. 부족국가론을 수용하면서 초기에는 혈연성보다 계급성을 강조하는 경향이 있었지만, 점차 혈연성에 비중을 두는 쪽으로 바뀌었다. 이는 부족국가에서 '국가'라는 지연성보다 오히려 '부족'이라는 혈연성에 초점을 맞춘 잘못된 결과이다. 국가 성립 초기에 이전부터 존재하던 혈연성이 일시에 소멸되는 것은 아니므로 과도기를 설정하는 것은 일견 당연하겠지만, 그 강조점은 혈연성보다 차라리 지연성·계급성에 있어야 함에도 그렇지 못했던 것이다. 그런 까닭에 부족국가론은 비판을 면하기 어렵다.

한때 학계를 풍미했으나 최근에는 이를 따르는 논자가 거의 없는 것으로 볼 때, 부족국가론은 이제 그 역할을 다한 것이 아닌가 싶다. 이는 부족국가론이 그만큼 한계를 지니고 있었음을 방증한다.

성읍국가론의 출현과 발전

부족국가론이 지닌 근본적 문제점은 1971년 『신동아』 주관으로 열린 토론회에서 처음 지적되었다. 대신 서양사에서의 도시국가나 막스 베버M. Weber의 성채국가론城砦國家論, 중국사의 읍제국가론邑制國家論 등을 기준 삼아 한국 고대사에서 세계사적 보편성의 수용을 강조하면서 가설로 제기된 것이 성읍국가론이다. 천관우千寬宇는 한국사에도 도시국가와 같은 형태가 있었다고 하면서 이를 '성읍국가'라고 부르자고 제안했다. 도시국가라고 하면 상당한 인구밀집이 연상되어 혼동을 가져올 염려가 있으며, 『삼국사기』를 비롯한 우리 문헌기록에 '성읍'이라는 용어가 자주 보이기 때문이었다. 그는 성읍국가 다음에 오는 단계도 부족연맹 대신 '영역국가'라고 부르면서 백제와 신라의 초기국가에 그것을 적용시켜보려고 시도했다. 천관우의 문제제기는 참신했지만, 성읍국가나 영역국가의 구체적인 내용은 장차 채워야 할 과제로 남았다.

성읍국가론은 1976년 이기백이 『개정판 한국사신론』에서 이를 대담하게 수용하면서 급속히 확산되었다. 그는 청동기시대에는 부족장 후예들이 정치적 지배자로 등장하는데, 이들의 영토는 그리 넓지 못했지만 토성을 축조하여 성 바깥의 농민을 지배하는 형태였으므로 이를 성읍국가라 부르자고 주장했다. 한편 성읍국가가 연합하여 하나의 커다란 연맹체를 형성하게 되는데, 이 단계에는 왕이 존재하므로 '연맹왕국'이라고 부르는 게 적합하다고 했다. 천관우의 성읍국가론을 수용하여 한층 구체화하는 한편, 그 다음 단계로 영역국가 대신 성읍국가의 내적 발전과 왕의 등장을 중시하여 연맹왕국이라 명명했던 것이다.

이를 받아들인 이기동李基東은 이기백과의 공저 『한국사강좌Ⅰ』(고대편)에서 초기국가 발전단계를 김원룡金元龍이 『한국고고학개론』에서 설정한 고고학적 시기구분과 접합하여 청동기 1기는 성읍국가, 청동기 2기(철기 1기)는 연맹왕국이라는 도식을 그려냈다.

이기백은 그 뒤 고구려와 고조선의 국가형성 과정을 다루면서 성읍국가론에 대한 기왕의 반론을 검토하고, 나아가 자기 학설의 미흡한 부분을 보강했다. '성읍국가'라는 용어는 ① 기록에 나타나는 구체적인 사실에 기초했으므로 한국의 역사적 사실에 충실한 것이며, ② 당시 지배세력의 사회적·경제적·군사적 상황을 나타내는 효과를 가져다주고, ③ 이는 도시국가를 연상케 하여 한국사와 세계사를 연결시켜주며, ④ 토성을 통해 고고학적 연구에 새로운 분야를 제시해주는 장점이 있다고 했다.

성읍국가론의 핵심은 토성土城의 존재이다. '성읍'이 곧 토성을 일컫는 것이기 때문이다. 따라서 성읍국가론이 정당성을 확보하려면 무엇보다 먼저 초기국가 형성기의 토성 축조가 고고학적으로 증명되어야 한다. 말하자면 정치적 지배자의 출현을 보여주는 증거로 제시된 지석묘가 조성되던 바로 그 시기에 토성도 축조되었어야 성읍국가론이 성립된다. 그러나 지금까지의 조사에서는 아직 그런 증거는 포착되지 않았다. 이 점은 성읍국가론이 지닌 큰 약점이다. 그리고 외형적 요소만 지나치게 강조하여 흔히 국가 성립·발전의 주요 지표 중 하나로 지적되는 계급과 계층분화 등 내재적 요소를 별로 고려하지 못한 점도 한계이다.

성읍국가론이 지닌 이런 문제점들 때문에 『삼국지』를 비롯한 문헌기록에서 초기국가들에 공통적으로 보이는 읍락邑落에 주목하여 '읍락국가'라고 부르자는 견해가 김정학金廷鶴에 의해 제기되었다. 이 제안은 아직 학계 일각에서만 수용되고 있을 뿐 널리 받아들여지지 못했지만, 문헌기록에 충실하고 나아가 초기국가의 내부구조를 뚜렷하게 보여준다는 점에서 한 번쯤 음미해봐도 좋지 않을까 싶다.

취프덤론 수용 시도

부족국가론의 기본골격을 받아들이면서 그 대안으로 제시된 것이 성읍국가론이었다면, 거의 비슷한 시기에 그와 전혀 다른 서구 인류학계의 새로운 국가이론을 한국 고대국가 발전단계론과 접목시키려는 움직임이 고고학자들과 문헌사학자들에 의해 활발하게 전개되었다. 부족국가론이 인류학의 고전적 진화주의 이론에 입각한 것인 반면, 이 당시 수용된 인류학의 모델은 서비스Elman Service, 프리드Morton H. Fried, 샬린즈Marshall D. Sahlins, 렌프류Colin Renfrew 같은 소위 신진화주의자들의 이론이었다. 특히 서비스가 체계화한 취프덤chiefdom이 논의의 핵심이었다.

서비스는 오에르그Kalervo Oerg가 남미의 문화집단을 설명하기 위해 설정한 '트라이브tribe, 취프덤chiefdom, 스테이트state'와 스튜어드Julian Steward가 제시했던 '밴드band'를 결합하여 이들이 계기적으로 발전한다고 설명함으로써 '밴드→트라이브→취프덤→스테이트'라는 진화도식을 만들어냈다. 바로 이 서비스의 도식을 한국의 초기국가 형성 과정을 해명하는 틀로 적극 받아들였던 것이다. 새로운 이론의 도입은 초기국가 형성론에 크게 활기를 불어넣는 촉매제 역할을 하여 국가 개념이 전례 없이 치밀하게 검토되었다.

한국 고대사에 신진화주의 국가론을 가장 먼저, 또 적극적으로 적용했던 논자는 김정배金貞培였다. 그는 1970년대 초부터 한국 고대국가 형성 문제를 다룬 논문을 다수 발표했는데, 이때 서비스뿐만 아니라 프리드, 렌프류, 카네이로Robert Carneiro 등의 여러 이론이 동원되었다. 그는 취프덤을 군장사회로 번역하면서, 특히 삼한사회가 여기 해당한다고 간주했다. 물론 그는 삼한사회에 보이는 국國들을 전부 일률적으로 국가 이전의 취프덤이라 하지 않고, 그중 인구가 많은 경우 준準국가단계에 이른 존재도 있을 것이라고 상정했다. 김정배는 한국사에서 군장사회는 고고학적으로 볼 때 적어도 청동기문화단계를 딛고 선 철기문화가 깊숙이 들어온 사회라 주장했다.

뒤이어 취프덤을 초기 청동기단계의 지석묘사회로 비정하려는 견해들이 제기되었다. 이융조李隆助는 지석묘사회를 원시공동체사회로 보면서 취프덤을 처음으로 여기에 적용시켰는데, 이는 그 뒤의 논자들이 지석묘사회를 계급사회로 본 입장과는 거리가 있었다.

한편 전남 지방 지석묘를 조사분석한 최몽룡崔夢龍은 기원전 5~6세기부터 기원 전후까지 이 지역에서 지석묘가 축조되었으며, 채석과 운반기술, 잉여생산물 축적, 통솔력 등을 미루어 볼 때 이는 계급의 발생과 밀접한 관련이 있다고 보고, 이 사회를 취프덤사회(족장사회로 번역함)라고 했다.

신라사회의 발전 과정을 구체적으로 살핀 이종욱李鍾旭은 경주 지역에 최초로 정치체가 출현한 것은 지석묘사회로서 기록에 보이는 6촌단계인데, 이를 취프덤으로 간주하여 『삼국사기』 등 문헌에 보이는 용어를 이용해 '추장酋長사회'라고 번역했다. 한 걸음 더 나아가 그는 신라의 국가형성 발전이 6촌단계에 이어 소국단계(사로국), 소국연맹단계, 소국병합단계를 계기적으로 거쳤다고 이해했다. 이는 성읍국가론에 취프덤론을 접합하여 만든 그의 독특한 국가형성 과정론이었다. 그는 이런 체계가 기존 인류학과 고고학의 발전단계론에서 볼 수 없는 새로운 모델로서, 인류학이론의 발전에 기여할 수 있을 것이라고 과감하게 자평했다.

이렇게 문헌사학이나 고고학에 서비스의 취프덤론을 수용했던 논자들은 그 용어나 한국사에 적용하는 시기에서는 각자 큰 차이를 보였다. 이는 신진화주의 국가이론에 대한 이해수준이 논자마다 달랐음을 증명해준다. 한편 자신의 주장을 보강하기 위해 이론의 성립배경 및 사실성을 철저하게 검토하지 않은 채 여러 이론들을 종횡무진 구사함으로써, 때로 국가 개념을 혼동하는 역효과가 발생하기도 했다. 그런 까닭에 인류학과 문헌사학 양 측면에서 그에 대한 신랄한 반론이 제기되었다.

취프덤론을 둘러싼 논란

초기국가 형성 논쟁은 1980년대 후반부터 새로운 국면을 맞았다. 대체로 부족국가론은 부정되고 성읍국가론은 나름의 체계를 갖고 정리된 반면, 이제 논쟁의 초점은 취프덤론 적용의 타당성 여부와 그 문제점에 맞추어졌다. 이에 대해서는 두 가지 측면에서 문제제기가 있었다. 하나는 신진화주의이론을 제대로 이해하고 수용한 것인지 하는 본질적인 문제였고, 다른 하나는 한국 고대사에 이를 그대로 적용하는 것이 과연 타당한가 여부였다.

김광억金光億, 전경수全京秀 같은 인류학자들은 취프덤론자들이 신진화주의이론의 출현배경과 그 실체를 정확히 이해하지 못한 채 한국사에 멋대로 적용시켰다는 점, 신진화주의이론은 특정 지역의 고고학적 발굴을 바탕으로 도출된 것으로서 역사적·환경적 차이가 있어 보편성을 지니기 어려운데 이를 고려하지 않았다는 점, 이미 주창자에 의해 폐기된 이론까지 도입했다는 점, 신진화주의자들은 한 단계에서 다음 단계로 넘어가는 원인과 과정을 추적하는 데 비해, 취프덤론자들은 단지 각 단계에서 몇 가지 요소의 유무만을 살펴 특정의 진화단계에 속한다고 규정하는 수준에 불과하다는 점, 계층화 등 국가의 성격을 보여주는 증거를 고고학적으로 증명하지 못했다는 점 등을 문제로 지적했다. 이처럼 이론 자체를 제대로 파악하지 못한 상태에서 한국사에 적용하는 것은 인류학이론을 마치 무소불위의 도깨비 방망이처럼 인식하거나 하나의 장신구로 이용하려는 것이라는 혹평까지 나왔다.

한편 이기동, 이현혜李賢惠, 노태돈盧泰敦, 노중국盧重國, 주보돈朱甫暾, 여호규余昊奎 같은 문헌 연구자들도 초기국가 형성론을 정리하면서 취프덤론의 한계를 여러 측면에서 지적했다. 하나의 가설에 지나지 않는 특정 인류학이론을 한국 고대사에 무비판적으로, 또는 굴절된 형태로 도입할 때의 위험성, 이론 적용에 급급해 역사 연구의 기본인 사료비판을 소홀히 하고 있는 경향성, 기존 문헌사료나 고고학 자료에 대한 종합적·체계적인 정리가 제대로 행해지지 않은 상태에서 무리하게 이론을 적용하는 편향성, 한국 고대사에 대한 사회구성체적 인식을 결여한 상태에서 초기국가론이 진행되었다는 점, 『삼국사기』 초기 기록의 신뢰성을 받아들인 상태에서의 불안한 논의 등이 문제점으로 지적되었다.

이에 대해 이종욱은 자신의 주장을 비롯해 취프덤론 일반에 대한 비판을 대상으로 반론을 펴면서 자신의 주장을 적극 옹호하고 나섰다. 그는 비판자들이 대체로 자신의 주장을 제대로 이해하지 못한 채 비판하고 있으며, 문헌사

전공자들은 물론 인류학 전공자들조차 인류학이론을 제대로 이해하지 못하고 있을 뿐만 아니라 한국의 국가형성·발전에 대한 충분한 이해 없이 인류학이론 적용 여부를 논하고 있는 것이 문제라고 주장했다. 그러나 그가 반비판을 시도하면서 기준으로 삼았던 유일한 잣대는 일반적으로 받아들여진 통설이 아니라 자신의 학설일 따름이었다. 이렇게 접근할 경우 결국 순환논리에 빠질 수밖에 없으므로 논의가 더 이상 진전될 수 없다. 따라서 자기 학설을 설득력 있게 고수하려면 객관적인 기준과 방법에 입각한 반론을 전개할 필요가 있다.

최근 최정필崔槇必은 고고학적 입장에서 신진화주의이론을 전반적으로 소개·검토하면서 취프덤론에 비판적인 견해를 반비판하고, 나아가 한국 고대사에 이 이론을 적용하는 것이 여전히 유효하다고 주장했다. 또 그는 취프덤 개념이 그렇게 단순하지 않고, 단순 족장사회에서 복합 족장사회에 이르기까지 그 진폭이 넓다는 견해를 받아들여, 지석묘사회나 삼한사회를 모두 족장사회로 보는 일종의 절충적인 견해를 제시했다. 이에 대해 이현혜는 신진화론의 해석과 적용의 정합성 여부를 다시 검토하여 반론을 제기했다.

초기국가 형성 논쟁의 향방

1970년대 초에 초기국가론이 제기될 수 있었던 것은 객관적인 조건이 어느 정도 갖추어졌기 때문이었다. 고고학 분야의 급성장으로 초기국가 형성사를 검토해볼 만한 자료의 축적이 일정하게 이루어졌고, 인류학이라는 새로 수입된 학문이 정착하면서 국가이론이 수용될 기반이 마련되었으며, 한국 고대사 분야가 꾸준하게 성장하여 미진한 방면에 대한 검토가 행해질 수 있는 여지가 생겼다는 점 등을 꼽을 수 있다. 사실 초기국가 형성 논쟁이 활발하게 전개된 것은 고고학, 인류학, 한국 고대사학의 세 학문 분야가 접합하면서 큰 상승작용을 일으킨 결과였다.

 초기국가 형성 논쟁이 전개되면서 잃은 점도 물론 있지만, 거둔 성과도 적지 않다. 이를 계기로 같은 목적을 갖고 있으면서도 대화를 기피하다시피 해왔던 고고학과 한국 고대사가 만나게 되었으며, 여러 문제를 치밀하게 검토해 볼 수 있는 기회를 갖게 되었기 때문이다. 다만 전체적으로 볼 때 특정한 이론에 바탕한 무조건적인 도식화나 끼워맞추기 식의 접근은 지양해야 할 사항으로 지적되었다.

 당분간 초기국가 형성 논쟁은 소강상태에 들어간 느낌이다. 이는 각 학문분야의 차이점과 문제점을 깊이 인식한 데서 비롯된 일이라고 생각된다. 최근의 동향을 살펴보면 그 점은 저절로 드러난다.

 신진화주의 국가이론의 수용과 적용 문제는 이제 고고학의 영역으로 넘어간 느낌이 짙다. 고고학 연구자들은 서구의 국가이론을 새롭게 검토하면서 주로 문헌기록이 없는 시기의 적용 여부에 관심을 기울이고 있다(최정필, 김권구, 장호수, 홍형우, 최성락, 강봉원, 이송래). 그 결과 주로 지석묘사회가 주된 연구대상으로 부각되고 있다. 앞으로 이 방면에서의 진전이 기대된다.

 한편 문헌사학계는 국가형성 이후 고대국가의 전형인 중앙집권적 귀족국가로 이행하는 과정에 대한 이해가 부족하다는 사실을 절실히 인식하고, 그 부분에 크게 관심을 기울이고 있다. 최근 논란이 되고 있는 이른바 부部체제 문제가 그 예이다. 문헌사학계는 한동안 이 문제에 깊은 관심을 가지면서 초기국가의 형성과 발전사를 체계화해나갈 것으로 보인다.

 이와 같이 이제 이론의 적용 여부를 떠나 그동안 진행된 논의를 바탕으로 각 학문분야에서 차분하게 성과를 점검하고, 나아가 이를 토대로 새로운 방향을 모색할 필요가 있다. 그 이후 다시 국가형성 문제에 종합적으로 접근하면 한 단계 성숙된 결론에 이르게 되지 않을까. 현단계 우리 학계의 연구수준으로 볼 때 그 시기는 머지않아 도래하리라 단정해도 무방할 것이다.

주보돈

현재 경북대학교 사학과 교수로 재직 중이다. 한국 고대사를 전공했다. 대표논저로 『대가야들여다보기』, 『악성 우륵의 생애와 대가야의 문화』, 『가야, 잊혀진 이름 빛나는 유산』, 『거창의 역사와 문화』, 『경북여성사』 등이 있다.

상상 속의 고조선, 역사 속의 고조선

한국사 연구자는 물론 일반인들도 많은 관심과 지식을 갖고 있는 역사분야 중 하나가 단군과 고조선사이다. 고조선사는 우리 역사에 맨처음 등장하는 국가라는 점에서 민족사의 뿌리, 출발과 관련하여 많은 사람들의 관심을 끌고 있다. 특히 외침 등 국가적 위기 속에서 한민족 전체를 하나로 묶어준 구심체 역할을 한 것이 바로 단군의 자손이라는 '한핏줄의식'이었다. 그러나 단군과 고조선사는 그 구체적 역사상을 확인하는 작업에 각 시대마다 새로운 역사인식이 투영되면서 많은 혼동을 빚어온 연구주제이기도 하다.

고조선 위치 문제가 주목을 끈 이유

지금까지 고조선사 관련해서는 단군신화, 건국 시기, 기자조선, 강역, 그리고 지배체제와 사회성격 문제 등이 주로 쟁점이 되었다. 그중 가장 논란이 되었던 것이 고조선의 위치와 사회성격 문제이다.

다른 시기와 달리 고조선사에서 위치 문제가 유달리 주목을 받았던 것은, 북한 학계와 남한사회의 '재야사학자'로 불리는 일단의 그룹이 문제를 제기하면서부터였다. 위치 문제가 주목을 받게 된 데는 학문적 이유보다 다른 배경이 더 크게 작용했다. 한마디로 고조선이 우리 역사상 최초의 국가라는 점 때문에 그 사회상에 지나친 환상과 강한 민족의식이 투영되었던 것이다. 북한과 남한 학계의 많은 논문들이 한국사의 유구함과 영토의 광대함을 밝히고자 하는 선입관에 사로잡혀 고조선 국가형성 시기와 활동무대를 뚜렷한 근거도 없이 유구하고 광활하다고 단정하는 결론을 도출해냈다.

이런 결론을 내리는 데는 고조선사를 포함한 고대사 연구방법론의 기본적인 한계가 또 하나의 배경으로 작용했다. 삼국시대 이전의 역사에 대해서는 문헌자료가 절대적으로 부족하고 남아 있는 것 또한 모호하기 때문에, 추론과 고고학 자료에 크게 의지할 수밖에 없다. 그런데 고고학 자료 자체는 연구자의 해석이 없다면 아무런 정보도 제공해주지 않는다. 또한 고고학 자료를 통해 고조선사의 여러 문제를 해명하려 할 경우, 기본적으로 고조선의 위치 문제가 확정되어야 그 범위 내의 고고학 자료들이 가치를 가질 수 있다. 따라서 자연스럽게 고조선의 중심지 관련 논의가 활발해졌던 것이다.

고조선사를 제대로 복원하기 위해서는 단편적인 문헌자료 및 남만주 일대의 고고학 자료들을 광범위하게 수집해 그것들을 체계적·종합적으로 분석해야 한다. 그러나 종래의 고조선 연구는 단군신화를 포함하여 후대의 고조선 사료에 대한 종합적이고 비판적인 이해를 결여하고 있다.

조선 후기 실학자들의 고조선 연구

고조선에 대한 논의는 중국 정사正史에 인용된 고조선 사료까지 거슬러 올라갈 수 있지만, 본격적인 연구는 조선 중·후기 실학자들에 의해 시작되었다.

실학자들이 특히 주목한 것은 고조선의 강역 문제였다. 제일 먼저 고조선의 위치에 주목한 이는 한백겸韓百謙이었다. 그는 주자성리학의 도덕적 편사규범에 구애되지 않고 우리나라 고대의 강역을 문헌고증의 방법으로 해명하고자 했다. 그는 삼국시대 이전에는 한반도가 한강을 중심으로 남과 북으로 나뉘어 각각 독자적인 역사를 전개했다고 보았으며, 고조선과 중국의 경계인 패수浿水는 청천강이고, 왕검성이 위치한 열수洌水는 한강이라고 주장했다. 이런 주장은 정약용丁若鏞의 '패수=압록강설'로 이어졌고, 고조선의 중심지를 한반도에 비정하는 방향으로 논의가 깊어졌다. 이들은 중화사상이 풍미하던 시기에 우리 강토에 주목하면서 '상고 이래 한반도는 원래 우리 영토'였음을 주장했다.

이런 입장과 달리 이익李瀷과 안정복安鼎福은 평양 일대를 도읍으로 단군조선과 기자조선이 있었고, 이들의 강역은 요동 지역까지 포함했다고 보았다. 이익과 안정복의 고대사에 대한 관심에는 문화적 자부심과 잃어버린 만주 땅에 대한 애착이 담겨 있었다. 이처럼 18세기 말 이후 학자들이 한국 고대사의 중심무대를 한반도에 비정하려 했던 것은, 한국사를 축소하고자 함이 아니라 오히려 청나라에 대한 주체성을 견지하기 위한 민족주의의 발로였다.

정약용 등 실학자들이 대개 고조선의 강역을 평양을 중심으로 한 압록강 이남 지역에 비정한 것과 달리, 이종휘李種徽는 고조선의 서변이 요동 지역까지 미쳤다고 보았다. 그는 잃어버린 만주 땅을 수복하여 부국강병을 달성해야 한다는 입장에서 만주와 한반도를 하나의 국토로 인식하고 그 풍토적 특성과 생활권·문화권을 강조했다. 이는 왜란 이후 18세기 중엽까지 만주에 대한 관심이 높아지면서 상고사도 만주 지방과 관련하여 해석하는 경향이 늘어났기 때문이었다고 볼 수 있다.

실학자들은 조선 후기의 사회변동 속에서 한반도를 재인식하고, 만주 지역의 고대사에 대한 관심을 고조선 위치 문제와 관련하여 피력했다. 만약 이런 실학자들의 실증적 학풍이 계승·발전되었더라면 고조선사를 포함한 한국 고대사 논의도 바람직한 방향으로 진전되었을 것이다. 그러나 조선 역사는 일제 식민지로 귀결되었고, 실학자들의 문헌고증적 연구 흐름 또한 단절되고 말았다.

일본 관학자와 민족주의 역사학

전통 역사학자들의 논의는 일제강점기까지 이어졌다. 식민통치를 합리화하는 역사연구를 주도했던 식민사학자들은 '고조선 평양중심설'에 입각한 조선시대 실학자들의 연구를 바탕으로 논의를 전개했다. 이들은 한사군 및 위만조선 연구에만 관심을 두었고, 고조선은 한국식(세형)동검 사용단계에 평양 지역에서 등장했다고 보았다.

한편 식민주의적 한국사인식에 대항하면서 민족해방운동 차원에서 역사학을 연구한 민족주의 역사학자들에게는 20세기 초반의 식민지상황에서 항일독립운동의 중요한 정신적 지주로서 이른바 '단군민족주의'가 주요 연구주제였다. 그 대표적 인물이 신채호申采浩이다. 그는 수두시대의 단군조선과 진眞·번番·막莫 삼조선 분립시대의 주요무대를 요동과 만주에 비정했다.

초기 민족주의 역사가들이 그린 고조선의 모습은 만주와 한반도를 아우른 광대한 영역의 고조선제국이었다. 고조선의 수도는 만주 지역에 있었고, 낙랑군 등 한군현의 위치도 남만주 지역이었음을 강조했다. 나아가 '웅대한 고조선'상을 통해 민족정신을 진작하고 조국광복을 되찾자는 민족운동 차원에서 고조선사가 연구되었다.

신채호 등 민족주의 사학자의 역사지리 고증은 조선시대의 경역론境域論을 넘지 못한 일본 관학자들의 한국사인식체계를 한 단계 넘어선 것이었다. 다만 식민지 치하 우리 민족에게 주체의식을 불어넣어야 한다는 목적의식이 앞서다 보니 사실확인이 되지 않은 부분이 많았다.

해방 후의 북한 학계

해방 직후 남·북한 학계에서는 한국 고대사 연구가 활발해지면서 고조선에 대해 많은 논의가 이루어졌다. 민족사의 체계적인 정리와 고고학 자료를 새로이 개발·재평가하는 연구사업 속에서 민족형성과 고조선의 위치 및 사회성격에 대한 연구를 먼저 시작한 것은 북한 학계였다.

북한 역사학계는 삼국시대 사회성격에 대한 토론을 통해 삼국을 '봉건사회'로 규정했고, 자연히 그 이전 단계인 고조선·부여·진국을 '고대사회'로 바라보면서, 이를 증명하기 위한 연구를 집중적으로 수행했다. 학자들 간에 많은 논쟁이 있었지만, 리지린李址麟의 『고조선 연구』(1963)가 출간된 뒤 고조선은 만주 요령성 일대에 위치하고 있었고 노예제사회였다는 주장이 정설로 채택되어 1990년대 초까지 유지되었다.

북한 학계의 고조선사 이해의 바탕에는 일차적으로 단편적인 문헌자료가 있었다. 리지린은 고조선을 세운 민족은 예맥이었고 이들은 동호東胡라는 이름으로 불리기도 하면서 요령성 일대에 고조선을 건설했다고 보았다. 리지린의 연구 이후 북한 학계는 고고학 자료, 즉 비파형 동검문화에 대한 적극적인 해석을 통해 그 문화의 출발지와 중심지를 요동으로 보고, 요령성과 길림성 일부, 한반도 서북 지방 비파형 동검문화 지역을 모두 고조선의 영역으로 설명하면서, 강상묘·루상묘의 예로 볼 때 그 사회는 노예를 순장하던 노예제사회라고 했다.

이는 1960년대에 유행한 문화전파론과 외인론을 배격하고 독자적 발생설과 내재적 발전론에 경도된 결과였다. 주체사관이 확립되면서 이런 주장은 더욱 강화되었다. 북한 학계의 주장은 문헌과 고고학 자료에 치밀하게 접근한 결과이므로 논리적으로 큰 설득력을 갖고 있었다. 그러나 기본적으로 후대의 명확한 고조선의 위치 및 고고학 자료를 배제하고 고조선 재요령성설과 관련된 자료만을 논리적으로 구성함으로써 실상과는 달리 확대된 고조선상이 그려졌다. 대동강 유역 낙랑군(왕검성) 유적을 부정하고 요서遼西 지역의 산융山戎·동호東胡의 활동기록을 예맥(조선)의 활동으로 해석한 것 등이 그 예이다.

최근 북한 학계는 1993년에 발굴된 단군릉을 근거로 단군과 단군조선을 인정하고, 지금으로부터 5,000여 년 전에 평양 일대를 중심으로 만주 일대까지 고조선이라는 고대국가가 존재했다고 주장하고 있다. 구체적으로 기원전 8~7세기 이후의 유물인 고인돌·미송리형 토기·팽이형 토기 등을 단군조선 시기의 유물로 인용하면서, 그 사용연대를 단군조선 시기에 맞추어 2,500여 년 정도 상향조정했다. 그리고 평양을 고조선의 중심지로 보는 데서 한 걸음 나아가, 평양을 중심으로 하는 대동강 유역은 한민족의 발상지이자 인류 기원지의 하나라고 주장했다. 대동강 유역에서 세계 4대문명에 뒤떨어지지 않는, 오히려 더 우수한 문명이 발생했음을 강조하며, '또 하나의 세계문명'이 시작된 곳으로 부각시키고 있다.

크게 보면 이런 입장변화는 통일운동의 일환이었다. 1990년대에 들어서면서 북한은 구소련과 동구 사회주의권의 변화 이후 닥쳐올 개방 후유증을 극복하고 남북 간 체제경쟁에 효과적으로 대응해야 할 필요가 긴급해졌다. 이를 위해 주민들에게 현정권이 유구한 역사 속에서 확고한 정통성을 갖고 있다는 인식을 심어줘야 했던 것이다.

그 노력의 일환으로, 북한은 평양이 민족사의 시초부터 오늘에 이르기까지 줄곧 민족의 심장부로 기능했음을 밝힘으로써 남북대립의 분단구도에서 정권의 정통성을 강조하고자 했다. 구체적으로는 그동안 주장해오던 고조선→고구려→고려로 이어지는 계보를 확인함으로써 통일의 주체가 평양을 중심으로 하는 북한이어야 함을 강조했다. 그러나 신화를 역사적 사실로 인정하거나 세계 인류의 기원지조차 북한이라고 주장한 것은 지나친 애국주의의 발로라고 볼 수 있다.

해방 후의 남한 학계

남한 학계에서는 해방 직후의 연구성과를 바탕으로 1970년대에 전통적인 고조선 평양중심설이 주장되어 1980년대까지 계속되었다. 이병도李丙燾를 중심으로 제기된 이 주장은 기본적으로 믿을 수 있는 문헌자료에 기초한 것으로, 초기 고조선사와 관련된 단군신화나 기자조선을 부정하고 고조선사의 진정한 출발을 기원전 4세기 이후인 전국시대부터로 보았다. 결과적으로 만주 일대에 분포하는 청동기문화와 초기 고조선사에 대한 실증적 고찰은 수행할 수 없었지만, 고조선사회가 연맹적 상태의 부족국가임을 주장했다.

1980년대 중반에 이르러 북한 학계의 요동중심설이 소개되면서 남한 학계에서도 고조선에 대한 새로운 관심과 논쟁이 일어났고, 고조선 중심지가 평양에 있었다는 설 외에 '요령성중심설' 및 '중심지 이동설'이 제기되었다.

남한 학계에서 고조선 위치 논쟁을 주도했던 '고조선 요령성중심설'은 윤내현尹乃鉉을 중심으로 재야사학자들이 가세하여 펼친 주장이었다. 이들은 기본적으로 고조선은 단군조선만을 말하며, 기자조선과 위만조선은 중국의 망명세력으로 고조선 역사와 무관하다고 보았다. 그리고 요서 지역의 초기 청동기문화인 하가점 하층문화를 고조선의 문화로 해석했다. 그리하여 고조선이 일찍부터 남만주 일대에 광대한 영역을 가진 제국帝國을 형성했고, 그 사회는 노예제사회였다고 보았다. 또 시간과 지역을 초월한 무차별적인 유물 비교를 통해 중국과 고조선의 유물(사실 고조선 유물인 것은 거의 없음)이 유사하고 고조선의 것이 천 년 이상 앞서므로 중국 문화의 원류는 고조선이라고 주장했다.

이들은 단군신화를 신화가 아닌 사실로 가정하고, 기원전 2,000년경 남만주 지역과 서북한 지역의 고고학 자료를 모두 고조선의 유물로 해석했다. 그러나 요서 지역 초기 청동기문화인 하가점 하층문화는 중국 동북방의 소수 유목종족(산융 등)의 문화이고, 하가점 상층문화는 청동기시대 동호나 산융으로 표기되는 유목종족의 문화라는 것은 고대 문헌에 명확하게 기록되어 있는 사실이다. 게다가 청동기시대 초기에 흑룡강성, 하북성, 요령성, 길림성을 모두 관할하는 제국이 존재했을 리 만무하며, 그것이 고조선의 영역이 될 수도 없다는 점은 재론의 여지가 없다.

고조선(단군조선)이 제국이었다는 주장은 동아시아 고대 역사에 고조선만 존재했다는 의미로, 역사발전 과정에 대한 상식을 뛰어넘은 맹목적인 주장이다. 여기엔 근대 국민국가 성립 이후 형성된 감상적 민족주의자들의 소박한 생각이 담겨 있다. 그러나 이는 단지 상상일 뿐 실상이 아니다.

반면 '고조선 중심지 이동설'은 고조선이 초기단계에는 요동 지역에서 비파형 동검문화를 주도하다가 연燕세력과의 충돌로 말미암아 그 중심부를 대동강 유역 평양 지역으로 옮겼다고 보는 입장이다. 고조선의 사회성격도 연맹적 성격이 강한 초기국가로 파악되었다. 이 주장은 종래의 평양설과 요동설의 문제점을 극복하기 위한 노력의 결과로, 현재 가장 많은 지지를 얻고 있다.

특히 이 주장은 문헌사료에 대한 비판적 이해를 바탕으로 문헌에 기록되지 않은 초기 고조선사를 규명하기 위해 고고학 자료를 적극 활용했다. 다만 초기 고조선사는 쉽게 정리하기 어려운 부분이 많고, 중심지 이동 후의 문화복합 과정 및 그 구체적 실상을 그려내는 것 등이 과제로 제기된다.

고조선의 지배체제와 사회성격

최근에는 위치·강역 문제 외에 고조선의 지배체제와 사회성격에 대한 연구성과가 잇달아 나왔다. 그동안 고고학 자료를 통한 고조선사 연구는 대부분 묘제와 청동유물·토기 등의 분포 및 특성 비교를 통해 '종족·주민의 보수성과 전통이 강한 정치집단 혹은 국가'를 상정해왔다. 그러나 아직 고조선의 국가형성 지역과 중심지에 대한 이해도 제대로 이루어지지 않았고, 특히 기존 연구의 많은 관심이 위치 문제에 집중되어 있었기 때문에, 그것을 바탕으로 한 국가성격 및 사회성격 문제는 더욱 해명되지 않고 있다.

처음에 고조선 사회성격 연구는 위치 문제와 함께 북한 학계에 의해 주도되었다. 1993년 단군릉 발굴 전까지 북한 학계는 고조선의 국가형성 문제와 관련하여 기원전 7세기경 강상무덤(돌무지무덤)의 주인공은 고조선 왕이며, 피장자가 여러 명의 노예를 순장할 정도로 강한 힘을 가졌음을 감안할 때, 이 무덤은 고조선이 강력한 노예소유제국가였음을 보여준다고 주장했다. 많은 남한 학자들도 이 주장에 동조했다. 그러나 강상무덤은 무덤구덩이에 시기차이가 보이는 점으로 볼 때 한 공동체사회의 무덤으로 보는 것이 더 합리적이다. 그리고 이것이 설령 순장무덤이라 해도 고조선사회는 노예가 주된 생산동력이었던 사회는 아니고 기본적으로 노예제적 요소를 가진 고대사회였다고 설명하는 것이 타당한 접근이다.

단군릉 발굴 이후 북한 학계는 기원전 30세기경에 이미 순장이 실시되었고, 황대성 등 대동강 유역의 토성을 왕성으로 하는 단군조선이 존재했다고 주장했다. 이 주장은 단군릉 및 여러 유적들에서 나온 인골의 연대측정 결과에 의존하고 있다. 그러나 '전자상자성공명법'이라는 측정방법이 과연 기원전 1천년대의 유물을 측정하는 데 적합한 방법인지 의문이 제기되고 있으며, 그 결과 또한 대단히 소략하고 부정확한 서술로 일관되어 신빙성을 지니기 어렵다.

남한 학계는 일찍이 고대국가에 선행한 '소국' 또는 초기국가를 부족국가로 설명했는데, 이 개념의 문제점을 지적하면서 성읍국가설과 군장사회Chiefdom설이 제기되었다. 1980년대 이후에는 서비스E. R. Service의 신진화주의이론의 입장에서 국가의 기원을 연구하던 방법론이 위만조선과 고조선의 국가형성 문제에도 적용되었다. 논의 과정에서 청동기시대 초기 고조선 국가가 형성되었다는 주장이 나오기도 했고, 철기시대에 들어와야 국가형성의 맹아가 보인다는 인식도 제기되었다. 혹자는 삼국시대와의 계기성을 고려하여 고조선을 원시사회 최말기에서 고대로의 이행기로 보기도 한다. 이런 입장차이의 근본원인은 국가형성이론에 대한 인식차이와 사료부족이다.

고조선이 언제 국가를 형성했는지에 대해서는 좀 더 논의가 필요하다. 많은 학자들은 기원전 4~3세기 『위략魏略』에 조선후朝鮮侯가 왕을 칭하는 기록이 있음을 주목한다. 최고 지배자가 '왕王'을 칭한다는 것은 이전 단계에 비해 국력이 커졌음을 말해주며, 이는 대개 국가단계로 성장했음을 의미한다. 만일 기원전 4~3세기 당시 고조선이 국가를 형성했다면 그 고고학적 증거는 당시 요동에서 서북한 일대에 출현하는 한국식 동검문화의 시작 및 철기의 시원적 보급이라고 할 수 있다. 특히 이전의 돌무덤에서 움무덤으로 가는 문화유형의 변화는 지역 단위의 정치체가 성장하고 지배자의 지위가 이전보다 진전되었음을 보여준다. 여러 지역 단위의 정치체에 대한 일정한 관할은 결국 '고조선'이라는 중앙집권적 국가권력의 출현을 상징하는 것으로 볼 수 있다.

국가형성 및 사회성격 문제와 관련하여 범금팔조犯禁八條의 해석 또한 관건이다. 그러나 범금팔조는 지배자의 특권을 보장하고 노비의 산출을 규정했다는 점에서 고조선사회가 노예제적 요소를 가진 사회였음을 입증하는 점 이상으로 확대해석하기 어렵다.

고조선의 정치체제와 삼국사회로의 계기성

고조선 멸망 이후 그 문화와 주민은 낙랑군으로 이어졌고, 삼국사회 형성의 바탕이 되었다. 따라서 고조선 유민들이 고구려나 신라의 국가형성에 미친 영향과 그 차이점 등을 명확하게 밝히는 것은 고조선사회의 특성을 밝히는 데 꼭 필요한 작업이다.

고조선의 정치체제는 기본적으로 삼국 초기의 정치체제와 유사하다. 즉 여러 지역집단의 독자성이 강해 이들 간의 연맹을 통해 국가체제가 유지되었고, 왕권은 아직 공동체적 예속에서 벗어나지 못한 상태였다. 이런 사회상태를 일반적으로 '부部체제'라는 개념으로 이해한다. 삼국 초기 부체제에 대한 이해를 기본으로 고조선의 정치체제를 살펴보고 양자의 공통점과 차이점을 아는 것이 고조선의 지배체제를 이해하기 위해 중요할 것이다.

고조선의 지배체제는 몇몇 측면에서 삼국사회와 차이가 있었다. 먼저 기원전 3세기 전후의 사실을 반영한 『삼국지』 위서 동이전의 고조선 부분에서는 부의 존재나 부라는 용어가 확인되지 않는다. 부라는 용어가 보이지 않는 것은 고조선사회의 운영체계가 삼국 초기의 부체제와 차이가 있었기 때문이라고 볼 수 있다.

다음으로 운영의 측면에서 보면, 삼국의 부체제는 고조선의 정치체제보다 더 진전된 단계였다. 부체제를 중앙만이 아니라 지방사회에 대해서도 일정한 역할을 하는 운영체계라고 할 때, 중앙이 지배력을 유지하면서 지방을 통제하는 과정은 매우 중요하다. 즉 부의 출현은 부족을 통제하여 그 운동력의 일부를 상실케 할 집권력의 존재를 요청한다. 이때 부체제 아래 고구려 국가는 5부 대가大加들의 연합체였다. 부의 전신인 나那는 독자적인 소국이나 부족이었고, 그에 비해 5부는 고구려국의 주요 구성 단위로서 왕권 아래 귀속되었다. 이런 시각에서 연구자들은 부체제적 운영방식이 고조선사회에도 적용되었을 것이라고 보고 있다.

그러나 고조선의 경우 상相직을 가진 역계경歷谿卿의 이탈사례를 볼 때 독자성이 매우 강했다고 할 수 있다. 고조선사회에서는 중앙왕실의 힘이 독자적으로 지방사회를 통제할 정도의 집중력을 보이지 않았다. 왕위의 부자상속도 어느 정도 확인되지만, 건국집단·핵심집단을 설정하는 것은 현재의 자료만으로는 어렵다. 따라서 고조선의 지배체제는 부체제 직전의 모습, 즉 삼국 초기보다 집권력이 약한 단계로 이해하는 것이 좋을 듯하다.

그러나 고조선의 국가적 경험은 멸망 이후 한강 이남의 마한사회에서 청동기문화가 발전하는 배경이 되었고, 고구려가 그 외곽에서 새롭게 성장하는 문화적 바탕이 되었다. 그리고 마한의 청동기문화를 기반으로 백제가 성장했고, 신라의 초기국가 형성에도 고조선 유민이 커다란 역할을 했다.

글을 마감하며

단군과 고조선사 이해는 한국사의 체계를 확립하고 민족공동체의식 등 각 시대의 역사인식을 살펴보는 데 대단히 중요한 의미를 갖는다. 본문에서 필자는 고조선사의 주요쟁점과 각 주장의 논점을 거칠게 정리해보았다. 정리 과정에서 필자는 고조선사가 하나의 일관된 입장으로 정리되지 못하는 것이 한국 고대사 발전단계에 대한 기본적인 시각차이에 기인한다는 점을 깊이 인식하게 되었다.

대개 삼국 초기부터 고대국가의 성립을 주장하는 논자들은 고조선 또한 일찍부터 발전된 국가였다고 보고 있다. 반면 삼국 초기에는 아직 부를 중심으로 한 중앙집권적 고대국가를 수립하지 못했다고 보는 논자들은 고조선을 삼국 초기단계와 비슷한 초기국가단계로 이해한다. 이런 인식의 차이가 고조선사 해석에도 그대로 적용되었던 것이다. 따라서 고조선사 해명은 한국 고대사에 대한 기본인식을 포함하여 그 발전논리가 명확하게 정리되면서 더욱 체계를 잡을 수 있을 것으로 기대된다.

그동안 고조선은 민족주의적 시각에서 접근하는 논자들에 의해 지나치게 확대해석되거나 이른 시기부터 과장된 역사상을 가진 나라로 언급되어왔다. 우리 민족사의 출발이라는 점에서 이런 관심은 당연한 것이기도 하지만, 과연 그것이 사실로서의 고조선사를 반영하는지 진지하게 고민할 필요가 있다.

단군과 고조선사는 다른 어떤 연구주제보다도 각 시대의 역사인식과 연구과제에 따라 그 관심과 연구방법론이 변화되어왔고, 앞으로도 계속 그럴 것 같다. 그러나 고조선이 한국 고대사의 한 시기이고 첫 국가인 만큼, 이제는 고조선의 실상이 무엇이고 한국 고대사 전체 속에서 차지하는 위치가 무엇인지 고증하기 위해 고고학 자료와 문헌자료를 종합한 진지하고 치밀한 연구가 요구된다. 특히 고조선사 연구의 최종적인 판단은 문헌에 근거를 두어야 하며, 이때 제일 염두에 두어야 할 것은 후대의 믿을 만한 사료에 근거해야 한다는 점이다.

송호정

한국교원대 역사교육과 교수로 재직 중이다. 한국 고대사를 전공했다. 대표논저로『중국 동북 지역 고고학 연구 현황과 문제점』,『왕조의 마지막 풍경―최초의 국가 고조선의 마지막을 살다 간 우거왕』,『우리 겨레 첫나라 고조선』등이 있다.

적석목곽분으로 들여다본 신라

경주 시내 한가운데는 거대한 봉토를 지닌 무덤들이 무리를 이루고 있다. 그중 작은 것도 직경 20미터 정도에 높이 3미터 가량 되지만, 큰 것은 직경이 거의 100미터에 가깝고 높이가 20미터나 된다. 하나의 작은 산봉우리처럼 솟은 것도 있고, 산봉우리 두 개가 합쳐져 표주박을 엎어놓은 듯한 것도 있다. 경주 시내 고분군은 이런 인상적인 풍경으로 아직도 경주분지 경관의 가장 중요한 부분을 차지한다. 지금 같은 고층빌딩이 없었던 당시 신라의 고도에 이보다 더 눈에 띄는 기념물은 없었을 것이다.

이 기념물은 신라의 왕과 지배집단의 고분군으로, 장기간에 걸쳐 지속적으로 축조된 것이었다. 이 기념물의 축조에는 막대한 노동력과 물자가 투입되었던 만큼, 당시 사람들에게 경제적·정치적으로 큰 의미가 있는 작업이었을 것이다. 축조 이후에도 늘어선 기념물들은 신라인에게 정치적·이념적 영향력을 행사했을 것이 틀림없다. 지금은 이들 고분군이 과거에 지녔던 실제적 의미를 상실해버렸지만, 고대의 의미는 완전히 사라진 것이 아니라 현재인의 관심대상으로 존재한다.

우리가 이 고분군에 관심을 가지고 이해하려 하는 것은 본질적으로 무슨 이유일까? 과거에 어떤 의미가 존재했기에 그것을 이해하려는 것이 아니다. 우리의 관심이 그 숨은 의미를 찾아가게끔 하기 때문에 관심은 끊어지지 않고 모습을 바꾼 질문들을 던지게 된다. 우리의 관심이 어떤 근원으로부터 야기된 것이든, 그것은 신라 지배집단의 고분군에 대해 이러저러한 질문을 던지게 했으며, 때로는 그 해답의 일부까지 준비해두었다.

처음 고고학자들의 관심은 소박하고 아마추어적이었으며 제기된 문제의 수준도 대략 그러했다. 이후 우리 고고학 연구가 많은 진전을 이루면서 신라 고분에 대한 문제제기와 설명방식도 물론 다소 발전했다. 물론 아직까지는 우리 고고학이 경험과학, 혹은 사회과학으로서 이론적 논의를 발전시켜왔다고 자랑하기는 어려울 것 같다. 그러나 그동안 꾸준한 발굴을 통해 경험자료가 많이 축적되고 새로운 사실들이 많이 알려졌으며, 그래서 새로운 성질의 문제를 제기하는 연구자들도 생겨났다. 지금 신라 고분과 관련된 가장 중요한 연구주제는 적석목곽분積石木槨墳을 신라사를 해명해줄 수 있는 물질 사료物質史料로 주목하는 데 있는 것 같다. 즉 신라 고분을 해부하고 나온 유물들을 분석하는 목적을 막연히 신라사를 밝히기 위해서라고 생각하는 것이 아니라, 신라사를 해명하기 위해 어떻게 신라 고분을 해석할 것인지 생각하게 되었다는 말이다.

적석목곽분이란 무엇인가

적석목곽분은 고신라의 대표적인 분묘형식이다. 신라의 중앙지배자집단이 자신들의 묘제로 애용했으며 신라의 영향 아래 있던 지방세력들도 이를 모방하여 유사 적석목곽분을 축조했다. 그래서 주로 경주를 중심으로 분포하며, 부산 복천동, 경산 임당동, 창녕 계성면 고분군이나 의성·삼척·영일 등지의 고분군에도 유사한 구조가 존재한다고 보고된 바 있다. 적석목곽분은 경주 안에서도 분지 중앙의 평지에서 주로 발견되고, 구릉이나 산록에서 발견되는 봉토분은 주로 석실분이다. 이는 적석목곽분의 유행 시기와 관련된다. 대개 5세기를 중심으로 전후 200여 년간 신라 지배자집단의 봉토분은 주로 평지에 축조되었고, 그 구조가 적석목곽분이었던 것이다.

전형적인 적석목곽분은 매장시설로 대형 목곽을 사용하며, 그 위에 돌무지를 쌓은 뒤 흙을 덮어 반구형의 봉분을 만든다. 원래 축조 당시에는 거대한 상자 모양의 목곽이 적석봉토분을 받치고 있었겠지만, 목곽의 부식과 토압으로 인해 곧 매장시설이 함몰되어 지금처럼 흔적만 남게 되었을 것이다. 또한 적석목곽분에서는 막대한 부장품이 출토된다는 사실도 주목할 만하다.

사실 전형적인 적석목곽분은 모두 초대형 고분에 속한다. 또 적석목곽분의 구조에 준해 축조된 무덤들도 다른 묘제에 비하면 규모가 큰 대형 고분들이다. 따라서 적석목곽분은 당연히 가장 상위의 무덤형식이고, 부장품은 화려하고 풍부할 수밖에 없다. 원래 고신라인의 매장의례가 고구려나 백제에 비해 부장품의 품목이 다양할 뿐 아니라 일부 품목은 수십 점 이상 복수 부장되는 특성을 지니기도 했다.

적석목곽분의 적석층은 도굴꾼들에게 난공불락의 요새와 같아서 거의 도굴되는 일이 없었다. 이 점은 발굴조사에도 상당한 어려움이 되어, 오랫동안 고고학자들조차 적석목곽분의 정확한 구조를 파악하지 못했다. 일제강점기 초기 고고학자들은 고분축조 과정을 이해하기 위해 면밀히 해부하는 자세로 발굴하지는 않았다. 당시의 발굴은 내부 매장시설의 대강을 파악하고 유물을 꺼내는 것이 목적이었기 때문에, 봉토를 대충 허물고 무덤의 입구부터 찾았다.

1906년에 그런 방법으로 이마니시今西龍라는 역사학자가 황남동의 한 적석목곽분 발굴을 시도했지만, 매장시설에 도달하지는 못했다. 고분의 구조를 그런대로 대충 파악할 수 있었던 것은 1921년 금관총 발굴 때였으며, 초대형 적석목곽분의 구조가 체계적으로 밝혀진 것은 해방 이후 1970년대에 국가적 사업으로 행해졌던 천마총과 황남대총의 발굴을 통해서였다.

적석목곽분의 발굴과 초보적 연구

적석목곽분이라는 무덤구조가 세상에 알려진 것은 1918년에 조사된 보문리 부부총과 1921년 금관총 발굴을 통해서였다. 이후 금령총, 식이총, 서봉총 등 화려한 부장품이 출토된 저명한 고분들이 1920년대에 연속적으로 발굴되고, 1931년에는 황남동과 황오동의 몇몇 고분이 발굴되었다. 물론 일제강점기에 행해진 초보적 수준의 고고학 조사를 지금에 와서 굳이 비판할 필요는 없겠지만, 당시의 발굴조사와 유물보존방식, 보고서 작성 등에 이르는 고고학적 활동은 총독부의 지원 아래 움직이는 관학자들의 활동이었기 때문에 지극히 형식적이었을 뿐 아니라 무성의하기조차 했다. 하지만 이때 조사된 자료와 보고내용은 지금까지도 적석목곽분 연구의 기본자료가 되고 있다.

일제강점기에 작성된 보고서에 단편적으로 언급되었던 내용을 넘어 삼국시대 고분에 대한 최초의 개설서라고 할 만한 책이 해방 직후 출간되었다. 우메하라 스에지梅原末治의 『조선 고대의 묘제』가 그것이다. 이 책은 조선총독부가 주관하여 행한 발굴조사 성과를 토대로, 선사시대의 분묘는 어떠했고 고구려·백제·신라·가야 등의 고분이 지닌 특징은 무엇인지 나열하여 서술했다. 우메하라는 적석목곽분이 신라의 무덤형식이고 석곽묘는 가야의 무덤이라고 단정하고, 적석목곽분은 낙랑의 목곽과 지석묘의 적석시설이 결합하여 나타난 묘제라고 설명했다. 물론 이 책은 고고학 초창기의 연구서이니 만큼, 고분에 대한 연구관점이나 연구방향, 혹은 그 방법론 등을 제대로 논의하지는 못했다. 다만 삼국시대 각 나라 무덤의 특징이 무엇인지 설명하고 광범한 지역에 산재해 있는 고분을 서로 비교하여, 유사한 점이 있으면 서로 영향을 주고받았다든가 주민이 이주했다든가 해석을 내린 정도이다. 어쨌든 이런 관점의 연구를 흔히 '계통론적 연구'라고 하는데, 이를 고고학 연구의 가장 중요한 주제로 생각하는 경향이 지금까지도 많이 남아 있다.

해방 이후 유적 발굴조사를 포함한 고고학적 활동이 우리 기관과 연구자의 손으로 넘어왔다. 발굴경험이 전혀 없었던 우리 연구자들이 아리미쓰有光敎一라는 일본인 고고학자에게 기술적인 도움을 받으면서 처음으로 시도했던 고고학 조사가 신라의 적석목곽분인 호우총 발굴이었다. 물론 호우총에서 출토된 '광개토지호태왕廣開土地好太王' 명문이 새겨진 청동호우가 활발한 논의의 대상이 되긴 했지만, 이 발굴이 적석목곽분 연구를 크게 진척시키지는 못했다. 이후 1970년대 중반까지 약 20여 년 동안 우리 학계의 다른 모든 조사·연구활동이 그러했듯이, 적석목곽분 연구도 주목할 만한 것이 없었다. 사실 신라 고분의 조사활동이라고 해봐야 몇몇 대학박물관의 작업을 제외하고는 찾아보기 어려웠고, 연구논문도 찾아볼 만한 것이 없다.

남한의 사정과는 대조적으로, 북한 고고학계는 사회주의 고고학의 전성기라 할 만큼 활발한 유적조사와 연구활동을 펼쳤다. 신라 고분에 대해서는 박진욱이 매우 독창적인 연구성과를 제출했다. 물론 그는 유물 혹은 유구를 체계적으로 분석하지는 못했지만 자료 자체가 부족했기 때문일 뿐이고, 무덤의 형식학적 변천이나 같은 시기 묘제의 계층적 변이 등에 대해 최초로 말했다는 점에서 높이 평가되어야 한다.

편년을 위한 노력

1970년대 들어 정부는 국가적 문화사업의 하나로 경주 시내 고분의 대대적 정비작업에 착수했다. 이 사업의 목표는 초대형 신라 고분 몇 개를 시범 발굴하고 정비사업지구 내의 소형 고분이나 지하에 깔린 무덤들을 조사한 뒤 관광시설로 새롭게 단장하는 것이었다. 고고학적 견지에서 본다면, 학계의 조사·연구역량을 전혀 평가해보지 않고 대대적인 발굴작업부터 추진한 무모한 기획이었다. 결국 당시 고고학자들은 발굴을 통해 많은 것을 배웠지만, 유적·유물의 발굴·보존·보고 과정에서 훨씬 많은 것을 잃었다. 당시의 가장 큰 성과는 적석목곽분 중 최대형급인 황남대총과 준대형급인 천마총을 당시로서는 막대한 예산과 물량을 투입해 발굴함으로써 적석목곽분의 구조와 여러 핵심적 속성을 밝혀낼 수 있었다는 것이다.

어차피 경험과학의 성장은 배우는 과정에서 이루어진다. 배운다는 것은 연구자가 잘 모르거나 명료하지 않은 부분을 분명히 해두는 데서 출발한다. 조사·연구가 완료된 뒤에 자신이 알아낸 것을 말하는 것도 중요하지만, 아직까지 무엇을 모르는지 분명히 해둠으로써 이후의 배움이 가능해진다. 당시 제출된 보고서 중에는 일제강점기의 발굴과 보고의 수준을 극복하려는 성실한 노력이 돋보이는 것도 있었지만, 그에 훨씬 미치지 못하는 조사와 보고도 있었다. 어쨌든 1970년대의 대대적인 발굴은 많은 양의 자료를 새로 쏟아냈고, 한국과 일본의 고고학자들이 적석목곽분 자체의 구조적 변화뿐 아니라 출토 유물의 편년 연구에 열을 올리는 계기가 되었다.

1970년대 후반부터 1980년대에 걸쳐 신라 고분 연구가 크게 활성화되었고 많은 연구자와 연구성과가 나왔지만, 신라 고분 연구를 한 단계 격상시킨 것은 최병현이었다. 그의 연구에서 가장 중요한 제안 중 하나는 고신라 적석목곽분의 분류 관점이었다. 즉 묘형墓型과 묘곽墓槨형식, 이 두 가지 관찰 및 분류범주가 제시되었는데, 묘형에 따라 분류된 형식은 고분의 계층성이나 사회관계를 반영하고 있으며 묘곽 형식에 따른 순서 배열은 그 자체로 적석목곽분의 편년이 될 수 있었다. 또한 최병현은 적석목곽분에서 출토된 마구, 금공품, 토기류를 종류에 따라 형식 분류하고 편년함으로써 신라 고분문화사를 체계화했다.

1980년대에는 신라 적석목곽분을 둘러싼 논의가 어느 때보다 활발했는데, 대개 편년 문제에 집중되었다. 국내에서 처음으로 신라 고분 편년안을 제출했던 최병현, 그와 견해를 달리했던 일본 연구자, 그리고 예안리·복천동 고분군의 발굴경험으로 편년안을 제시했던 신경철·최종규 등이 편년 논쟁에 참여했다. 특히 일본 연구자들은 개별 유물의 형식분류와 배열을 통해 정교하고도 신중한 편년안을 제시했다. 이토 아키오伊藤秋男의 귀걸이에 의한 고분 편년안은 1970년대 초에 지금과 별로 다르지 않은 적석목곽분 상대서열을 제안했다는 점에서 선구적이다. 이후 아나자와穴澤和光, 후지이 와나베藤井和夫, 사오토메早乙女雅博, 모리미쓰毛利光俊彦 등이 각자 장식대도, 토기, 관모와 고분구조 등을 중심으로 적석목곽분의 형식학적 편년안을 제안했다.

일본 고고학자들이 신라 고분 연구에 적극적으로 나섰던 것은 일본 학계 내부의 요청에 따른 것이었다. 다시 말해 일본 고분 연구에 필요한 대륙 고분문화 관련 지식을 축적하기 위해서였던 것이다. 일본 학계의 연구 가운데는 일본 고분의 편년체계가 그대로 적용된 사례를 어렵지 않게 볼 수 있었는데, 이런 편년체계가 절대적 기준이 되는 것은 우리 학계의 입장에서는 결코 자연스러워 보이지 않는다. 하지만 일본 학계의 연구는 꼼꼼하고 신중하며 당시로서는 선진적 방법론이었기 때문에 쉽게 논박될 수 있는 것이 아니었다.

1970년대 후반부터 1980년대에 걸쳐 김해 예안리 고분군과 부산 복천동 고분군이 부산대학교박물관에 의해 발굴조사되었다. 1970년대까지만 해도 발굴이라면 고분 몇 기를 노출하는 정도였지, 고분군이 전면적으로 발굴되는 경우는 없었다. 이 두 고분군의 발굴조사자들은 200여 년 이상에 걸쳐 형성된 고분군을 전면적으로 조사했던 경험을 토대로 묘제와 부장품의 시기적 변천을 개괄할 수 있는 안목을 지니고 있었는데, 대체로 일본 고고학자들의 연구성과를 그대로 수용하는 편이었다.

사실 적석목곽분의 편년 논쟁이라고 하지만, 개별 고분들의 상대서열에 대해 논란되지는 않았다. 당시까지 발굴된 적석목곽분 중 가장 오래된 것은 황남동 109호분 3, 4곽이고 가장 늦은 것은 보문리 부부총이라는 점에 모두 동의했고, 그 사이에 들어가는 주요 고분의 상대편년도 대동소이했다. 그러나 상한과 하한의 실연대 비정에서는 견해차이가 컸다. 한때 109호분의 상한 연대를 3세기 대까지 올려 보기도 했지만, 지금은 근거를 대기 어렵게 되었다. 1980년대 초 최병현에 의해 제시된 4세기 전반설과 5세기 전반을 상회할 수 없다는 일본 학계 및 부산대 연구자들의 견해가 대립했지만, 고 김원용은 4세기 후반으로 그 연대를 조정하려고 했다.

적석목곽분의 상한을 5세기 전반으로 보는 견해는 크게 두 가지 사실에 근거했다. 하나는 고식 발걸이의 출현 연대에 대한 전제이다. 1965년 중국 요령성 북표현에서 415년에 사망한 북연北燕의 풍소불馮素弗이라는 인물의 무덤이 발굴되었다. 여기서 목심木心에 금동피金銅皮를 입힌 발걸이가 출토되었는데, 이 발걸이 형식이 고신라 최고의 적석목곽분인 황남동 109호분 3, 4곽에서 출토된 예와 매우 유사했기 때문에 이 고분도 결국 5세기 전반을 넘어설 수 없다고 주장되었다. 또 하나 편년기준으로 주장된 것은 역사적 사실에 대한 해석으로부터 도출된 상황증거였다. 신라 적석목곽분에서는 금공품, 마구, 갑옷 등이 풍부하게 출토되었는데 일찍부터 많은 연구자들은 이 유물들이 북방계 유물 혹은 고구려계 유물이라고 정의해왔다. 그런데 흥미로운 사실은 이토 아키오의 귀걸이 편년 이래 소위 북방계 물질문화의 전파가 AD 400년 광개토왕의 남정南征 및 고구려군의 신라 주둔에서 비롯되었다고 보는 점이다. 이런 관점의 연구자들은 적석목곽분 자체도 고구려계 묘제이며, 그 상한도 400년 이전으로는 결코 올라갈 수 없다고 주장했다.

황남동 109호 3, 4곽이 5세기 전반이건 4세기 전반이건, 그것이 가장 오래된 적석목곽분이며 갑자기 나타난 묘제라는 설은 이제 거의 받아들이기 힘든 주장이 되었다. 우선 109호분보다 이른 시기에 속하는 4세기 대의 유구들이 다수 조사되어, 장기간에 걸쳐 이루어진 고분구조의 계기적 변화를 충분히 기술할 수 있을 정도로 많은 자료들이 축적되었기 때문이다. 최근 신라 고분 편년에 큰 공헌을 한 유적은 경산 임당동과 울산 중산리 고분군인데, 이 유적들에서 원삼국·삼국시대 거의 모든 기간에 걸친 고분이 발굴되면서 이제 신라 고분문화사를 서술하는 데 큰 어려움을 느끼지 않게 되었다. 특히 울산 중산리 고분군의 발굴조사자는 대형 묘를 중심으로 2세기 중엽부터 6세기 전반까지 목곽묘와 적석목곽분의 일률적인 변천 과정을 설명할 수 있다고 말하면서, 적석목곽분의 개념을 경주 시내의 초대형 고분에 한정시켜 신라 지배자집단 내에서도 최고 위계의 무덤에만 나타나는 것으로 보아야 한다고 주장했다.

이제 고신라 적석목곽분의 상대 편년에 대해서는 대부분의 연구자들이 동의하는 서열이 생겼다. 그리고 적어도 2세기 중엽부터 목곽묘를 중심으로 한 고분의 구조와 부장품의 변천에 대해서는 그런 대로 일관성 있는 기술을 할 수 있게 되었다. 그러나 아직도 저명한 적석목곽분의 실연대 비정은 논란 중이다. 특히 1990년대부터는 황남동 109호분이 문제가 아니라 황남대총 남분의 절대연대를 놓고 새로운 제안이 나오기 시작했다. 이희준은 기존의 고구려군 남정 가설을 비판하면서 금공품과 마구 등이 전래된 시기를 50년 정도 상향조정했으며, 황남대총 남분을 5세기 전반으로 보고 그 피장자를 내물왕릉으로 논증했다.

신라 고고학자에게 적석목곽분의 실연대를 조정하는 것은 단순히 고분 편년을 확정하는 데 그치지 않는다. 무엇보다 그것은 신라사회의 실상에 변화된 관념을 부여한다는 의미이다. 가령 황남대총 같은 거대 고분이 5세기 초의 것이라고 할 경우, 이른 시기부터 경주를 중심으로 한 사로국이 성장을 거듭하여 주변의 다른 소국들에게 막강한 영향력을 행사했다는 논리를 펴기 쉬워진다. 그리고 부산·창녕·대구 등의 정치세력들이 그만큼 일찍 신라세력권 안에 포함되었다는 주장이 가능해진다. 그러나 신라 고분 편년이 50년 정도 하향 조정되면 낙동강 동안의 여러 세력들이 늦게까지도 자율성을 유지했다는 주장이 자연스러워지고, 부산이나 창녕, 대구의 세력들은 경주 지역과 비슷하게 성장하다가 신라에 통합되었으며 그 전에는 가야의 한 세력이었다고 주장할 수 있는 것이다.

신라사의 복원

삼국시대에는 지금의 영남 지방이 신라와 가야로 나뉘어 있었다는 것이 역사적 사실로 받아들여졌다. 그렇다면 과연 언제부터 신라와 가야로 공간적 분할이 이루어졌으며, 각각의 영역은 어떻게 설정되었을까? 이 문제에 대해 유일한 문헌인『삼국사기』나 『삼국유사』는 만족할 만한 설명을 제공해주지 못한다. 오히려 텍스트 자체가 끊임없는 혼돈을 불러일으킨다고 생각하는 독자들도 많다. 그렇다면 고고학 자료는 좀 더 믿을 만한 해답을 줄 수 있을까?

신라·가야 지역 고분을 거의 최초로 개관했던 우메하라는 신라의 묘제는 적석목곽분이고 가야의 묘제는 수혈식 석곽이라고 단언했다. 적석목곽분은 경주를 중심으로만 존재하고 나머지 영남의 도처에는 석곽묘가 분포해 있으니, 그의 주장에 따르면 신라의 영역은 너무 좁아지고 가야는 너무 넓어진다. 이는 자료상의 한계로 인한 착오라고 볼 수도 있지만, 그가 경주의 고분군을 제외한 나머지 영남 지방의 대형 고분군들을 모두 가야세력이 남긴 것이라고 생각했던 것만은 확실하다.

이런 관념은 오랫동안 통용되어, 묘제만이 아니라 토기양식의 분포를 정치체와 관련시켜 해석할 때도 적용되었다. 가령 토기양식이 낙동강을 경계로 대충 양분되는 현상을 두고 동안양식과 서안양식을 구분했던 이은창은, 낙동강 동쪽에서 경주 일대를 제외한 나머지 영역의 토기를 낙동강 동안형 가야토기라고 불렀다. 그리고 아즈마東潮와 다나카田中俊明는 일본 학계의 한국 역사고고학 개설서라 할 만한『한국의 고대유적』을 집필하면서 부산이나 창녕은 물론 대구·경산·의성 지역까지 가야 영역에 포함시켰다.

신라나 가야의 영역과 정치체의 구조를 놓고 어떤 관점으로 고고학 자료를 해석할 것인지에 대한 논의는 최종규가 5세기 대의 고분을 검토하면서 시작했다. 그는 5세기 대의 낙동강 동안 일대를 신라 영역으로 정의하지는 않았지만, 신라연맹체와 같은 정치적 실체를 상상했다. 즉 신라 토기와 같은 양식의 토기가 분포하는 권역이면서 신라가 금공품을 하사하여 정치적 관계를 맺은 지역으로 이해했던 것이다. 이후 여러 연구자들이 고고학 자료를 신라 정치체의 구조를 해명하는 열쇠로 간주하고 경주와 낙동강 동안 일대의 고분 부장품들을 비교하기 시작했다.

한편, 이보다 앞서 고대사학계에서는 신라 중고기사회가 인기 있는 연구주제가 되었는데, 이 연구들은 한편으로는 지방 지배의 실상을, 다른 한편으로는 촌락사회의 구조적 변동을 주로 검토했다. 대부분의 고고학자들에게 낙동강 동안 일대는 점차 신라의 영역이거나 그에 가깝게 관념화되었다. 따라서 낙동강 이동 지역에 어떤 세력집단이 존재했다 해도 그것은 자율적인 성격으로 파악되기보다, 그들이 언제 신라의 권역에 포함되었으며 이후 신라에게 어떤 대우를 받았는지가 주요 관심사였다.

낙동강 동안 일대에는 적석목곽분이 광범하게 분포하지 않는다. 그러나 박보현은 묘제는 다르지만 적석목곽분문화 지역으로 정의될 수 있다고 주장하면서 이 권역 안의 고분 부장품 분석을 통해 피장자의 등급을 정의했다. 그 등급은 선천적 신분이나 사회적 계층이 아닌 후천적·정치적 위계로서, 그의 작업은 낙동강 동안 일대의 여러 지역세력들이 신라 중앙정부와 어떤 정치적 관계를 맺었는지 해명하기 위한 노력이었다. 이와 달리 김용성은 관계성보다 지역집단 내부구조의 분석에 천착했다. 대구·경산이라는 한정된 지역에 국한되었지만, 그의 노력에 의해 소규모에서 대규모에 이르는 지역집단이 어떻게 다층적 구조를 형성했는지, 그리고 지배집단 내부의 분화가 역사적으로 어떻게 진행되었는지 이해할 수 있게 되었다.

고고학은 신라·가야사를 복원하는 데 공헌해야 하며, 그러려면 고대사학이 제기하는 문제를 받아들이고 그 연구성과를 전제로 출발하지 않으면 안 된다는 생각을 가진 연구자들이 있다. 즉 고고학과 역사학의 현실적 접목을 구체화하려는 연구자들이 생겨난 것이다. 이희준은 진정한 역사고고학의 정립을 위해 누구보다 열심히 이론적·방법론적 논의를 진행시켜왔는데, 그의 신라 고분 연구는 두 가지 방향으로 이루어지고 있다. 첫째로, 이제는 경주 중심의 사로국 고고학이 아닌 낙동강 동안 일대의 신라 고고학을 해야 한다는 것이다. 둘째로, 문화 단위의 관계를 기술하는 것이 아니라 사회집단의 동학을 설명하자는 것이다. 그래서 그는 적석목곽분을 분석할 때도 중심지의 고분과 그 부장 양상이 낙동강 동안 일대에 시공적·위계적 우위를 확보해나가는 과정을 추적하며, 중앙의 영향력을 중점적으로 다루었다. 그리고 신라세력 확산에 의해 물질문화의 양상이 변화하는 것을 입증함으로써 고대사의 해석을 보강해줄 수 있다는 생각을 강조했다.

사실 이희준의 지적처럼 신라·가야사회에 대한 고고학자의 관념은 교정될 필요가 있다. 또한 물질문화의 변동요인을 정치사적 사건에서 구했던 그동안의 역사고고학의 해석은 폐기되어야 한다. 하지만 아직도 역사고고학의 이론과 방법론적 기초는 허약하다. 신라 사회변동을 관계성과 과정의 역사로 설명하기 어려운 형편임을 시인하지 않을 수 없다. 연구경향을 볼 때, 지방지배라는 관념 아래 물질문화에서 중심으로부터 또는 위로부터 정치적으로 강요된 변화의 흔적을 찾아내고자 노력하는 쪽이 우세하다.

이제 적석목곽분이 경주에만 분포한다고 해서 사로국의 묘제라고만 이해하지는 않는다. 그것이 신라 중심지에 있는 최고 위계의 묘제인 까닭에 분포는 한정되지만, 그 영향력은 낙동강 동안 일대에 광범하게 미쳤다는 데 대부분의 연구자들이 동의하고 있다. 그러나 그 영향력을 정복이나 지배의 개념을 앞세워 정치 일변도로 설명한다면 그 의미는 반감될 것이다. 아울러 중심 혹은 상부로부터 조직화되는 과정만 살피고 주변 혹은 아래로부터의 변동에 따른 영향력이 무시되는 것도 문제점으로 지적되어야 할 것이다.

적석목곽분에 대한 관심과 해석

고고학은 19세기 유럽에서 과학의 한 분과로 자리잡았다. 우리의 경우 초보적인 조사와 연구상황에서 고고학자의 관심과 해석은 아마추어적인 수준이었고, 당시의 민족주의 정치이념과 낭만주의 역사관의 영향을 강하게 받았다. '민족국가 건설의 영웅과 그 집단이 어디에서 왔는가'라는 질문은 초기 고고학자들이 흔히 던진 질문이었고, 그에 대한 해답은 전파론적 해석과 정복 이주 가설이었다. 이런 고고학적 관심과 해석을 흔히 '계통론'이라고 부르는데, 신라 적석목곽분에 대해 던진 가장 초보적인 질문도 그런 성격이었다. 아직도 일부 연구자들은 적석목곽분의 축조집단, 즉 신라의 지배집단이 카자흐스탄과 알타이 지역에 목곽묘를 남긴 집단이라고 생각하고 있으며, 대중들도 그것을 믿게끔 설득하고 있다. 물론 이런 해석은 경험자료나 이론으로 비판될 수 있지만, 그것이 과학적 입장에서 던져진 질문이 아니라 단순한 믿음이라면 이념적 평가만으로도 비판은 충분할 것이다.

계통론 다음으로 적석목곽분에 대한 관심은 상대 편년과 실연대 부여에 모아졌다. 아직 적석목곽분과 주변 지역 간의 병행관계나 실연대 부여에 대해 의견일치가 이루어지지는 않았지만, 이것은 길지 않은 시간이 해결해줄 문제인 것 같다. 적석목곽분의 하한연대 기준이 없었을 때는 황룡사지의 기단과 매토층에서 출토된 토기가 6세기 대의 편년을 가능하게 해주었다. 아직도 문제가 되는 황남동 109호분이나 황남대총의 실연대는 4세기 대 고분자료가 더 조사 보고된다면 자연스럽게 설정될 것이다. 하지만 편년은 가장 기초적인 문제이고, 그것은 다음에 제기되는 문제에 큰 영향을 줄 수 있다. 특히 여러 지역의 병행관계가 조작됨에 따라 특정 지역이 상대적으로 선진 지역이 될 수도 있으므로, 이는 신중히 검토되어야 할 문제이다.

고고학에서도 연구자(집단)의 관심은 문제를 정의하고 해석을 지배한다. 일찍이 북한 학계의 박진욱은 "신라와 가야의 문화적 차이를 고고학적으로 해명하는 것은 헛된 시도"라고 말한 바 있다. 물론 그는 신라·가야사회와 문화에 접근하기 위한 어떤 연구관점을 가지고 있어서 그런 주장을 편 것이 아니라, 그저 현상을 요약하기 힘들다는 의미였을 것이다. 하지만 신라와 가야의 영역은 구분되어야 하고, 그 구분 아래서 신라 정치체의 구조를 해명하는 것이 고고학의 과제라면, 이는 고대사로부터 넘겨받은 것이다. 한편 "신라는 선진적이고 그래서 일찍부터 단일한 정치체를 구성했으며 가야는 여러 소국의 연맹체로 되어 있었다"라는 명제가 있다면, 그것은 고고학적 경험으로부터 도출된 것이 아니다. 이는 어쩌면 대부분의 역사학자들이 공유해온 관념일 수도 있는데, 만일 고고학이 이를 수용하여 기본전제로 삼는다면 적석목곽분과 주변 고분들 사이의 관계도 그렇게 해석될 것이다.

적석목곽분에 대한 고고학적 조사와 해석이 역사학적 과제를 수행하고 고대사학적 전제에 기초하는 일이 의미 없다고 말하려는 것은 아니다. 또 고고학의 정체성을 상실할 우려가 있음을 부각시키려는 것도 아니다. 서론으로 돌아가서, 적석목곽분은 당시 중요한 의미를 가지고 축조되었으며, 오랫동안 신라인의 정치경제적·이념적 배경이었다는 점을 충분히 고려해야 하지 않을까 하는 의미이다. 적석목곽분은 정치적 행위의 단순한 반영물이 아니며, 축조가 완료된다고 해서 그 의미가 흙에 포장된 채 잊히는 것도 아니다. 축조, 추가 축조, 수리와 지속을 통해 유지되고 변형되어온 의미는 정치사와 제도사적 해석만으로 충분하지 않을 것이다.

그러나 현실은 고고학이 고대사의 기본전제나 관심에 꽁꽁 묶여 있다는 생각을 버릴 수 없게 한다. 고분 부장품의 편년이 끝나면 토기양식의 분포 변동으로 정치세력의 동향을 분석하고, 부장품의 등급이 사회적 신분을 반영한다고 추론하고, 특정 유물의 위계나 분포를 통해 신라의 지방지배를 복원하는 일이 전부이다. 제도사와 정치사에서 비롯된 관심을 버리고 새로운 질문을 던진다면, 적석목곽분 조사 과정에서도 더욱 흥미로운 정보를 얻을 수 있게 될 것이다. 아니, 그럼으로써 좁은 틀 안의 해석으로부터 더 자유로워질 것이라고 믿는다.

이성주

강릉원주대학교 사학과 교수로 재직 중이다. 한국 고대고고학을 전공했다. 대표논저로 『강릉단오제의 전승과 비전』, 『5~6세기 동아시아의 국제정세와 대가야』, 『청동기·철기시대 사회변동론』 등이 있다.

고대사회와 철제 농기구

한 사회의 생산력 발전 수준을 정확히 이해하는 것은 매우 중요하다. 생산력의 발전과 생산관계의 변화로 사회발전과 변동을 설명할 수 있기 때문이다. 기존 연구들은 고대사회 생산력 발전의 구체적 지표나 보급 정도를 정확하게 이해하기보다 사회변동의 한 요인으로만 주목하여 이에 대한 연구성과가 미비했다. 그러나 최근 고고학 자료와 문헌자료를 중심으로 고대 생산력 발전 수준을 유추하는 연구성과가 나오기 시작하여 논쟁이 일어나고 있다.

철제 농기구의 변화와 그 시기

고분에서 출토된 철제 농기구를 사용된 시기에 따라 나누는 초기 연구는 변화와 획기를 고고학 시기구분의 통설에 맞추어 원삼국시대와 삼국시대로 나누었다. 그것을 나누는 가장 중요한 변화는 우경을 할 수 있는 쟁기날의 출현이었다(이현혜). 이에 비해 고분에서 출토된 철제 농기구를 종합적으로 연구한 천말선은 변화의 시기를 기원전 1세기, 기원후 4세기 말, 5세기 말의 세 시기로 나누었다. 기원전 1세기에 주조 괭이·U자형 따비·따비·쇠스랑이,

기원후 4세기 말에 살포(물꼬를 트는 농구)가, 5세기 말에 쟁기날이 등장했다고 한다. 그는 기원전 1세기에서 기원후 4세기까지 철제 농기구의 변화를 한 시기로 묶어 이해했다. 특히 4세기 이후 살포가 출현하고 따비가 소멸하는 시기를 하나의 획기로 보고 새로운 단계로 주목했다.

이런 철제 농기구의 2단계 및 3단계 변화의 시기를 더욱 세분하여 5단계로 나누는 견해가 나타났다(김재홍b). 김재홍에 따르면, 기원전 2세기에는 네모꼴 주조 괭이가 농기구로 사용되었다. 기원전 1세기경에는 외날 따비·판상 철부·사다리꼴 주조 괭이·단조 철부(갈이농구), 낫(걷이농구)이 출현했다. 주조 괭이는 횡단면의 형태가 네모꼴에서 사다리꼴로 바뀌면서 수량이 증가했다. 판상 철부는 1세기까지 실용적인 도구로 사용되었지만, 2세기 이후 비실용적인 철기로 변화되었다. 2세기 후반경에는 U자형 따비(갈이농구)와 쇠스랑(삶이농구)이 출현했는데, 이것은 주로 대형묘에 부장되었다. 4세기 후반에서 5세기에 살포와 철서鐵鋤(제초구)라는 새로운 농기구가 등장하고, 판상 철부와 외날 따비가 소멸되었다. 6세기에 쟁기날이 사용되면서 우경이 전국적으로 보급되었다.

이렇게 김재홍은 새로운 농기구의 출현을 중시하여 기원전 2세기, 기원전 1세기, 기원후 2세기 후반, 4세기 후반, 6세기를 변화의 시기로 보았다. 이 견해에서는 2세기 후반 목곽묘에서 출토된 U자형 쇠날·쇠스랑, 4세기 후반 살포와 철서의 출현이 가장 주목된다. 또한 농기구의 보급도를 기준으로 5세기 중후반경을 가장 큰 변화의 시기로 보았다.

김재홍의 분석을 대체로 인정하면서도, 4세기 후반 이후 출현한다고 보았던 살포와 철서의 출현을 3세기로 본 견해도 있다(홍보식). 홍보식이 설명하는 살포와 철서는 4세기 후반 이후의 그것과는 형태가 다른 것이어서 이후 구체적인 논의가 필요하다. 또한 부산·김해 지역의 철제 농기구를 대상으로 기원전

1세기, 기원후 2세기 후반, 4세기 후반의 3단계로 구분하여 변화의 시기에 지역적 양상을 첨가하는 견해도 있다(김도헌).

주조 철부는 괭이로도 사용되었을까

기원전 2세기경 한반도의 중서부 지방에 북쪽 연화보-세죽리 문화의 철기 중 주조 철부鑄造鐵斧와 철착鐵鑿 등 주조 철기류가 들어왔다. 그중 주조 철부는 한국식 동검문화기의 유물과 함께 출토되는데, 이것은 송산리·이화동·석산동 등의 북쪽 지방과 남양리·합송리·소소리·신동리 등 중서부 지방의 유적에서 볼 수 있다. 철착은 중국 요동 지방의 연화보·고려채 등지에서 출토되지만 수적으로 많은 양이 아니며, 남부 지방에서는 남양리·합송리·소소리 등지에서 주조 철부와 함께 출토된다.

주조 철부와 철착의 기능에 대해서는 공구라는 견해와 농기구라는 견해가 나뉘어 있다. 공구로 보는 견해(천말선, 조현종)는 목제 농기구가 많이 사용되고 있었던 당시에 이를 제작하기 위한 끌과 자귀로 쓰였다고 파악한 것이다. 농기구로 보는 견해는 최근 주장되었는데, 특히 주조 철부는 중국에서 철곽鐵钁이라 부르는 것으로, 흔히 괭이의 기능(이남규, 이현혜)이나 두날 따비의 날(이남규, 東潮, 村上恭通)이었다고 보기도 했다.

철착의 경우 중국에서는 출토량이 적기 때문에 별다른 설명이 이루어지지 않았다. 그러나 당진 소소리에서 두 개가 한 세트로 출토되었던 것을 감안하면, 두날 따비의 날로 사용되었을 가능성도 있다(김재홍b). 현재도 서해안의 섬이나 제주도에서는 쟁기로 갈 수 없는 거친 밭이나 돌밭의 경우 날 부분을 철기로 만든 두날 따비를 이용해 떼를 일군다. 이들 철기 세트는 청동기시대에 해당하는 대전 괴정동 출토 농경문 청동기에 나오는 따비와 괭이의 농경작업이 의례로 표현되었듯이 철기시대 수장층의 농경의례로 무덤에 부장된 듯하다.

이와 같이 기원전 2세기경에 나타나는 자루의 구멍 부분이 네모꼴인 주조 철부를 보는 시각은 두 가지 견해로 나뉘어 있지만, 원삼국시대 이후 나타나는 자루의 구멍 부분이 사다리꼴인 주조 철부는 흔히 괭이 기능을 가진 것으로 보고 있다(이남규, 이현혜, 천말선). 주조 철부는 무덤을 팔 때 사용된 도구로서, 무덤의 봉토에서도 발견된다. 무덤에서 출토되었을 때 날의 좌우가 사용된 흔적이 있고 자루의 구멍에 괭이와 같이 날을 직각으로 사용했을 때 나타나는 흔적이 있어 괭이의 기능을 했을 것으로 추측되었다. 특히 포항 옥성리에는 주조 철부로 무덤의 구덩이를 판 흔적이 그대로 남아 있어 이것이 땅을 파는 용도였음이 확인된다. 그러나 5세기 이전에는 일부 대형묘에만 사용하지 않은 주조 철부가 묻힌 데 반해, 5세기 이후부터는 이런 양상이 더 확대되어 합천 옥전 M3호에서는 관대로 사용된 주조 철부 121점이 바닥에 깔린 채 출토되었다.

무덤 부장 농기구는 실용구인가 부장용인가

철제 농기구는 무덤과 생활유적(집터, 산성, 건물터, 절터 등) 등에서 출토되지만, 4~6세기의 무덤에서 나오는 경우가 많다. 농기구의 자루는 대개 나무여서 썩어 없어지고 주로 날 부분만 출토되고 있는데, 그 모양이 요즘 농기구의 날과 유사하여 그 기능을 추측해볼 수 있다. 무덤에서 발견되는 농기구는 사용한 흔적이 있는 것보다 없는 것이 많아, 무덤 부장 농기구의 실용성과 의례성에 대한 논쟁이 일제강점기부터 이루어졌다.

먼저 무덤 부장 농기구는 의례용이라는 주장이 제기되었다. 황오리 16호에서 출토된 U자형 따비, 쇠스랑, 낫을 통해 ① 농기구의 출토 위치로 보아 당시 다른 철제 무기류와 동등하게 취급되었고, ② 농기구는 귀중품으로서 외국에서 수입되었으며, ③ 귀족이 농사와 밀접하게 관계되며, ④ 농기구의 부장은 마술적magical 의미에서 신앙적으로 행해진 것이므로 부장 농기구는 의례적 측면이 강하다고 주장되었다(有光敎一). 반면, 이런 주장으로는 농기구가 일반적으로 대형 고분보다 중급 이하의 무덤에서 출토되는 현상을 설명할 수 없다고 비판하는 견해가 있었다. 대형 고분은 농기구를 부장하지 않아도 충분히 피장자의 지위를 알 수 있기 때문에 농기구를 부장하지 않았다. 따라서 농기구의 직접 사용자는 일반민중이고 그 소유주는 일반민중을 직접 지배하는 중소귀족이므로 이들의 무덤에 해당하는 중급 무덤에 주로 부장된다는 것이었다(鑄方貞亮).

일반적으로 무덤에 부장된 농기구는 실생활에 사용하던 농기구나 그것과 모양이 같은 것이었다고 인정되고 있지만, 최근에는 농기구의 의례적 측면을 중국 의례와 비교하여 분석하기도 한다(村上恭通). 중국에서는 주조 철부가 괭이의 기능을 가졌지만 한반도에서는 농경·제사용으로 무덤에 묻혔고, 낙랑의 무덤에서 나온 단조 철부鍛造鐵斧 중 일부는 한漢나라 때 황제가 장군에게 수여하는 월鉞·척戚이라는 도끼의 성격이 상징화되어 나타난 것이라고 한다. 또한 U자형 따비나 쇠스랑 같은 철제 농기구는 대형묘에서 주로 출토되므로 일종의 위세품으로 볼 수 있다고 하는 주장도 있다(김도헌).

실제로 무덤에서 출토된 농기구 중에는 실용성을 상실한 것이 있다. 창원 다호리 1호에서는 사용 흔적이 없는 주조 철부 2점이 서로 포개어진 채 출토되어, 화폐의 기능을 한 것이 무덤에 묻혔다고 보기도 한다. 합천 옥전 M3호에는 사다리꼴 주조 괭이가 121점이나 사용 흔적 없이 매납되었다. 실제로 사용한 것이라기보다 무덤에 묻힌 이의 아래에 깐 의례용 철제품으로 보기도 한다.

우경은 언제 시작되었나

철제 농기구의 보급과 더불어 농업생산에서 또 다른 변화는 소가 끄는 쟁기의 사용이었다. 소를 이용함으로써 노동력이 절감되고 깊이갈이를 할 수 있게 되어 농업생산이 증대했다. 소갈이의 보급을 알려주는 문헌사료에는 서로 다른 내용이 담겨 있는데, 신라에서 소갈이의 보급을 알려주는 직접적인 기록으로는 "지증왕 3년(502)에 처음으로 소갈이를 이용했다"라는 『삼국사기』 기사가 있다. 이는 당시 소갈이가 시작되었다는 의미라기보다 이전부터 이용되어오던 소갈이법을 국가적 차원에서 장려한 것이라고 볼 수 있다. 『삼국유사』에는 이미 신라 노례왕弩禮王(24~57년) 때 쇠보습을 제작했다는 기사가 있어, 쟁기 사용이 더 빨랐을 가능성을 보여준다. 그러나 이것은 쇠보습으로 해석하기보다는 사람이 끄는 쟁기인 극쟁이를 지칭한다고 한다(김도헌).

본격적인 쇠보습의 사용은 삼국시대 이후이다. 고구려에서는 3세기 무렵까지 중국의 V자형 관冠이나 삼각형 전철제全鐵製 보습을 붙인 유상려有床犁를 사용하다가, 4세기 후반 무렵 삼각형 모양의 보습을 자체 생산했다고 한다(이현혜). 그러나 요동 지역과는 달리 남부 지방에서 출토된 철제 보습은 시기를 확정하기 곤란하다. 이는 서울 구의동 고구려 보루堡壘 유적의 연대와도 관련이 있지만, 연대관에서 차이가 나타난다. 구의동에서 발견된 삼각형 보습은 다른 출토 유물을 고려하여 연대가 결정되었는데, 4세기 후반에서 5세기 전반경의 유구로 보는 견해(東潮)와 6세기경으로 보는 견해(김재홍b)로 나뉜다. 결국 구의동 보루 유적의 연대에 따라 쟁기 사용 연대가 결정될 것인데, 이는 사료의 신빙성이 의문시될 경우 고고학적 자료가 얼마나 중요한 기준으로 작용하는지 잘 보여주는 예이다.

논의 다양한 형태, 네모꼴과 사다리꼴

현재 남부 지방에서 삼국시대 보습의 확실한 출토 사례는 한 군데 정도밖에 없어, 실물 쟁기날로 우경의 보급을 설명하기 어려운 상황이다. 그래서 주목되는 것이 논의 형태와 논에 보이는 쟁기날의 흔적이다. 울산 무거동 옥현 유적은 청동기시대부터 조선시대에 이르는 논의 전개양상을 잘 보여준다. 논은 낮은 구릉의 경사를 따라 어느 정도 단을 이루면서 형성되었는데, 모양은 네모꼴·긴 네모꼴 등으로 다양했다. 그중에서 청동기시대의 논은 주로 장방형으로 소구획된 둑 안에 경작면의 요철凹凸면이 매우 불규칙한 상태로 확인되었다. 이들은 1~3평 내외의 작은 규모로 길게 단을 이룬 현재의 논과 구별된다. 이와 비슷한 형태의 논으로 청동기시대에 해당하는 논산 마전리의 논 유적과 삼국시대 후반 궁남지의 논 유적이 있다. 이런 형태의 논은 청동기시대에 출현하여 삼국시대에도 계속 조성되었던 것이다.

한편 옥현의 삼국시대 논은 중·대규모의 계단식 논으로, 요즈음의 논과 같이 기다란 모양을 하고 있다. 이와 비슷한 형태의 논으로는 삼국시대 후반에 해당하는 대구 서변동·창원 반계동의 논 유적이 있다.

이러한 논의 두 가지 형태는 자연지형이나 경작방식 등 다양한 요인으로 설명할 수도 있고, 소구획 논에서 대규모 계단식 논으로 시기적으로 발전했을 가능성도 있다. 현재는 계기적 발전의 가능성이 제시되고 있지만(곽종철b), 이후 논의가 더 진행되어야 할 것이다. 장방형의 계단식 논은 철제 농기구의 발전과 관련이 있을 것으로 보이며, 특히 쟁기를 끄는 우경의 보급과 일정한 관련을 맺고 있다고 추정된다. 그것은 반계동과 서변동의 논 유구에서 쟁기날의 흔적이 확인되는 것으로 증명할 수 있다.

농기구는 누가 소유했을까

 4~6세기에 신라는 철제 농기구 보급, 우경의 본격화, 논농사의 발전, 종자개량 등을 통해 농업경영의 자립화를 진전시키고 있었다. 농업경영의 자립화는 가호家戶의 사회적 역할과 계층분화를 증대시켰고, 종래 읍락사회의 성격을 변질시켰다. 이 시기 농업경영의 자립화는 학계에서 대체로 인정되고 있지만 민의 계층분화와 소농경영의 자립도 측면에서 견해차이가 나타난다. 이는 철제 농기구와 우경 중 어느 것을 변화의 주요 동인으로 보느냐에서 비롯된다.
 우경을 중시하는 견해는 우경 실시가 대토지소유자의 성장을 촉진시켰다고 본다. 우경이 실시되면서 깊이갈이와 개간이 가능하게 되어 노동력이 절감되고, 이로 인해 우경에 필요한 소와 생산도구를 모두 갖추어서 토지소유를 확대시킬 수 있었던 대토지 부호농민층과, 토지를 잃고 유망逃亡하거나 고용살이로 전락한 빈농층 사이에 계층분화가 촉진되었다는 것이다. 고구려에서는 3세기를 전후한 시기에 부호농민층이, 신라에서는 6세기에 장척층匠尺層이 우경을 이용하여 대토지소유자로 성장했다.
 우경으로 인해 대토지소유자와 빈농의 계층분화가 일어났을 뿐만 아니라 집체적 농업경영에서 개체노동으로 농업생산방식도 전환되었다. 또한 철제 농기구와 소, 토지소유에서 소외된 일반농민들도 단혼 소가족單婚小家族 단위로 농업경영을 영위하여 개별 가호마다 공동체와 별개로 농업생산을 했다. 이때에 이르러 읍락공동체는 해체되고, 국가는 부집단이나 소국 등 중간지배집단을 해체하고 소농민층을 국가의 공민으로 직접 지배하게 되었다(전덕재a).
 철제 농기구를 중시하는 견해는 철제 농기구의 보급과 확대가 대토지소유자의 성장보다 일반민 가운데 새로운 계층인 호민층豪民層의 성장을 촉진시켰다고 본다. 당시의 농업생산력은 우경보다 철제 농기구의 제작 수준과 보급 정도에 더 큰 영향을 받았다. 당시 철제 농기구는 이전 시기에 비해 종류와 숫자가 늘어나면서 모든 지역으로 보급되었고, 읍락의 하호 중에서도 단조 괭이—낫을 소유하여 자기 경리를 가진 호민층으로 성장하는 이들이 나타났다. 그러나 몰락농민이 자기 경리를 갖는 소농경영으로 성장하기는 힘들었으므로, 소농경영의 배경은 우경보다 철제 농기구의 사용에서 찾아야 한다.

따라서 당시 소농경영은 철제 농기구를 소유할 수 있는 호민층까지만 이루어졌고, 아직 일반농민은 이들에 의존하여 농업을 경영했다고도 한다. 이들 호민층은 예안리 고분군에서 보듯이 무기와 더불어 단조 괭이—낫을 사용하여 평시에는 농사를 짓고, 전시에는 자신의 읍락을 방어하는 주체가 되었다. 이런 사회적 역할을 통해 호민층은 외위外位를 가지고 '촌'에서 지배계층으로 성장했다고 본다(김재홍c).

이에 대해 철제 농기구의 보급을 새로운 계층의 성장으로 보기보다 국가권력 아래에서의 관리·통제와 연결시키는 주장도 있다. 당시 철제 농기구는 아직 가호별로 사유화될 만큼 저변층으로 확대되지 못했고, 오히려 소수 지배계층을 중심으로 집중 소유되고 있었다. U자형 따비와 쇠스랑은 경주의 지배층과 소국 왕족, 주조 괭이는 읍락 수장층과 소수의 호민층, 낫은 호민층과 소수의 상층 농민들이 사유했다.

대토지소유자라고 규정된 호민층조차 철제 농기구 중에서 쇠낫만 소유하는 정도에 그치고, 하층 농민은 토지뿐만 아니라 철제 농기구까지도 토지소유주의 것을 사용했다. 이는 단조 철부를 농기구로 인정하지 않고 도끼로만 한정한 해석이기도 하다. 이런 추세 속에서 경주의 지배계층은 철 원료와 철제 농기구의 생산 및 관리를 통해 읍락과 구소국 지배층을 통제하고, 이들은 다시 경주세력과의 일정한 관계 속에서 철제 농기구를 다량으로 소유하면서 읍락민을 통제했다고 보는 것이다(이현혜).

미사리 밭과 상경·휴한농법 논쟁

농업생산력의 발전은 토지의 중요성을 증대시켰고, 그에 따라 토지소유의 불균등이 심화되었다. 토지에 대한 사적소유권이 성립하기 위해서는 일정한 수준으로 농업생산력이 향상되어 토지를 정기적으로 이용할 수 있어야 한다. 삼국시대 후기의 경지이용방식은 상경연작常耕連作단계로 파악되기도 하고(김용섭·이인재), 휴한休閑농법단계로 파악되기도 했다(이태진·안병우).

전자는 주로 당시의 생산력 수준을 높이 평가하는 것으로서, 소유권의 발달도 빨랐다고 보는 시각이다. 상경농법이 실시된 삼국시대 후기부터 조선시대에 이르기까지를 동일한 중세사회로 보고 있다. 후자에서는 당시 토지소유를 휴경농법에 기초한 공동소유-개별점유로 파악하여 사적·개별적 소유가 성립하지 못했다고 이해하거나, 휴한농법단계에서도 소유권이 성립했다고 보기도 한다. 그간 이런 논쟁은 추정의 수준을 벗어나지 못했지만, 하남 미사리에서 삼국시대의 밭 유적이 발견되면서 자료에 근거한 논쟁으로 발전하고 있다.

하남 미사리 유적에서는 삼국시대의 경작 유구가 2개 층에서 발견되었다. 상층에서 발견된 것은 대략 6세기경, 하층은 4~5세기나 그 이전에 사용된 경작지로 추정된다. 하층 밭은 고랑과 이랑의 폭이 일정하고 직선을 이루며 고랑과 이랑을 합한 폭이 150cm 가량 되고, 고랑에는 지름 20cm 정도의 작물 재배 구멍이 지그재그로 남아 있다. 상층 밭은 고랑과 이랑을 합한 폭이 100cm 정도이고, 이랑에 비해 고랑이 좁다.

이런 상태의 밭 유구가 한국의 고대 휴한농법과 그것을 극복해가는 과정, 그리고 상경화의 초보단계를 보여준다는 견해(김기흥a, 전덕재b)가 있다. 하층 밭은 고랑이 비교적 70~80cm 정도로 넓은 것을 볼 때 주로 U자형 따비나 쇠스랑 같은 농기구로 밭을 갈고 고랑에 작물을 재배했다고 여겨진다. 1~2년 동안 밭뙈기 전체를 묵혔다가 경작하는 휴한농업단계의 경작지였다고 추정하기도 한다. 또한 하층 밭이 이랑(畎)과 고랑(畝)으로 정연하게 대응하고 있어, 양 부분을 바꿔가며 경작했다고 보고, 휴한법이 극복되어가는 단계의 농법으로 파악하기도 한다. 이렇게 휴경처와 파종처가 띠 모양으로 반복되는 농법은 1~2년 동안 밭뙈기 전체를 묵혔다가 경작하는 농법보다 발달된 모습을 상정하는 것이다. 그러나 이는 현재로서는 증명하기 힘든 비슷한 견해이며, 다만 하층 밭이 휴한농법단계라는 데는 의견이 모아지고 있다.

　반면 상층 경작 유구는 축력을 이용해 밭을 갈고 고랑보다 이랑을 넓게 만든 점, 고랑의 깊이가 30cm 정도였다는 점, 미사리 지역이 비교적 비옥한 흑색 사질점토층이었던 점 등을 고려할 때 상경농법단계에 도달한 것이었다고 보인다. 그러나 이 단계는 한대漢代 대전법代田法단계와 마찬가지로 고랑과 이랑을 매년 교대로 파종처로 삼는 초보적 수준의 상경전이거나 이미 이 단계를 지난 것으로 추측된다. 이런 견해들은 우경의 보급을 통해 휴한농법에서 상경농법으로 전환된다는 기존의 견해를 계승 발전시킨 것이다. 그런 측면에서 미사리 상층과 하층의 경작 유구는 6세기경에 비로소 휴한농법단계에서 초보적 수준의 상경농법단계로 이행해갔음을 시사해준다.

　이 시기에 상경농업단계에 도달했다는 견해는 고대에서 중세로의 변화와 연결되기도 하고(김용섭, 김기흥a), 읍락공동체가 해체되고 우경이 실시되면서 개별 소농민경영이 확립하는 계기(전덕재b)가 되었다고 해석되기도 한다. 중세사회로의 전환을 설명하기 위해서는 상경농법이 가지는 사회경제적 의미가 중요하다. 농지를 상경화해야 전조를 수취하는 기반이 마련되기 때문이다. 곧 전조 수취를 통한 토지 지배가 관철되기 위해서는 농지의 상경화가 전제되어야 했다.

그러나 미사리 상·하층 밭의 형태와 파종법이 서로 다른 점은, 농법의 차이가 아니라 같은 시기에 경지 형태, 작물 종류, 토양 등에 의해 작부법 등이 자유롭게 선택되었음을 보여주는 것으로 해석되기도 한다. 이는 조선 전기『농사직설農事直說』에서 보이는 작물에 따른 고랑·이랑 형태의 차이와 일본 고분시대 밭의 다양한 형태에서 유추한 것이다. 즉 미사리 밭 유구는 삼국시대의 밭농사 기술 수준이 이미 재배작물의 종류에 따라 파종과 작무방식 등을 다양하게 분화·발전시킨 상태임을 나타낸다는 것이다.

이런 해석을 근거로, 당시의 변화는 상경화의 진전이라기보다 휴경에서 휴한농법으로의 전환을 보여준다는 해석도 가능하다. 철제 농기구의 발달로 인해 상대적 깊이갈이와 반복경작이 가능해짐으로써 지력 회복과 잡초 제거가 효과적으로 이루어질 수 있었기 때문에, 1~2년으로 휴경 기간을 단축하는 휴한농법이 가능하게 되었다고 본다. 특히 우경의 실시는 새로운 휴한농법을 확대·정착시키는 촉매제 구실을 했다는 것이다(이현혜).

수륙 겸종과 전사법

신라와 관련해서는, "농경지가 비옥하여 수륙 겸종水陸兼種한다"라는『수서隋書』에 기록된 한 줄의 글을 통해 신라뿐만 아니라 삼국의 농법에 대한 다양한 논의가 이루어졌다. 처음 한치윤韓致奫이『해동역사海東繹史』에서 보리와 벼의 이모작으로 파악한 이래, 백남운도 벼와 보리의 이모작에 의한 신라의 농업을 윤작輪作, 시비술施肥術 등의 발전과 연관시키기도 했다. 이를 발전시켜 최근에는 조선 초기『농사직설』의 수도水稻파종법과 관련하여 수파水播와 건파乾播로 보다가, 이를 더욱 보강하여 논농사와 밭농사를 매년 교대로 실시하는 회환농법 回換農法으로 체계화했다(김용섭). 또한『조선전사』도 한 뙈기 땅에서 벼농사도 하며 밭농사도 한다고 하여 당시의 농법을 높이 평가하고 있다. 이는 6세기경의 신라사회가 조선 전기와 비슷한 수준의 농법을 구사하고 있다는 전제 아래 6세기 신라 이후 조선시대까지를 동일한 중세사회로 보는 것이었다.

이에 비해 최근에는 6세기 사회를 변화의 시기로 보고, 통일신라 이후를 중세의 시작으로 보면서 당시의 농업 상황을 알려주는 이 구절에 조심스럽게 접근하는 흐름이 나타났다. 회환농법은 지력이 크게 낮은 생토에서의 농법이었으며 '매년회환경작每年回換耕作'은 해마다 경작을 바꾸는 휴한농법을 가리키는 것으로서 이를 '수륙겸종'과 연결시키기는 곤란하다고 했다. 따라서 수륙겸종은 논과 밭에서 모두 농사를 짓는다는 정도로 해석되었는데, 이는 당시 밭농사가 크게 우세한 중에서도 논농사가 점차 확대보급되는 추세를 반영했다는 것이다(김기흥b).

당시의 농업형태를 보여주는 다른 자료로 주목되는 것이 단양신라적성비(丹陽 新羅赤城碑, 진흥왕, 550년 이전)에 나오는 '전사법佃舍法'이다. 전사법은 문맥으로 보아 고구려의 제도로서 토지소유나 경영과 관련된 제도이며, 국법 즉 신라의 법과 대비된다. 종래 전사법은 고구려의 집단적 농업노동방식이고 이는 개별적 농업경영을 내용으로 하는 신라의 국법과 대비되는 제도라고 이해되었지만(武田 幸男), 최근에는 국가적 토지소유·농업경영과 관련짓고 있다(안병우·이인재).

6세기 초 고구려에서는 국유지와 변방 등의 특정한 범위에서 균전적 의미의 전사법이 시행되어, 종래 하호 농민들이 전호적 소농경영의 농민으로 성장하고 있었다. 또한 전사법은 농업경영·수취제로도 이해할 수 있다. 즉 전사법을 가家로 파악되는 농업경영 단위인 전사에게 둔전을 지급하여 경작하도록 하고, 그로부터 지대의 의미를 띠는 조와 군역을 수취하는 제도로 이해하는 것이다.

이런 전사를 개인에게 사여하는 것은 전사가 국가에 납부하던 고을의 전조를 대신 수취하도록 한다는 의미였다. 전사법의 역사적 위치에 대해서는 인호人戶 단위의 노동력 수취인 식읍에서 전사법을 거쳐 호구戶口·토지 중심의 수취인 전정제田丁制로 발전했다고도 한다. 이런 견해는 6세기를 국가형성기로 보는 일본 학자의 견해를 비판하는 것으로서, 통일신라부터 중세사회로 전환한다는 사회론을 기저에 깔고 있으며, 6세기 신라 중고기사회를 전환기로 보는 것이다.

수리시설의 발달과 경영주체

벼농사는 청동기시대부터 시작되었다. 초기의 벼농사는 소택지나 저습지를 이용했다. 그러다 백제가 4세기 초에 벽골지碧骨池를, 신라가 5세기 초에 시제矢堤를 축조한 데서 보이듯이, 국가 주도로 대규모 수리시설이 만들어졌다. 이후 백제와 신라에서는 무령왕武寧王과 법흥왕法興王이 각기 510년과 531년에 전국의 제방堤防 수리를 명령할 정도로 수리시설에 대한 국가의 관심이 높았다. 당시의 수리시설과 축조기술에 대해서는 영천 청제비菁堤碑의 병진명丙辰銘(536년)과 대구 무술오작비戊戌塢作碑(578년)를 통해 알 수 있다.

이 두 비문을 수리시설과 관련된 것으로 보는 데는 이론이 없지만, 비문에 나타난 수치의 차이를 해석하는 데 대해서는 견해가 다양하다. 즉 비문에 나오는 수치를 근거로 할 때 오작비의 오塢가 청제菁堤에 비해 기술이 뒤떨어지는 데, 그 이유는 지방민이나 도유나(都唯那)가 소속된 사찰에서 이를 주관했기 때문이라고 하여 두 수리시설의 차별성을 강조하는 견해가 있다(이우태). 반면 이 수치상의 차이는 수리시설의 수준차이가 아니라 자연환경에 더 적합한 다양한 수리시설을 선택한 결과일 뿐이라는 견해도 있다. 대구 중심부는 금호강과 그 지류들이 관통하므로 오작비의 '오'는 큰 하천의 범람을 막아 유량을 조절하고 농경지에 물을 대는 둑(塢)의 의미가 강했다고 보는 것이다. 따라서 병진명에 나오는 수리시설이 계곡을 막아 물을 저장하는 형태라면, 오작비의 수리시설은 하천 주변에 둑을 쌓아 농경지에 물을 관개하는 형태라는 것이다(김재홍a).

6세기경에 수리시설을 만들고 운영한 주체에 대해서도 견해가 엇갈리는데, 이는 당시의 사회발전단계에 대한 이해차이를 반영한다. 먼저 비문에 지방민이 많이 등장하는 것을 근거로 6세기 신라에서는 아직 역역법(力役法)에 기초하여 지방 행정관이 징발하는 지방의 역역이 성립되지 않았고, 촌락 수장층이 자신의 지역지배 및 역역 동원 편성권에 의해 필요에 따라 임시로 역역을 징발한 것으로 보는 견해가 있다. 이는 당시 신라의 국가 성격이 수취구조가 체계적으로 성립되지 않은 국가 성립 이전 단계였다는 이해와 맞물려 있다(石上英一).

그러나 여기에 지방관이 파견되지 않은 것은 역역 동원이 촌락 수장에 의해 이루어졌기 때문이 아니라, 축성과 달리 수리시설에 대한 징발은 중앙에서 직접 관장하는 사안이기 때문이었다고 보는 견해도 있다. 수리시설에는 고도의 기술이 필요하므로 신라 중고기에는 국가가 직접 관장했다는 것이다. 즉 당시에는 선진 기술자에 해당했던 승려를 관직에 등용하여 수리시설을 관장하게 했고, 수리시설의 축조는 촌을 단위로 지방민을 동원하는 복속 의례적 성격이 강한 성 쌓기와 달리 신라 중앙이 직접 관장했으므로 중앙집권화가 더 진전된 모습을 보여준다는 것이다(김재홍a).

한편 무술오작비에 근거하여 이를 향도조직과 관련시켜 파악하기도 한다. 승려와 주민들이 결연하여 공동으로 수리시설을 마련한 것을 통해 향도가 경작과 관련된 공사에서 공동 노동을 하는 기능을 수행했다고 추측하는 것이다. 나아가 승직인 도유나가 나오는 것으로 보아 수리시설이 위치한 곳과 관련이 있는 사찰에서 주관하여 관리했다고 본다(노중국, 이우태).

또한 수리시설이 있는 지역을 왕실 직할지와 연결해서 보기도 한다. 청제비에 나온 청제 지역은 지방군현과 관련된 지역이 아닌 왕실 직접 관할의 직할촌이었으므로 청제 관리는 왕실이 파견한 관리가 맡았다는 것이다(하일식).

이와 같이 수리시설의 조영주체에 대해서는 국가, 왕실, 촌락 수장, 사찰 등 다양한 견해가 있으며, 이는 고대국가의 성격에 대한 이해차이를 반영하고 있다.

김재홍

국립중앙박물관 학예연구관으로 재직 중이다. 한국 고대사를 전공했으며 2001년 서울대학교에서 『신라 중고기 촌제의 성립과 지방사회구조』 논문으로 박사학위를 받았다.

임나일본부와 고대 한일관계

임나일본부설任那日本府說은 일제강점기 일본이 우리에게 강요한 식민사관의 대표적인 예로, 그들은 이것을 통해 한국 고대사를 왜곡하고 한국인에게 열등감을 조장하고자 했다. 그들이 '임나'라고 부른 곳은 고대 한반도의 가야 지역에 해당한다. 가야사에 대한 최초의 학문적 연구는 조선 후기 실학자인 정약용 등으로부터 시작되었다. 그러나 근대 이후 일본 학자들이 연구주체가 되면서 가야사를 다루는 시각이 임나 문제를 중심으로 한 고대 한일관계사로 변질되기 시작했다.

임나일본부설의 성립

19세기 후반 메이지유신 이후 몇몇 일본 정객들은 '일본의 근대화를 위해서는 한반도를 정벌해야 한다'는 이른바 '정한론征韓論'을 주장하기 시작했다. 그리고 그즈음 『고사기古事記』나 『일본서기日本書紀』 등 고대 문헌이 전하는 진구황후神功皇后의 신라정벌 전설도 거론되기 시작했다. 그것은 옛날 일본 제14대 왕인 주아이천황仲哀天皇의 부인인 진구황후神功皇后가 수십 척의 배를 이끌고 신라에 와서 신라왕의 항복을 받아내고 궁궐을 약탈한 뒤 조공의 서약을 받았다는 전설이었다.

물론 이는 일본의 옛 전설일 뿐, 이를 입증할 만한 어떤 근거도 한국 계통의 기록에는 없었다. 그런데 당시 고구려의 옛 수도인 만주 지안集安에서 발견된 광개토왕릉비에서 고구려가 한반도 남부 지역에서 왜구를 여러 차례에 걸쳐 격파하여 물리쳤다는 기록이 나오자 이 논의도 활기를 띠었다. 이 비문의 초기 탁본이 만주에서 간첩행위를 하던 사코酒句景信 중위에 의해 일본군 참모본부로 넘겨지고, 비문에 대한 초기 연구가 그곳에서 비밀리에 이루어졌다는 것은 최근 일본의 현대사 연구자에 의해 널리 알려진 사실이다.

일본의 식민사학자들은 그 전설을 『일본서기』를 비롯한 옛 문헌들과 합쳐서 객관적 사실로 정착시키기 위해 오랫동안 한반도 지명 연구에 힘을 쏟았다. 그리고 1910년 일본이 한국을 병합한 뒤에는 고대에 일본이 한반도의 임나 지방을 오랫동안 지배했음을 의심하는 이가 없어지고, 모두들 그 사실을 전제로 연구를 진행했다. 그리하여 수십 년간 연구가 축적된 뒤 1933년 일본 도쿄대 교수인 스에마쓰 야스카즈末松保和는 기존의 문헌고증 연구들을 개설적으로 정리했고, 1949년에는 이를 체계적으로 종합하여 외형적 근거를 갖춘 남한경영론, 즉 임나일본부설을 내놓게 되었다. 이를 요약하면 다음과 같다.

『일본서기』로 보아 진구황후 섭정 49년인 서기 369년에 왜군이 바다를 건너 신라를 쳐서 창녕의 비자발, 김해의 남가라, 경산의 탁국, 함안의 안라, 합천의 다라, 대구의 탁순, 고령의 가라 등 일곱 나라를 평정함으로써 임나 지배를 시작했으며, 또 왜군은 전라도 지역을 평정하여 그 일부를 백제 근초고왕에게 줌으로써 조공의 서약을 받아냈다고 했다.

그리고 광개토왕릉비문廣開土王陵碑文에는 왜가 신묘년, 즉 서기 391년에 바다를 건너 백제와 신라 등을 깨뜨려 신민(臣民)으로 삼았다는 기록이 있다. 서기 400년을 전후해 이들은 신라의 구원 요청을 받은 고구려 광개토왕의 군대에게 상당히 격파되기도 하지만 그 지배체제 자체를 무너뜨리지는 못했고, 오히려 왜군은 얼마 뒤 황해도 연안까지 북상하여 한반도의 패권을 둘러싸고 고구려와 전투를 벌였다는 것이다. 그리하여 중국 25사의 하나인 『송서(宋書)』에 보이듯이, 5세기에 왜왕은 중국 남조에 조공하여 '사지절도독 왜·백제·신라·임나·가라·진한·모한 7국 제군사 안동대장군 왜국왕'이라는 작호를 받아냈으니, 이는 왜가 한반도 남부의 지배를 국제적으로 공인받은 결과였다는 것이다.

그러나 6세기에 들어 백제가 점차 남쪽 지역으로 팽창해옴에 따라 왜는 임나 지역의 일부를 백제에게 할양해주기도 했고, 신라의 무력 진출에 의해 남가라·탁순 등의 나라를 빼앗기기도 했다. 임나의 지배기관인 임나일본부가 이를 막지 못하자 임나는 점차 약화되었고, 결국 임나의 일본 관가는 562년 신라 진흥왕이 보낸 군대의 공격을 받아 멸망했다는 것이다. 결국 왜가 4세기 중엽부터 6세기 중엽까지 200년 동안 가야 지역에 해외 통치기관인 임나일본부를 두고 한반도 남부를 지배했다는 것이 그 요점이다.

그러나 임나일본부설의 토대가 된 『일본서기』의 6세기 이전 기록은 설화 전승을 토대로 위조된 것이 많고, 광개토왕릉비의 신묘년 기사는 몇몇 글자들이 지워져 알 수 없기 때문에 달리 해석될 여지가 많다. 따라서 이 설은 불안한 토대 위에 서 있다고 할 수 있다. 또한 왜의 임나 지배 사실은 한반도 계통의 사서에는 전혀 보이지 않으며, 가야 지역의 고고학적 유물에 일본적 요소가 거의 없다는 점도 문제로 남는다. 200년간이나 왜의 지배를 받았다는 가야 지역에 일본 유물이 거의 없다는 사실은 임나일본부설이 원래부터 틀린 주장이라는 반증이 될 수 있다.

기마민족 정복왕조설

패전 이후 일본 국내에서는 『일본서기』의 불확실성을 비판하던 학자가 재평가되고 일본 천황의 계보에 의문이 제기되는 등, 그때까지의 황국사관에서 벗어나려는 움직임이 생겨났다. 그중 대표적인 예가 1949년 도쿄대 고고학 교수인 에가미 나미오江上波夫에 의해 일본 고대사 관련 토론석상에서 발표되고 1967년에 책으로 출판된 '기마민족騎馬民族 정복왕조설征服王朝說'이다. 그의 학설은 언론을 통해 소개되면서 일본 국내에 큰 파장을 일으켰다.

그는 일본의 고고학 자료들을 종합해 볼 때 일본 고분시대 초기인 3세기 말부터 4세기 말까지의 고분에서 광형 청동투겁창(廣形銅鉾), 청동 말종방울(銅鐸), 청동거울(銅鏡), 돌팔찌 등 비실용적이고 제사의례적인 유물이 주로 출토되어 그 문화의 내용이 평화적이고 농경적인 성격을 갖고 있음을 말해준다고 했다. 그러나 고분시대 후기인 5세기 이후 6세기의 고분에서는 철제의 큰칼(大刀), 긴창(長槍), 갑옷과 투구, 마구 등 실용적이고 전투적인 유물이 주로 출토되므로 그 문화 내용이 기마군단에 의한 정복적·억압적인 것으로 급변했음을 알 수 있다고 했다. 이는 4세기 대에 만주로부터 한반도를 거쳐 남하한 기마민족이 원래의 일본 농경민족을 정복한 이후 나타난 변화일 것이라는 주장이었다.

그는 이러한 고고학적 지견을 토대로 일본 고대국가의 성립 과정을 재구성했다. 일본의 제10대 왕인 스진천황(崇神天皇, BC 97~30)은 일본의 진정한 초대 천황으로서 그의 생전 이름은 미마키 이리비코 이니에御間城入彦五十瓊殖, 이는 곧 미마나의 성城, 즉 한반도 김해 지방에서 온 사람이라는 뜻이라고 했다. 스진천황은 원래 기마민족으로 김해 지방에 머물면서 변한 지역 전체를 다스리던 진왕辰王의 자손인데, 4세기 초 백제와 신라의 압박이 심해지자 일본 북규슈로 건너와서 원주민을 정복하고 새로운 국가를 건설했다고 했다. 그는 북규슈에 정권의 중심을 두고 원주지였던 가야 지역까지 포괄하여 다스리는 왜·한 연합왕국을 세웠다. 이것이 제1차 일본 건국이고 일본의 천손강림 신화는 이를 반영한 설화라는 것이다.

일본의 제15대 왕인 오진천황(神天皇, AD 270~310)은 진구황후의 신라 정벌 이후 북규슈 해안에서 태어났다는 전설을 지닌 인물이다. 무덤은 일본 기나이機內 지방에 있다. 이는 그가 5세기 초에 규슈에서 기나이 지방으로 진격해 그곳 원주민을 정복하고 일본 야마토大和 왕조를 세운 사람이라는 의미이다. 이것이 제2차 일본 건국으로, 일본의 초대 왕인 진무천황(神武天皇, BC 660~582) 동정東征 설화는 이를 토대로 한 것이라고 했다.

그 후 오진천황의 후손들은 기마전투무력을 기반으로 일본열도 전역을 통합했으며, 바다 건너 한반도 남부의 임나 지역도 다시 평정하여 경영했다. 이들은 7세기 중엽 백제 부흥군을 지원하는 왜 군단이 백강 입구에서 나당 연합군에게 패배한 뒤 비로소 한반도 남부의 경영을 포기했다고 했다.

이것이 기마민족 정복왕조설의 대략적인 내용이다. 이는 일본 고대사를 좀 더 객관적으로 보는 계기를 만들었다는 성과를 인정할 수 있지만, 왜가 고대에 임나 지방을 통치했다는 시각에는 큰 변화가 없다. 게다가 이 학설은 문헌고증상의 문제, 바다를 사이에 둔 왜·한 연합왕조라는 개념이 가능한지 여부 등 많은 문제점을 내포하고 있다.

일본열도 내 분국설

분단 이후 북한 역사학은 계급사관에 유일사상 및 국수주의를 가미한 이른바

'주체사관'을 성립시켰다. 이를 위해 그들은 처음부터 정책적으로 식민사관 극복을 위해 노력했다. 그러던 중 1963년에 북한의 대표적 역사학자인 김석형金錫亨은 고대 한일관계에 대한 자신의 생각을 소논문 형태로 발표했고, 1966년에 이를 확대 정리한 저서를 출판함으로써 일본열도 내 분국설日本列島內分國說을 공표했다.

그는 일단 한일 양국의 고고학적 유물들을 비교함으로써 일본의 농경문화와 청동기문화, 철기문화는 모두 규슈 지방에서 시작되어 점차 동쪽으로 퍼져나갔으며, 그 시작 시기가 한반도에 비해 상당히 늦었다는 것을 큰 전제로 삼았다. 그는 일본열도에 나타나기 시작하는 새로운 문물의 도래는 대부분 한반도로부터 이주민이 도래하면서 비롯되었다는 주장을 펼쳤다.

5세기 말까지 일본열도는 수십 개의 소국들로 이루어져 있었고, 그 소국 중에 한반도 삼한·삼국의 분국이 상당수 존재했으며, 일본열도 내에 산재하는 이른바 '조선식 산성'은 한반도 계통의 분국들이 정치·군사적 거점을 영위했던 유적들이라고 보았다. 특히 규슈 지방에는 백제소국과 가라소국이 많았고, 기비 지방에는 임나소국이 많았으며, 야마토 지방에는 신라소국이 많았다고 한다. 이주민 계통의 분국들은 본국을 통해 문화를 전수받기도 하고, 일정한 공물을 바치기도 했으며, 본국을 위해 군사 동원되기도 했으므로, 광개토왕릉비문의 고구려와 싸운 왜군은 규슈 지방 소재의 백제·가야계 분국민이었다고 보았다.

『송서』의 왜왕 무武가 '왜·백제·신라·임나·가라·진한·모한 7국 제군사'를 자칭한 것은 5세기의 왜국 왕이 일본열도 내에 있던 백제·신라·임나 등 분국들에 대해 일정한 패권을 수립했다는 것으로 해석해야 하는데, 그 세력범위는 야마토 지방을 크게 벗어나지 못했을 것이라고 보았다. 게다가 이들은 5세기 말 규슈 백제소국의 공격을 받아 정복되어 왕조가 단절되었는데, 이는 백제에서 기원하여 규슈에만 있던 횡혈식 석실분의 묘제가 5세기 말 이후 기나이 야마토 지방에 나타나기 시작한 것으로 보아 알 수 있고, 신무 동정 설화는 이 사실을 반영한 것이라고 했다.

또한 분국설에서는 임나 문제를 일본의 한반도 경영이 아니라 기나이 야마토 정권에 의한 일본열도 내의 소국 통합 문제로 이해했다. 즉 6세기 초 이후 야마토를 중심으로 한 일본 국가세력은 각지에 미야케屯倉를 설치하면서 지방 소국들을 통합하기 시작했고, 『일본서기』에는 신라·백제·임나에도 일본의 미야케 또는 내관가內官家가 설치되어 있었다고 기술하는데, 이들은 한반도의 본국이 아니라 일본열도 내의 분국이며, 임나일본부는 야마토가 기비 지방의 임나소국에 설치한 지배기관이었다는 것이다. 그 결과 각지의 한반도 이주민 계통 소국들의 분산성이 청산되는 것은 일본열도 내에서 첫 통일국가가 성립한 7세기 전반에야 이루어졌으며, 그 일본 고대국가 형성의 주력을 담당한 귀족계층은 모두 백제 유민이었다고 보았다.

이 연구결과는 일본 고대사 자체 및 임나일본부설의 취약성을 입증함으로써 1970년대 이후 일본 학자들의 반성을 촉구했다. 그러나 『일본서기』를 비롯한 문헌사료들을 이용하면서 거의 모든 사료를 무리하게 일본열도에서의 사실로 억측함으로써 오히려 한반도 내 가야사를 포기하는 결과를 초래했다.

위왜 자치집단설

분국설을 접한 일본 고대사학계는 이를 논박하는 많은 반론을 내놓았지만, 그런 가운데 기존의 임나일본부설에 문제가 있음을 인정하는 연구도 나오기 시작했다. 1973년에 제기된 일본 도호쿠대東北大 교수 이노우에 히데오井上秀雄의 위왜僞倭 자치집단설이 대표적이다.

그는 우선 임나일본부설의 토대가 된 『일본서기』 자체의 사료적 가치를 검증했으며, 『일본서기』 사료계통의 원전을 추출해내 분석하는 방법론을 써서 좀 더 객관적인 연구를 시도했다. 그 결과 『일본서기』에 전하는 6세기 이전의 기사들은 거의 사료적 가치가 없음을 증명했다. 다만 『백제기』, 『백제신찬』, 『백제본기』 같은 책을 인용하여 수록한 한반도 관계 기사는 일부 사실성이 인정되는 바가 있음을 인정했다.

또한 그는 4~5세기의 항해수송능력으로는 대규모 군단이나 이주민집단이 현해탄을 자유롭게 왕래할 수 없었기 때문에, 기마민족 정복왕조설이나 일본열도 내 분국설은 모두 성립하기 어렵다고 말했다. 다만 한반도 문화를 동경하여 어려움을 무릅쓰고라도 바다를 건넌 일부 왜인들이 한반도 남부에 어느 정도 자리잡고 살았다는 사실은 인정되어야 한다고 했다.

그의 연구결과에 따르면, 광개토왕릉비문의 왜군이나 『일본서기』의 임나일본부 관계 기사들은 '왜인'으로 칭하는 임나의 한 호족세력이 한반도 내에 존재했음을 보여주며, 임나일본부는 백제·신라의 접촉지대에 있었던 왜인집단의 거주 지역을 통치했을 뿐이라고 했다. 임나일본부는 일부 왜인과 다수의 위왜僞倭, 즉 가야인이면서 거짓으로 왜인을 칭하는 사람들의 정치세력으로서, 이들은 야마토 정권의 명령을 받들거나 한 흔적은 없으며, 현지의 이해관계를 우선하는 독립소국 같은 것이었다고 보았다.

이는 일본 학자의 연구결과 중 최초로 왜 왕권의 군사정벌에 의한 임나지배를 부인한 것이어서 주목된다. 그러면서도 그는 지역의 규모는 작지만 한반도 내의 일정 지역을 왜에서 파견된 관료가 통치하고 있었다고 인정했다. 하지만 백제·신라의 접촉지대에 왜인집단이 장기간 거주한 흔적이 고고학상으로 입증된 바 없고 『일본서기』에도 그에 관한 직접적인 기록이 없어, 이 주장도 근본적인 한계를 지닌다고 하겠다.

백제군 사령부설

북한 및 일본에서 이처럼 임나일본부를 둘러싼 공방이 오갔지만, 한국 학계에는 이 문제에 대한 전문 연구자가 없어 별다른 견해를 내놓지 못했다. 1970년대 후반에 와서야 언론인이자 역사학자인 천관우千寬宇가 가야사를 복원한다는 목표 아래 연구를 진행하여 백제군 사령부설을 발표했다.

그는 『일본서기』의 두 편찬실무자 중 한 명인 키노 키요히토紀淸人가 백제계 이주민으로서 백제 귀족 중 대성 8족의 하나였던 목씨木氏의 후손이라고 했다. 그 이주민 계통의 『일본서기』 편찬자가 일본 내에서 자신의 입지를 강화하기 위해 자기 조상들이 모국 백제에서 백제왕의 명령을 받고 활약한 일을 왜지에서 왜왕의 명령을 받고 한반도로 건너가 활약하다가 돌아온 것으로 변조했다는 것이다. 예를 들어 『일본서기』 진구황후 49년조인 369년에 신라를 정벌하러 간 왜군 증원군 장군으로 목라근자라는 사람이 나오는데, 그에 대한 주석에 작은 글씨로 백제 장군이라는 기록이 덧붙어 있으므로, 가야 7국을 정벌한 것은 백제왕의 명령을 받은 목씨 계통의 백제 장군이라는 것이었다.

천관우는 백제 근초고왕 대인 369년 백제군이 가야를 쳐서 자기 세력권으로 만들었고, 400년경에는 백제가 가야·왜를 거느리고 고구려·신라와 대결했으며, 5세기에는 백제가 가야 지배를 공고히 하기 위해 김천 방면에 군대를 주둔시켜 파견군 사령부를 설치했고, 6세기에는 군사령부를 진주에 두었다가 함안으로 옮기기도 했으니,『일본서기』에 나오는 임나일본부는 곧 백제가 가야를 지배하기 위해 설치한 백제군 사령부였다고 했다.

이 연구는『일본서기』를 일정한 비판을 거쳐 이용함으로써 왜의 임나지배설에서 벗어났다는 점과, 서술 과정에서 조기早期 가야의 중심을 김해로 보고 만기晩期 중심을 고령으로 구분하여 본 점에서 중요한 업적이었다. 그러나 4세기 중엽 이후 6세기 중엽까지 가야가 백제의 지배하에 놓여 있었다고 추정한 점은 고고학 유물상에 보이는 가야 문화의 독자적 경향과 어긋난다. 즉 200년 동안 가야가 백제의 지배를 받았다면 가야 유물에 백제 유물이 많이 섞여 있는 것이 마땅한데, 가야 문화는 백제와 구별되는 독자성을 지니고 있으므로 백제군 사령부설은 허구일 가능성이 높다.

임나지배설의 축소 및 외교교역설

이처럼 가야사와 일본 고대사의 전체 구조를 뒤흔들 만한 연구들이 진퇴를 거듭하다가, 1970년대 후반 이후 한일 양국 학자들 사이에 고대 한일관계사를 어느 정도 객관적으로 인식하려는 연구경향들이 나타났다. 아직까지 어느 설이 우세하다거나 지배적 학설로 굳어졌다고 할 수는 없지만, 이들은 몇 가지 새로운 모습을 보이고 있다.

첫째로, 왜군이 한반도 남부에 군사침략을 해서 임나를 지배했다는 가설을 아직 포기하지 않은 일본 학자들이 상당수 있는데, 이들은 한결같이 그 군사지배의 시기와 폭을 축소하는 방향으로 연구를 진전시키고 있다. 그중에는 이른바 '임나지배'의 시기를 5세기 후반부터 562년까지 약 100년경으로 축소한 견해(山尾幸久), 532년부터 562년까지 30년간으로 축소한 견해(大山誠一), 530년부터

531년까지 1년간으로 축소한 견해(鈴木英夫) 등이 있다.

둘째로, 거의 대부분의 학자들이 임나 문제를 일본의 야마토 왜와 가야 지역 사이의 직접적인 문제로 이해하지 않고, 그 중간의 백제의 역할을 중시하는 시각을 보이고 있다. 즉 5세기 후반에는 왜가 임나를 직접 지배했지만 6세기 전반에는 백제를 사이에 끼고 간접 지배했다거나(山尾幸久), 아예 임나일본부를 백제의 가야 직할령 통치기관으로 보면서 다만 백제가 왜로부터 용병을 받아 그곳을 통치하고 왜계 백제관료가 이를 지휘했다거나(김현구), 531년 이후 가야는 실질적으로 백제의 조종을 받고 있었으며, 당시 백제는 왜군 파견을 구해 받아들였으니 그들은 왜국에게 종속적 동맹관계에 있었다고 봐야 한다는 견해(鈴木英夫)도 나왔다.

셋째로, 이제 상당수의 학자들이 왜의 군사침략 사실을 부인하고 양국 사이의 정상적인 외교 또는 교역 사실을 『일본서기』가 과장되게 기록했다고 주장하고 있다. 이를 '외교교역설'이라 부를 수 있다. 그중에는 한반도에 존재했음이 확인되는 6세기 전반의 '임나일본부'가 가야 지역에 파견된 단순한 왜국 사신 또는 사신단일 뿐이라는 사신단설(請田正후·이정희·이영식), 한반도의 선진문물 수입을 위해 임나 지역에 거주하던 왜국 대표 상인들로 보는 교역기관설(이병도·吉田晶), 그들이 가야제국의 대외업무를 처리하는 기관이었다는 가야 외무관서설(鈴木靖民·奧田尙·연민수), 그들은 규슈 지방 왜인들과 가야제국 사이의 교역기관으로, 6세기에 규슈 왜가 야마토 왜에게 정복되자 그대로 가야 지역에 머무르게 된 왜인들이라는 규슈 교역기관설(鬼頭淸明·이근우) 등이 있다.

이처럼 최근 임나 문제에 대한 한일 학계의 연구동향이 변화하고 있지만, 일본 매스컴이나 초중등학교의 교육은 고전적인 임나일본부설에서 거의 벗어나지 못한 것 같다. 그러나 앞으로의 고대 한일관계사는 앞의 세 가지 최근

연구동향이 더욱 확대되고 정비되는 방향으로 나아가는 것이 사실에 가까울 것이며, 또 바람직하기도 하다. 또한 6세기 이전 일본 고대사 및 가야사가 제대로 정립되지 못한 상태에서 그 사이의 관계사는 허상이나 다름없기 때문에, 임나일본부 문제를 정확히 파악하기 위해서는 더 근본적으로 일본 고대사 및 가야사 자체에 대한 연구가 요구된다.

안라왜신관설의 제기

앞에서 고대 한일관계사에 대한 여러 학설들을 설명했는데, 대부분의 학설들은 임나, 즉 경남 일대의 가야 지역이 상당히 오랫동안 다른 세력의 지배 아래 놓여 있었다고 설명하고 있다. 임나일본부설, 기마민족 정복왕조설 및 위왜 자치집단설 등은 가야 지역이 오랫동안 왜의 지배를 받았거나 그 영향 아래 있었다고 말하며, 백제군 사령부설은 가야 지역이 오랫동안 백제의 지배를 받고 있었다고 한다. 최근의 연구동향 중에도 가야의 비독립성을 전제로 한 설명들이 있다.

과연 가야 지역은 그처럼 남의 지배만 받다가 신라에 의해 멸망당했을까? 필자는 그렇지 않다고 단언한다. 이제 임나일본부설의 여러 문제점을 근본적으로 해결하는 방안의 하나로 가야사의 재정립을 모색해볼 필요가 있다.

가야제국은 중앙집권적 고대국가를 건설하지 못하고 소국연맹체를 유지한 상태이기는 했지만, 기원전 1세기부터 기원후 6세기까지 자신들의 생존과 발전을 위해 부단히 노력하고 있었다. 우리가 박물관에서 접하는 가야 유물들은 백제나 신라의 유물 못지않게 수준 높고 독자적인 문화능력을 보여준다. 반면 왜와는 교역 면에서 가장 밀접한 관계를 맺었을망정 장기간 지배당한 사실이 없었으며, 백제에 대해서도 마찬가지였다. 임나일본부 문제에 대한 이해는 이와 같은 가야의 독자적인 발전 과정과 자기존립노력을 전제로 이루어져야 할 것이다.

'임나일본부' 또는 '일본부'라는 명칭이 『일본서기』에 실제로 나오는 것은 6세기 중엽 왜국에서 재위하고 있었다는 긴메이천황欽明天皇 대의 2년조부터 13년조까지, 즉 서력 기원으로 따지면 541년부터 552년까지 12년 동안 34번이다. 이 시기는 가야제국 연맹체가 멸망하기 직전이므로, 임나일본부 문제는 당시 가야연맹체 내부의 소국 간 갈등과 가야를 둘러싼 백제·신라·왜 사이의 복잡한 외교관계 등과 연관시켜 봐야 한다.

그런데 '일본'이라는 국명은 가야가 멸망한 지 백 년 정도 지난 7세기 중엽부터 쓰이기 시작한 것이므로 '일본부'라는 명칭은 당시의 것이 아니다. 따라서 다른 것으로 바꾸어 써야 할 것이다. 『일본서기』에서 편찬자가 미처 용어를 바꾸지 못한 탓인지, 임나일본부를 지칭하면서 '재안라在安羅 제왜신諸倭臣', 즉 안라국에 있는 여러 왜인 신하들이라고 부른 말이 한 번 나오는데, 이것이 당시의 호칭이었을 것이다. 그러므로 임나일본부가 아니라 '안라왜신관安羅倭臣館'으로 용어를 바꾸는 것이 선입견을 배제하는 첫 번째 조치일 것이다.

사료에 입각해볼 때, 안라왜신관은 530년대 중엽 백제가 친백제계 왜인관료를 안라에 배치함으로써 성립되었다. 이는 동맹관계에 있던 신라의 비위를 거스르지 않으면서 가야의 동향을 감시하고 대왜무역의 편리를 도모하기 위해서였던 것 같다. 그러므로 성립 당시 안라왜신관은 백제가 안라에 설치한 대왜무역의 중개기관이었다고 볼 수 있다. 그러나 530년대 후반 안라왕이 신라와 백제 사이 국제관계 변동을 틈타 왜신관을 장악하고 나서, 안라는 이를 이용하여 다른 가야제국에 비해 대왜교역면에서 우월성을 인정받으며 크게 대두했다. 그 후 안라왜신관은 안라왕 밑에서 가야연맹의 독자적 이익을 위해 외교적으로 공헌하는 모습을 보였으며, 백제는 그들을 쫓아내려고 부단히 애를 썼고, 왜국은 그들에게 대표교섭권을 인정해주지 않았다.

그러므로 안라왜신관은 안라국의 외교적 이익을 위해 일하는 왜인관료들이 상주하던 안라의 특수 외무관서였으며, 왜나 백제의 임나지배를 위해 존재했던 기관이 아니었음이 『일본서기』 자체의 사료를 통해서도 입증되는 것이다. 물론 550년경 가야연맹이 백제의 부용국이 된 뒤 왜신관은 다시 백제의 대왜교역 중개기관으로 전락했지만, 전통적으로 왜와의 교역에 전념하지 않았던 신라가 가야에 대한 무력병합에 나서자 안라왜신관은 그 기능을 상실하고 소멸되었다.

지금까지 임나일본부와 관련하여 가야사와 고대 한일관계사에 대한 논쟁을 정리했지만, 아직 해결해야 할 문제점이 많이 남아 있다. 특히 4세기의 가야 및 일본의 역사상에는 불분명한 점이 많고, 그 시기를 반영하는 사료인 광개토왕릉비문과 고고학적 유물자료에 대해서도 부단한 연구가 필요하다. 이런 문제는 앞으로 계속적인 연구의 축적과 학술 발굴 및 과학적 연구방법의 개발 등을 통해 해결해나가야 할 것이다.

김태식

현재 홍익대학교 역사교육과 교수로 재직중이다. 한국 고대사를 전공했다. 대표논저로 『가야사사료집성』, 『가야연맹사』, 『미완의 문명 7백년 가야사 1: 수로왕에서 월광태자까지』 등이 있다.

고려·조선

한국 중세는 언제 시작되었나

시대구분법과 중세사회론

시대구분은 현재 우리가 살고 있는 사회를 기준으로 과거와 얼마나 달랐는지를 파악하는 고금古今 구분방식이 일반적이다. 현재 우리가 사는 사회는 산업화와 민주화가 진전되고 국제교류도 세계적 규모로 이루어지는 근대사회이다. 이에 반해 전근대사회는 농업사회·신분제사회이면서 국가 간 교류도 동아시아에 국한된 세계였다. 그러므로 고금을 기준으로 시대구분을 하게 되면 농업사회에서 산업사회로, 신분제사회에서 민주사회로, 동아시아세계에서 지구적 규모의 국가 간 교류로 이행하는 역사현상과 의미를 주체적·발전적으로 해명하는 것이 시대구분의 일차 목표가 된다.

그런데 우리 근대에는 식민지 상태로 진행된 시기가 있었다. 그에 따라 20세기 초 우리 민족 내부에는 근대사회를 형성하여 운영할 능력이 있는지에 대한 깊은 회의가 있었고, 이는 식민주의에 입각한 일본인 학자들의 제한된 자료와 역사상으로 구축된 '중세 부재론'으로 더욱 확산되었다. '중세 부재론'은 우리 역사의 정체성停滯性을 증명하려는 주장이었지만, 오히려 같은 시대 우리 역사학자들의 풍부한 자료 발굴과 역사이론의 개발로 구조적·발전적인 중세사회를 확인하는 계기가 되었다.

한편 우리 역사를 발전적으로 보면서도 우리 중세사회와 유럽의 중세사회는 비교할 수 없다는 시각도 있다. 유럽의 중세 봉건사회는 ① 봉토-가신관계를 주축으로 한 사회로, ② 군사적으로 기사가 존재하고, ③ 경제적으로 장원이 운영되며, ④ 정치적으로 분권화된 사회였기에, ⑤ 중세라는 역사적 용어는 근대라는 시점과 유럽이라는 공간에 국한해서 엄격하게 사용해야 한다는 것이다. 따라서 역사적 경험이 다른 우리 역사에 유럽식 시대구분법인 중세를 적용하지 않는다. 말하자면 '중세 적용 불가론'이다.

'중세 부재론'이 한국사의 정체성을 강조하기 위한 논리이고, '중세 적용 불가론'이 한국사의 주체성을 주장하려는 시대구분법이라면, '중세사회론'은 우리 역사의 발전적 면모와 보편적 양상을 추적하는 시대구분법이다. 한국 전근대의 한 시대는 이전 시대에 그 발전의 방향과 구조가 세워지고, 그 시대가 해체되면서 또 다음 시대로 발전할 능력을 가진다. 우리 역사는 주체적이지만 고립적으로 전개된 것이 아니라 세계사적 보편성 속에서 개별적 특성을 지니면서 진행되었다는 것을 인정하는 시대구분법이다.

가령 현대 한국의 자본주의와 일본·서유럽의 자본주의는 각국의 사정에 따라 다른 모습을 띠지만, 근대라는 시대구분법에서 보면 자본주의라는 전체 틀에서 운영된다는 보편성이 있다. 그와 마찬가지로 한국이나 일본·서유럽의 중세 역시 각국의 사정에 따라 달리 전개되었지만, 농업사회의 일반적 특성에 맞게 토지소유에 따라 사회계급이 나뉘고, 체제를 유지하기 위해 사회 각 분야에 신분제적 원리가 작동했다는 점에서 공통적이다.

이렇듯 토지소유 문제와 신분제를 특징으로 중세사회를 이해하고 역사상을 그려내면 여러 '지역세계'의 중세와 비교도 할 수 있고, 우리 역사의 독특한 특징도 잡아낼 수 있다. 세계사적 안목에서 우리의 중세사회를 볼 수 있게 되는 것이다. 이런 목표가 있었기 때문에 근대 역사학의 성립 초기부터 중세의 발견에 많은 노력을 경주해왔고, 지금도 새로운 시대에 맞는 중세의 재발견을 위해 끊임없이 연구하는 것이다.

중세기점 논쟁의 추이

사실 우리 중세사회와 그 기점에 대한 연구는 매우 오랜 전통을 지닌다. 1930년대 맑스주의 역사이론을 바탕으로 한국사를 인식하고 서술했던 백남운은 우리 역사에도 고대 노예제사회와 아시아적 봉건사회가 있었음을 밝혔다. 그는 우리 민족사에도 ① 비록 아시아적 특수성이 있지만 세계사적 역사발전의 보편성이 관철되었고, ② 역사적 사실 속에서 우리 역사의 내재적 발전과 그 필연성이 확인되며, ③ 민족주체적 관점에 서면 이런 역사상을 충분히 확인할 수 있다고 했다. 이런 입장에서는 우리 역사가 정체되어 중세사회가 없었다는 관점은 물론, 중세사회는 유럽 중심의 역사에서만 확인할 수 있다는 역사적 관점도 재고하게 된다. 이렇게 백남운의 중세사회론은 우리 민족사에서 중세사회의 구조와 전개를 확인하는 데 매우 주요한 연구성과였지만, 동시에 여러 문제점도 담고 있어 이후 중세사회론을 중심으로 한 다양한 학술 논쟁을 야기했다.

당시 백남운이 제시한 아시아적 봉건사회론의 주요 논거는 토지국유제론과 농노경제론, 봉건지대론이었다. 우선 그는 ① 노예제사회의 국유제는 원시공동체사회 해체 이후 형성된 촌락공동체적 토지소유에 대한 명목적 국가소유회인데 반해, 봉건사회의 국유제는 최고 지주인 국가가 계서적階序的 과전제科田制를 성립시키며 확립한 집권적 공전제이고, ② 중세의 경제구조는 토지국유제 아래서 법제화된 관료군의 대토지소유제와 일반농민에 의한 소농경영이 병렬적·대척적으로 구성된 농노경제이며, ③ 생산주체인 농민은 토지에 긴박되어 봉건국가에 지대(=조세)를 납부해야 하는 봉건적 농노인데, ④ 이런 중세사회는 신라의 삼국통일 이후 노예공급이 중단되고 생산력 발전에 따른 사회적 재편성이 시작되면서 성립되어 고려시대에 전형적인 사회를 맞이한다고 했다. 곧 '통일신라 성립기=중세기점설'이다.

그러나 그의 연구성과에는 중요한 한계도 있었다. 무엇보다 논쟁적인 부분은 그가 제시한 세계사적 보편성과 아시아적 특수성의 상호관계이다. 이는 주로 공동체의 성격 및 역사적 규정성과 관련되는 것인데, 가령 아시아사회의 공동체는 유럽의 공동체와 상당히 다른 역사적 기원과 발전양상을 보였는데 어떻게 세계사적 보편성으로 설명할 수 있는지 하는 문제였다. 이렇게 보면 그가 전제했던 토지국유론도 재고할 여지가 생긴다.

요즘 학계에서는 국유론 대신 사유론과 국가적 토지소유론이 힘을 얻고 있다. 그리고 이 논쟁은 그대로 조세와 지대가 같은 것인지 다른 것인지 하는 문제로 연결되며, 동시에 국가와 대토지소유자, 그리고 직접생산자들의 상관관계와 역사적 존재형태에 대한 논쟁으로 확대될 수 있다. 이와 같이 중세 봉건사회의 특징과 삼국통일기 중세기점에 대한 백남운 연구의 한계는 여러 측면에서 확인된다. 이는 곧 우리가 목표로 삼고 있는 중세기점 논쟁의 범위를 알려주는 역할도 한다.

일제강점 후반기에 백남운의 '중세사회론'에 문제를 제기한 이들은 주로 맑스주의 역사학자였다. 그 가운데 특히 노예제의 존재 여부나 기형적 발전,

토지국유제의 성격, 공동체의 강인한 존속 등을 해석하는 문제에 대해 팽팽한 의견대립이 있었다. 그들은 아시아와 유럽의 전근대 역사발전의 차이를 분석하려는 입장에서 문제를 제기했다. 주요 논지는 아시아적 특성에 관한 것이었다. 그러나 이 논쟁이 본격적으로 전개된 것은 분단 이후 10여 년이 지난 뒤 북한 학계에서였다.

1950년대 후반 북한 학계에서 삼국시대 사회성격을 둘러싼 토론이 있었다. 토론 참가자들은 삼국시대가 노예제사회라고 주장하는 학자와 봉건제사회라고 주장하는 학자로 나뉘어 있었고, 사안에 따라 격렬한 논쟁이 벌어졌다. 최종적으로 삼국시대는 봉건사회라는 김석형을 비롯한 봉건론자들의 견해가 승리했다. 그들은 삼국 성립기에 철기가 보급되고 노예들의 투쟁이 있었으며, 생산력이 발전되어 선진 지역부터 봉건적 생산관계가 발생한 것으로 보아, 이때부터를 봉건사회로 봐야 한다고 주장했다. 이른바 '삼국 성립기=중세기점설'이다.

한편 남한 학계는 1960년대 후반 시대구분에 대한 집중적인 토론을 벌였다. 이 토론에서도 경제사학자들은 삼국시대 사회성격에 대해 문제제기를 하고 그것을 규명하기 위해 노력을 기울였지만, 중세기점 논쟁과 관련하여 주로 논의된 것은 강진철姜晋哲의 '여말선초=중세기점설'과 김철준의 '나말여초=중세기점설'이었다.

강진철은 토지지배관계와 수취양식이라는 측면에서 볼 때, 고려 전시과체제 아래서 농민은 인신적 지배를 받는 고대 농민이었고, 조선 농민은 토지지배로 바뀐 중세 농민이었다고 주장했다. 김철준은 친족 규모가 7세대공동체에서 5세대공동체로 축소되고, 지배세력의 성격도 골품귀족에서 호족으로 변화했으며, 사상면에서도 선종禪宗이나 최승로崔承老 같은 유교 지식인의 시무책에서 볼 수 있듯이 중세적 합리성을 추구했음을 감안할 때, 나말여초를 기점으로 중세사회로의 변화를 살펴야 한다고 주장했다.

이렇게 1950~60년대 남·북한 학계에서 벌어진 시대구분에 대한 토론 결과, 북한의 주요 통사에서는 삼국 성립기 중세기점설이 채용되었고, 남한의 주요 통사에서는 나말여초 중세기점설이 암묵적으로 인정되어 활용되었다. 이후 한동안 소강상태에 빠졌던 시대구분 문제는 1990년대 남한 학계에서 재론되었다. 1980년대 역사연구 활성화를 계기로 다양한 연구성과가 제시되었기 때문에 학계 차원에서 이를 정리할 필요가 생겼던 것이다.

1980년대 남한 학계에서는 삼국통일기 중세기점설을 중심으로 중세 봉건사회 연구가 심화되었고, 동시에 나말여초 중세기점설 연구도 새로운 연구방법론의 개발에 따라 연구결과의 신뢰도를 높였다. 특히 후자의 입장에 섰던 학자들은 본관제적 질서와 친속관계라는 새로운 공동체 개념을 우리 중세사회에 적용함으로써 연구 수준을 한 단계 높일 수 있었다. 이외에 국가적 토지소유를 주장하는 학자들은 조선 중기 중세기점설을 제기하기도 하고, '중세 적용 불가론'의 입장에서 분야별 다*시기구분법이라는 새로운 방법으로 시기구분을 모색하기도 했다. 그 결과 중세기점에 대한 풍부한 논쟁을 정리할 필요가 생겼다.

중세기점 논쟁의 분야별 전개

이상과 같은 과정을 거쳐 현재 남북한 학계에는 중세기점을 ① 삼국시대, ② 통일신라시대, ③ 나말여초, ④ 여말선초, ⑤ 조선 중기로 보는 다섯 가지 설이 제시되어 있다. 학자에 따라 분야별 특성을 매우 다양하게 제기하고 있지만, 공통 분야는 생산력 발전과 토지소유 문제, 국가의 조세 수취와 토지분급제의 성격 문제였다.

중세기점과 관련된 생산력 발전의 양상으로는 철제 농기구의 발달과 우경의 보급, 관개시설의 축조와 정비, 주곡의 변화, 사회적 분업의 진전 등과 함께 토지 상경화 문제가 거론된다. 여기서 특히 중요한 것이 토지 상경화 문제이다. 상경화에 따라 대토지소유자들이 노동력 자체를 지배하는 방식에서 토지를 지배하는 것으로 변화했고, 그에 따라 노동력 자체에 대한 인식도 바뀌었기 때문이다. 가령 순장이 금지되거나 전쟁포로를 노예로 부리지 않고 양민으로 해방시켜준 것이 그 예이다. 그런 이유로 중세기점 논쟁에서 첫 번째로 다루어야 할 것이 상경화의 기점이다.

이렇게 토지이용방식이 바뀌고 노동력에 대한 인식이 바뀌면서, 중세적 토지소유가 성립하게 되었다. 그 결과 국가재정의 기반이 되는 자영농민의 토지소유가 일반화되는 가운데, 중세적 대토지소유제인 지주전호제가 활성화되었다. 이런 중세적 대토지소유제의 특징은 중세국가가 신분직역관계를 중심으로 수조권 분급제(전주전객제)를 시행하여 지주경영을 직접 지원하는 제도적 장치를 마련했다는 점인데, 이는 한국 중세국가가 분권적으로 발전하지 않고 고대국가의 운영전통을 살려 집권적으로 발전했음을 보여준다.

그러므로 중세기점 연구에서 중세 지주제와 전주전객제田主佃客制의 성격 및 내용에 대한 논쟁은 반드시 나타날 수밖에 없다. 물론 그에 앞서 국가의 농민수취 문제는 국유와 사유라는 토지성격 문제와 함께 수조권 분급제, 지주제하 농민 지위 문제와 직접 관련이 있으므로, 먼저 그 논쟁의 정리가 필요하다.

국가의 농민지배와 관련하여 빼놓을 수 없는 것이 우리나라 공동체의 성격이다. 초창기 공동체 문제는 수리시설의 축조와 함께 아시아 국가의 특징인 전제왕권을 설명하는 수단으로 주로 이용되었다. 따라서 초창기 공동체와 중세기점 관련 논쟁은 아시아적 공동체의 특징이 어느 시기까지 계속되었는지를 두고 이루어졌다.

1980년대 이후 공동체 문제와 관련해서는 주로 유럽 중세사회의 구성과 운영이 공동체적 질서를 기본으로 했다는 점에 착안하여 공동체질서와 사회발전이라는 측면이 주목되었다. 이전의 공동체 논의가 사회발전의 저지요인이라는 면에서 다루어졌던 것과는 달리 사회발전요인으로 설명되었다는 점이 특징적이다. 따라서 공동체 문제 역시 중세기점 논쟁에서 빼놓을 수 없다.

중세적 토지소유와 국가의 조세 수취

상경화 기점을 둘러싼 논쟁

전근대 토지이용방식의 변화(상경화)에 관한 역사적 평가가 크게 갈리는 것은 고려 문종 8년(1054)의 ① "무릇 전품田品은 불역지지不易之地를 상上으로 하고, 일역지지一易之地를 중中으로 하며, 재역지지再易之地는 하下로 한다", ② "불역산전不易山田 1결은 평전平田 1결에 해당하고, 일역전一易田 2결은 평전 1결에 해당하며, 재역전再易田 3결은 평전 1결에 해당한다"라는 기사의 해석차이 때문이다.

이 기사에는 평전과 산전이 나오고, 각각의 토지를 매년 경작하는 토지, 한 해 경작하고 한 해 쉬는 토지, 한 해 경작하고 두 해 쉬는 토지 등으로 나누어 상·중·하로 토지 품질(田品)을 매기고 있다. 해마다 바꾸어 경작한다는 의미의 세역歲易을 기준으로 한 전품 구분방식이다. 문종 8년의 기록은 불역 혹은 세역하는 산전을 국가의 조세체계 내에 편입하되 기왕의 평전을 기준으로 하겠다는 조세정책의 원칙을 반포한 것이었다. 이 기록만으로 산전이 조세체계 내에 편입되는 역사적 과정을 추측하기는 어렵지만, 어느 정도 추정은 가능하다.

산전은 산자락이나 산허리, 경우에 따라서는 산기슭을 개간한 토지를 말한다.

중세국가의 조세정책 원칙을 보면, 산전은 새로 개간된 뒤 안정적으로 경작하게 되었다고 판단될 때 국가의 조세대상이 되었을 것이다. 역사적으로 산전 개간이 언제 시작되었는지는 불분명하지만, 문종 8년의 새로운 조세 원칙은 일정 기간 동안 국가가 산전을 조세행정 대상으로 포함하여 수취하다가 전체 산전을 대상으로 새로운 원칙을 반포한 것이라고 보는 게 자연스럽다. 이 무렵 산전 개간은 이미 상당한 규모로 진척되었을 것이다. 그 결과 산전의 전품을 세역기준으로 매기게 되고, 부과할 조세량을 명확하게 하기 위해 기왕의 조세대상의 주류였던 평전과 대비시켰을 것이다.

위의 기록을 이상과 같이 해석하는 데는 별 의견차이가 없다. 문제는 평전이다. 산전과 대비해보면 평전은 평지에 있는 토지임이 분명한데, 평지의 어떤 토지인지 불분명하다. 일단 평지보다 낮은 저습지가 아닌 것은 분명하지만, 이 기록만으로는 평전이 논밭을 모두 통칭하는지, 논 혹은 밭에 국한해 설명하는지 분명치 않다. 또 기준이 되는 평전이 매년 경작하는 불역전인지, 아니면 조세행정의 새로운 논의대상이 되었던 산전과 마찬가지로 불역전, 일역전, 재역전으로 나뉘는지도 명확하지 않다. 따라서 위의 기록을 해석할 때 의견차이가 생기는 것은 당연하다.

지금까지의 연구에서는 수전과 한전이 다 평전에 포함된다고 보기도 하고, 혹은 수전(관련 논문에서는 도작전稻作田이라고 했다)에 국한된다고 보기도 했다. 세역 여부에 대해서도 평전은 세역과 관련 없는 상경전이었다고 보면서, 비옥도를 기준으로 평전의 토지등급이 매겨졌다고 파악한 견해도 있다. 논자에 따라서 평전은 세역과 관련은 있되 일역의 휴한전으로 보거나 불역·일역·재역과 각각 대응한다고 보는 등 여러 가지 견해가 제시되어 있다. 토지이용방식에 대한 논자별 이해차이는 시대구분에도 중요한 역할을 하는데, 그 결과를 단순화하여 설명하면 다음과 같다.

첫째, 위 기록의 평전과 산전이 모두 세역전이라고 본 논자들은 중세기점을 여말선초 혹은 나말여초로 보았다. 항상 경작할 수 있는 토지(상경전 혹은 불역전)로 바뀐 시점을 고려 후기 생산력 발전의 결과로 보면 자연스럽게 여말선초가 새로운 농지이용방식을 적용한 시기가 될 것인데, 그럼에도 나말여초로 본 논자들은 이미 이 시기부터 서양의 삼포농법과 마찬가지로 규칙적인 경작이 가능했기 때문에 시기를 올려 잡아도 된다고 본 것이다.

둘째, 위 기록의 산전에는 세역전이 포함되어 있지만, 일찍부터 조세부과대상이 된 평전은 상경전이었다고 파악한 논자들은 중세기점을 더 앞 시기로 잡는 것이 일반적이다. 문제는 그것을 고려 중기 이전의 어느 시점에서 찾아야 할 것인가이다. 신라 말 선종 사원에서 승려들이 새로운 농법을 습득하고 농업활동에 활용했다고 본 학자들은 나말여초를 중세기점으로 본 반면, 이에 앞서 삼국통일전쟁 시기에 논작물과 밭작물을 번갈아 경작했다(水陸兼種)는 기록에 주목한 학자들은 이 시기의 생산력 발전양상을 검토한 뒤 통일신라부터가 중세라고 설명했다. 한편 철제 농기구와 우경 등 생산도구의 발전과 함께 삼국 초기에 나타난 식읍과 대토지소유를 봉건적 토지제도로 이해한 학자들은 더욱 앞선 삼국 성립기에 이미 중세가 시작되었다는 견해를 제시했다.

국가의 조세체계와 조세부담 농민의 지위

전근대사회에서 국가와 농민의 관계는 조세체계에 편입되는 방식에 따라 달라진다. 중세의 조세는 크게 조租·용庸·조調 3세와 공부貢賦로 나뉘는데, 전조田租는 전국의 토지는 모두 왕토 혹은 국전國田이라는 명분으로 국가가 거두는 것이고, 용은 모든 인민은 국가의 신민이라는 관념에 따라 노동력을 수취하는 것이며, 조調는 경지 외에 산림, 천택지 활용의 대가로 국가가 거두는 것인데 이는 조포調布와 공부貢賦로 나뉜다.

중세 농민들은 조세체계 내 편입 여부에 따라 조세를 내는 양인 농민과 조세를 내지 않는 노비 농민으로 구분된다. 노비농민은 고대국가 성립 이후 1801년 공노비가 해방되고 1894년 사노비가 해방되는 순간까지 존속했기 때문에 법제상으로 늘 미천한 지위였지만, 사회발전에 따라 생사여탈권 확보, 가족구성권, 소농경리의 행사 정도, 정치·사회적 성장가능성 등에서 그 역사적 지위가 시대에 따라 상당히 변화했다. 그러므로 조세와 농민의 존재형태는 일반론의 입장에서 정리해야 한다.

조세와 사회구성의 성격과 관련해서는, 우선 '조세=지대: 국유제설'과 '조세 ≠지대: 사유제설'이 대립한다. 현재 우리 학계에서는 국유제설을 곧 식민사학의 유산으로 보는 시각 때문에 사유제설이 주류를 이루지만, 구체적인 내용에 들어가면 그렇게 간단하게 처리될 수 없는 문제들이 많다.

가령 전조 수취율을 수확량의 1/2·1/4세로 보는 것과 1/10세로 보는 것을 비교해보자. 통일신라나 고려 전기의 파종량과 수확량은 생산력 발전을 가장 높이 보는 연구에서조차 10 : 1이고, 대부분은 그보다 낮은 비율이었을 것이라고 본다. 그렇다면 한 농민가호가 경작한 수확량 가운데 다음 해 파종량 1/10, 그리고 국가에 내는 전조 1/2을 제외하면 자신이 운영할 수 있는 수확량은 4/10에 불과하다. 일 년 동안 먹고 살 식량이나 농사짓는 데 필요한 경비를 제하면 남는 것이 거의 없다고 봐야 한다.

그렇다면 경작 과정에서는 비록 직접생산자가 독립적으로 운영한다 해도 실제 수확량의 1/2을 수취하여 운영하는 국가의 소유라고 볼 여지는 없겠는가 하는 문제가 제기된다. 거기에 한 가호의 노동력도 자신의 농업생산에 투여하지 못한 채 국가가 필요할 때마다 용庸의 명목으로 이용당하고, 이에 더하여 호 단위로 조調와 공부를 거둔다면 인신과 토지수확물이 과연 사유인지 국유인지 분별하기 쉽지 않다.

파종량과 수확량의 비율이나 결당 생산력을 이보다 훨씬 낮은 단계로 파악한다면, 통일신라나 고려 전기는 생산수단인 토지를 사유한다 하더라도 사회발전단계는 상당히 낮은 세대공동체사회나 국가에 예속된 정도가 강한 고대사회로 볼 수밖에 없는데, 이런 입장의 역사학자들은 중세기점을 여말선초 혹은 조선 중기에서 찾는다. 이 가운데 여말선초를 주장하는 학자들은 토지사유론의 입장에서 주 수취대상이 인두에서 토지로 전환되는 점을 그 단서로 잡고 있고, 조선 중기를 주장하는 학자들은 국가적 토지소유론의 입장에서 사유가 발생하는 시점을 기준으로 삼고 있다.

한편 나말여초나 통일신라 성립기, 삼국 성립기에서 중세기점을 찾는 학자들은 조세제를 이해하는 방식이 앞선 학자들과는 다르다. 가령 통일신라 성립기에서 중세기점을 찾는 학자들은 우선 토지수확물에 대한 수취율도 1/10로 보고, 노동력과 산림·천택의 이용대가로 부담해야 하는 용庸·조調의 경우도 각각 원칙이 있다고 보아, 노동력의 경우 일 년에 20일 정도, 조는 포로 내는 경우에는 전정田丁을 단위로 부담하고, 공부로 내는 경우에는 공호貢戶가 부담하는 것으로 이해한다. 이와 함께 국가의 수취 단위도 개별 가호나 이들이 소유한 토지를 조사하면서도 기본적으로는 군현을 단위(호: 자연호-편호-전정호, 토지: 두락-결부-전정)로 하고 있다는 점에 주목한다. 개별 가호가 아니라 군현을 단위로 부과할 경우 군현 내에는 조세부담 문제를 놓고 계급 간 불균형 부담이 나타날 것이다.

이렇게 보면 수취율과 다음 해 파종량을 빼도 당해연도 수확총량 중 8/10은 사적 영역에서 처리하는 것이 가능하고, 이런 토대 아래서 생산물 처리를 중심으로 대토지소유자와 직접생산자 간의 수확물 분배 문제도 제기할 수 있는 역사적 환경이 조성된다. 이른바 토지사유론과 '조세≠지대'론을 주장하는 근거이다.

위와 같이 토지사유론에 입각하여 시대구분을 하더라도, 앞서 본 바와 같이 토지생산력의 발전 수준과 농업경영 단위의 규모, 그리고 국가와 군현 혹은 농업경영 단위의 결합 과정에 대한 이해차이에 따라 중세기점을 삼국시대로 볼 것인가 통일신라시대 혹은 나말여초로 볼 것인가 차이가 생긴다. 삼국시대의 제가·호민과 하호관계, 광개토왕비문의 국연·간연, 『수서』 고려전의 인·유인과 신라 촌락문서의 연호·공연·계연과 조세제의 관련 문제 등에 관한 역사적 해석의 차이이다. 대체적인 흐름은 인두 중심에서 재산·토지로 수취대상이 바뀌는 것에 주목하여 전자는 고대적인 것, 후자는 중세적인 것으로 파악한다.

가령 촌락문서상의 전답이용방식을 휴한으로 보는 이들은 자연히 촌락문서 단계에서의 조세부과 기준은 토지보다 노동력이었다고 보게 된다. 그렇게 되면 '공연=자연호'가 아니라 '공연=편호'로 보더라도 각 촌이 부담해야 할 조세의 총량인 계연 역시 노동력 기준으로 파악되기 때문에 토지로 수취대상이 바뀐 시기는 아무래도 나말여초가 될 수밖에 없다.

그러나 통일신라의 경지이용방식을 불역전으로 보거나 불역전을 포함한 일역전, 재역전으로 보는 사람들은 조세 수취대상이 노동력이 아니라 이미 토지로 바뀌었다고 파악하는 것이 일반적이기 때문에, 이런 분석에서는 통일신라 성립기나 더 나아가 삼국 성립기에서 중세기점을 찾게 된다.

이렇게 되면 삼국시대의 하호나 광개토대왕비에 나와 있는 국연·간연, 『수서』 고려전의 인·유인 등 조세부담 민의 존재형태와 삼국시대의 토지이용방식의 규명 여부가 문제인데, 삼국 성립기에서 중세기점을 찾는 사람들은 삼국시대의 하호농민 등은 삼국시대 이전과 다른 존재이고, 토지이용방식도 이전과 달리 불역전이 주류라는 점을 주장하는 반면, 통일신라 성립기에서 중세기점을 찾는 사람들은 삼국시대 농민이나 토지이용방식에 이해를 달리하고 있는 형편이다.

이런 상황에서는 삼국시대 말, 통일신라 성립기에 해당하는 6세기 고구려의 인·유인에 대한 역사적 평가에 주목하는 것이 자연스럽다. 가령 유인이 광개토왕비문의 국연·간연, 그 이전 소국과 소국의 대립·항쟁 과정에서 맺어졌을 부용민의 전통을 가지고 있다고 해석할 수도 있고, 아니면 유인을 해당 지역사회 내 계급분화 결과 발생한 빈민으로 해석할 여지도 있다. 이 점 역시 여전히 논쟁거리이다.

사실 삼국시대 농민의 존재에서 고대적 성격이 강한지 중세적 성격이 강한지를 판별하기란 쉽지 않다. 분명한 것은 삼국시대 내내 정복과 내투來投가 빈번했다는 것인데, 이런 점에 주목하면 삼국이 각각 정복 지역민과 내투 지역민을 자국의 조세체계로 묶는 방식에 차이가 있었다고 볼 수 있을 것이다. 연구 초기에는 고구려가 동옥저를 신속臣屬시켜 조세와 맥포, 어염, 해중식물을 바치게 했다는 것을 근거로 동옥저 농민들이 고구려 조세체계 내에서 공납 혹은 총체적 동방적 지배를 받는 것으로 보았다. 이렇게 자신이 생산한 수확물에 대해 권리가 전혀 없는 존재라면, 이런 사람을 아마도 노예로 봐야 하는 것이 아닌지 생각해봐야 한다. 이들을 노예로 보는 또 다른 근거는, 순장에서 보는 것처럼 자신의 생사여탈권이 다른 사람에게 있었다는 것이다.

삼국의 주변 후진지역에 이런 형태의 농민이 존재하기 위해서는 중심 선진지역의 계급분화가 전제되어야 하는데, 이에 대해서는 주로 제가·호민과 하호의 관계로 설명된다. 앞에서 서술한 동옥저 농민과 고구려 지배층의 관계는 주로 지역 간 분화를 전제로 형성된 반면, 제가·호민과 하호의 관계는 지역 내

계급분화를 계기로 형성되었다. 삼국 중심부에서 계급분화의 결과 성장한 제가·호민층이 주변부 동옥저 농민의 예에서 보는 바와 같이 정복과 내투로 맺어진 농민과 수취 측면에서 어떤 관계로 맺어지는지를 분석하고, 그에 대해 어떠한 역사적 평가를 내리는지가 시대구분 논쟁이 유발되는 출발점이다.

예를 들어 하호농민과 동옥저 농민 부류를 자기 경리의 수확물 행사가 없고 생사여탈권이 다른 사람에게 있다는 점에서 고대 농민으로 평가하면 중세기점을 삼국시대 말이나 통일신라 성립기에서 찾게 되고, 이 가운데 하호의 사회·정치적 지위에 주목하여 중세 농민으로 평가하면 중세기점을 삼국 성립기에서 찾게 된다. 이들을 고대 농민으로 보는 학자들 가운데 특히 동옥저 농민 부류에 주목하는 측은 총체적·공납제적 지배를 받는 농민이라는 점을 강조하게 되고, 하호농민에 주목하는 학자들은 아시아적 형태의 고대 농민이라는 점을 중시하게 된다.

이런 고대 농민들이 존재하는 사회를 노예제사회로 볼 수 있는지에 대해서는 비교사적 관점에서 여러 측면이 고찰되어야 한다. 우리가 일반적으로 아는 서양의 노예는 고대 그리스·로마, 미국의 노예 해방에서 보는 노예이다. 이 둘은 시기적으로도 거의 기천 년의 간격이 있고, 현실의 삶을 노예처럼 살아간다고 해서 양자를 동일하게 보지는 않는다. 서양의 노예와 동양의 고대 농민도 공간적으로 기천 리 떨어져 있고, 삶의 형태도 여러 면에서 다르다. 그러나 사회구성상의 특질이 본질적으로 유사하다면 동양의 고대 농민들도 노예적 존재라고 봐도 문제는 없다.

그렇지만 인류 역사의 발전 과정에서 이런 노예제 사회발전단계를 염두에 두게 된다면, 과거와 같이 고대 그리스나 로마의 노예제를 중심으로 노예제사회를 설명할 것이 아니라, 세계사 규모로 전개된 노예제사회의 특질을 설명하는 소재로서 서양의 노예와 동양의 노예적 삶을 비교하여 전체적인 노예제 상을 설명하는 것이 바람직하다.

아직 우리 학계는 이런 의미의 노예제사회에 대해서 학문적인 합의를 보지 못한 채 노예제사회의 존재 여부를 논의해왔다. 일제강점기의 아시아적·총체적·공납제적 노예제에 대한 설명이 한 예이고, 분단 이후 남북한의 노예제 사회구성에 대한 논의가 또 다른 예이다. 이런 상황이기 때문에 한국 고대사회를 노예제사회로 평가하는 데 대해 서구 중심적 사고방식의 소산이라는 비판이 가해질 수밖에 없다. 이런 비판을 염두에 두고 앞으로는 노예제사회에 대한 사실규명과 성격규정에 좀 더 신중을 기할 필요가 있겠다.

토지분급제의 성격과 운영

삼국시대부터 고려, 조선 전기까지 우리 전근대국가는 관료지배층에게 토지를 분급해왔다. 토지분급제는 시기에 따라 분급된 식읍과 녹읍, 관료전, 전시과, 사패전, 녹과전, 과전법, 직전법 등을 말한다. 토지분급제는 해석에 따라 국가가 지배층에게 토지 자체를 분급한 것으로 보기도 하고, 토지에 대한 권리, 예를 들어 국가가 지닌 조세 수취권을 위임해준 것으로 보기도 한다. 최근에는 후자로 보는 것이 일반적이다.

위에서 제시한 토지분급제 가운데 삼국시대부터 존재한 식읍은 3세에 대한 조세 수취권을 식읍주에게 위임해준 것이고, 고려 전기 전시과 이후의 토지분급제는 3세 가운데 전조에 대한 수취권을 과전주에게 위임해준 것이라고 해석한다. 그렇다면 토지분급제의 역사에서 삼국시대와 고려 이후는 완전한 차이를 보여준다.

문제는 통일신라 때 분급된 녹읍과 관료전이 식읍과 같은 계통인지 전시과와 같은 계통인지 판별하는 것이다. 통일신라의 토지분급제가 고대적인지 중세적인지는 해석방식에 따라 의견이 갈라진다. 하지만 녹읍 관련 기사만으로 이를 판별하기는 어렵기 때문에 여러 관련 자료를 대비시켜 녹읍제의 성격을 판별하게 된다. 가령 녹읍주가 녹읍민을 지배하는 것이 3세인지 전조인지, 그리고 국가가 녹읍주에게 녹읍을 분급할 때 읍邑을 단위로 했는지 결結을 단위로 했는지가 판단기준이 된다. 3세나 읍을 강조한 학자들은 식읍과 같은 계통으로 보고, 전조와 결을 주목한 학자들은 전시과와 같은 계통으로 파악한다.

이와 달리 삼국 성립기나 여말선초에서 중세기점을 찾는 학자들은 토지분급제의 성격 자체를 달리 본다. 예를 들어 삼국시대 식읍의 형성을 삼국이 주변 지역을 통합해가는 과정에서 정복이 아니라 자발적으로 내투해온 한 지역의 지배층에게 거의 서양 중세의 영주와 같은 반영주적 토지소유를 허락한 것으로 파악한 학자들은 삼국 성립기에서 중세기점을 찾았다. 그리고 식읍과 녹읍이 분급된 당시는 생산력의 발전 수준이 낮아 세대공동체에 머물렀으나 나말여초를 거치면서 생산력이 발전한 지역을 중심으로 전시과 계통의 토지분급제가 발생했고, 나머지 생산력 발전이 저급한 대다수 지역에서는 여전히 국가의 조세 지배가 완고했다고 파악한 학자들은 여말선초에서 중세기점을 찾았다.

공동체 성격의 변화

공동체 문제와 중세기점

공동체 문제를 도외시한 채 전근대 토지 문제를 다루는 것은 유통 과정을 배제한 채 상품 문제를 다루는 것과 같다는 것이 평생을 중세 토지제도 연구에 바친 선학의 지적이다. 그러나 공동체 개념을 역사적으로 규정하려면 상당한

지면이 필요하기에, 여기서는 가족공동체와 향촌공동체에 국한하여 살펴보고자 한다. 이 경우 중세기점과 공동체의 문제를 크게 두 측면으로 정리할 수 있다. 하나는 농업경영 단위의 분화라는 측면이고, 다른 하나는 국가의 군현제 지배질서와 그 속에 내재된 향촌공동체 내의 지배구조의 상관성에서 공동체가 수행한 역할을 평가하는 문제이다.

먼저 농업경영 단위의 분화를 보자. 신석기혁명(농업혁명) 이후 초창기에 농업생산을 한다는 것은 곧 자연환경의 변화에 대항하는 것을 의미했다. 그러자면 사람들도 자연스럽게 무리를 지어 생산과 소비를 하며, 그에 따라 거주지도 공동으로 마련하게 된다. 그 와중에 무리 간의 대결도 일어나 생산력 수준의 차이가 벌어지고, 무리 내에서도 생산력의 발전에 따라 가호별 차이가 생기게 된다. 그에 따라 공동체의 분화 속에 역사발전단계를 구분할 수 있는 기준이 생기게 되므로 중세기점 논쟁과 밀접한 관련을 맺게 된다.

이와 관련하여 가장 명확한 입장을 보여준 것이 삼국 성립기 중세기원설이다. 이들은 원시공동체에서는 씨족공동체적 토지소유와 가족공동체적 토지소유, 농촌공동체적 토지소유가 중첩되어 발전하다가 고대사회에 들어와서는 농촌공동체적 토지소유가 잔존한 상태에서 노예소유자적 대토지소유와 소농민적 토지소유가 형성·발전하고 중세사회에는 봉건적 토지소유와 소농경리가 확대된다는 견해를 취했다. 소농경영의 기반 위에 시대별 대토지소유와 경영이 각각 형태를 달리하며 존재했다는 것이다.

이와 달리 여말선초 중세설은 고려 중기까지 세대공동체적 토지소유가 일반적이었다는 견해를 취하고 있다. 세대공동체적 토지소유와 경영을 주장하게 되면 이 시기 대토지소유도 이를 기반으로 형성되었다고 이해하게 되는데, 통일신라 골품귀족의 토지소유가 그런 특징을 갖고 있다는 것이다. 공동체에 대한 이런 이해는 앞서 제시한 토지이용방식의 변화와 밀접한 관계가 있다.

사실 조선 초기에 작성된 『세종실록世宗實錄』 지리지 이전의 기록 가운데서 농사경영 규모나 토지이용방식을 상세히 알 수 있는 자료는 그다지 많지 않다. 가장 유력한 자료가 지금의 청주 부근 4개 촌의 농업환경을 기록한 신라 촌락문서인데, 여기에는 호수(烟戶-孔烟-計烟)와 인구수 및 전답수가 기록되어 있어 이를 기초로 가족 규모 및 가족별 농업경영 규모를 추정할 수 있다.

그런데 만약 촌락문서 초기의 연구에서처럼 공연을 자연호로 볼 경우 호=47, 인구=462명, 전=315.424결, 답=248.666결이 된다. 이 기록을 최대한 단순화해보면 자연호 1호는 10여 명 정도의 가족으로 구성되어 있고, 자연호 1호당 전은 약 6.8결, 답은 약 5.3결 정도를 경작한다. 당시 1결의 면적은 대개 3,000평에서 6,000평 정도로 추정하여 계산했고, 10명으로 구성된 자연호에서 15세 이상의 노동가능 인구는 남녀 다섯 명 정도였을 것으로 추정했다. 그렇다면 남녀 다섯 명이 논 15,000평, 밭 18,000평을 경작해야 하는데, 이는 축력을 이용한다 해도 경작이 불가능한 면적이다.

따라서 통일신라 때는 어른과 어린이를 합친 10여 명 정도의 가족이 33,000평 정도의 논밭을 세역歲易하면서 농사를 지었고, 이런 수준의 농업단계에 존재하는 10여 명 정도의 대가족은 '세대공동체'로 평가할 수 있다는 결론이 나온다. 그리고 촌락 농민을 대상으로 한 이런 연구결과는 신라 지배층을 대상으로 한 골품제의 가족구성과 맞물려 상당히 자료적 설득력을 갖는 것으로 판단되어, 이후 중세기점을 여말선초에서 찾게 되는 주요한 연구성과로 제시되었다.

그런데 이후 삼국시대 읍락과 하호에 관한 연구를 통해 통일신라 촌락과 비슷한 규모로 추정되는 읍락 내에서 계급분화가 진행되었다는 연구결과와 함께, 삼국시대 부部의 구조를 연구해보니 삼국의 부도 상당부분 계급분화가 전제된 상태에서 운영되었다는 연구결과가 제시되었다. 뿐만 아니라 촌락문서 자체의 연구에서도 새롭게 첨가한 추가기록의 흔적이 보이고 그 의미가 분명해지면서 통일신라의 세역농법과 세대공동체의 존재에 대한 논쟁이 본격화될 수 있는 계기가 마련되었다.

이에 대한 문제제기는 촌락문서의 공연이 자연호가 아니라 편호일 것이라는 가능성 제시에서 시작되었다. 만약 공연을 자연호로 보면 하나의 촌을 구성하는 호수가 너무 적을 뿐만 아니라 한 자연호가 경작해야 할 논밭 수는 지나치게 많아진다는 문제점이 생기는데, 편호로 보면 이런 문제점을 해소할 수 있다는 것이다. 그리고 촌락문서에 보이는 이동가족(여러 연烟) 부분과, 국가가 조세수취를 위해 공연에 상상부터 하하까지 호등을 매겨 계산한 계연計烟의 의미도 훨씬 자연스럽게 해석된다는 것이다. 이 연구는 촌락문서가 통일신라 농민가족과 농업경영 규모를 세대공동체로 해석하게 하는 유력한 실증자료라는 견해를 따를 수 없었던 연구자들에게 매우 중요한 성과로 인식되었다.

이후 촌락문서에 나온 이동가족과 삼국시대·통일신라 당시의 인구수와 호구수의 관계를 근거로 하고 평균 5명 정도의 가족이라는 기록을 기반으로 해서, 통일신라 당시 자연호의 규모를 대개 5명 가족으로 본 견해가 유력한 지지를 얻게 되었다. 그리고 이들 가족을 그 시대의 용어를 살려 연호烟戶로 지칭해야 한다고 했다.

이렇듯 평균적 농민의 가족구성을 5명 정도의 소가족으로 볼 것이냐 아니면 10여 명 이상의 대가족으로 볼 것이냐에 따라 공동체론을 적용하는 방식이 달라진다. 대가족으로 볼 경우 세대공동체라는 설명이 그대로 남고, 소가족으로 볼 경우 이미 이 시기에 아시아적 공동체의 잔영이 상당히 제거되는 것으로 이해된다.

농민가족의 구성에 대해서는 이렇게 이해되었지만, 통일신라 골품관료의 가족구성에 대한 이해는 달리 전개되었다. 농민가족은 주로 농업생산과 국가의 수취 단위와 관련하여 농촌공동체나 세대공동체에 대한 사회경제사적 관점에서 연구된 반면, 골품관료의 가족구성은 기득권 유지와 재생산 연구의 일환으로 친족집단 규모에 대한 사회사적 관점에서 연구되었다.

친족집단의 규모와 중세기점에 대한 견해는 통일신라 7세대 친족집단에서 고려 초기 5세대 친족공동체로 친족의 규모가 축소되고, 국가의 조세부담이라는 면에서 농민이 고대 예민隸民에서 중세 농노로 성격이 변질된다는 설명이 제시되면서 나왔다. 이는 시조始祖를 중심으로 한 가족범위에 대한 삼국·통일신라시대 연구를 단서로, 크게는 한국 고대국가 발달사를 체계화하고 정리하는 작업의 일환으로 제시되었다.

그러나 이 견해는 상당히 흥미롭지만 동시에 연구방법상의 의문도 많이 남기고 있다. 가령 농민의 존재형태에 대해 별도로 설명하고 있지만, 주로 지배세력의 경제적 기반, 더 정확히 말하면 수취 기반이라는 관점에서 서술함으로써 앞서 설명한 세대공동체설에 입각한 골품귀족의 경제적 기반과의 관계가 상당히 애매하다는 것이 그 한 예이다.

그러나 이에 대한 본격적인 비판은 7세대 친족집단의 역사적 실체로 제시되어 있는 '칠세七世 부모'가 7세대를 의미하는 것이 아니라는 자료해석상의 문제제기에서 시작되었다. 물론 관련 논문은 이 자료뿐 아니라 무열왕武烈王에서 성주사聖住寺 낭혜朗慧 화상까지의 자료도 제시했지만, 주요 자료에 대한 비판은 설득력이 높기 때문에 친족집단 규모의 변화에 따른 시기구분에 많은 어려움이 있다. 이후 신라 골품제의 세대의식이 여러 측면에서 검토된 결과, 당대 왕실의 경우에도 후대와 같이 3세대 친족집단이 기득권 유지와 재생산의 기본 단위였을 것이라는 견해가 제시되었다.

공동체 역할의 재평가와 중세기점 논의

친족집단과 중세기점의 관련성은 위와 같은 한계와 여러 측면의 연구성과를 수렴하면서 재구성되었다. 가령 친족공동체는 주로 혈연 중심의 집단적 친족집단이라는 단일 개념으로 사회변동을 설명했지만, 이제 혈연 중심의 집단적 친족집단과 개인을 기준으로 한 친족관계라는 두 기준을 설정하여 친족집단의 역사성과 사회변동의 관련성을 훨씬 폭넓게 적용할 수 있게 되었다. 그리고 중세기점과 관련해서는 여전히 나말여초에 주목했지만, 친족집단을 기준으로 한 고대의 사회변동에 대해서도 앞선 연구와 달리 삼국시대부터 통일신라까지의 연속적이고 장기적인 변화로 설명함으로써 설득력을 좀 더 높일 수 있었다.

한편 고려의 신분제에 대해서는, 개인이 친족집단별로 편제되어 있지 않았기 때문에 그 활동 폭이 더 넓었고, 같은 문벌귀족 내에서도 통혼권 등 여러 가지 사회기제를 활용하여 공로와 학식, 능력에 따라 정치적 세력집단을 결성할 여지가 있었는데, 이는 개인을 기준으로 한 친속으로서 친족관계의 확대 및 발달이라고 정리했다. 그리하여 골품제의 신분제도는 친족집단을 신분적 구성단위로 했는데, 고려의 신분제는 '양측적 친속관계'에 입각하고 있었다는 견해를 제시할 수 있었다.

이렇게 친족공동체 연구시각이 급격하게 바뀜으로써 7세대 친족집단설에 남아 있던 세대공동체와의 상관성은 언급될 여지가 없어졌다. 그리고 농업경영 단위 혹은 아시아적 공동체의 잔존 여부와 달리 사회편제로서 군현제 및 군현제에 반영된 공동체적 질서를 연구하는 사회사 연구가 발전했다.

다음, 군현제 편성원리와 중세기점 논의는 나말여초 호족 연구에서 시작되었다. 통일신라 시기에는 생산력 발전의 결과 가족 단위의 사회이동이 상대적으로 자유로워졌는데, 그 정도는 신라 말의 유민에서 볼 수 있는 것처럼 신라 군현제로 감당할 수 없을 정도로 커졌다는 가설이 출발점이 되었다. 그에 따라 호족을 중심으로 각 지방별로 민들이 편제되었고, 그 원칙은 족장을 의미하는 '간干'적 성격을 기반으로 한 삼국시대나 족族적 성격이 여전히 남아 있는 통일신라시대와 달리, 나말여초 사회변동기에 생존할 수 있는 지방별 자위조직의 결성과 농업생산력의 발전이었다는 것이다. 이는 분명 친족이나 친속관계에 따른 것은 아니다.

그렇다면 개인을 중심으로 한 양측적 친속집단과 본질적으로 같은 군현제적 공동체질서는 없었는가 하는 점이 연구대상이 된다. 이런 입장에서 나말여초를 중세기점으로 삼는 연구자들은 고려시대의 연등회와 팔관회, 그리고 이 행사 시행과 깊은 관련을 가지고 있는 향도香徒를 주목했다. 즉 연등회와 팔관회는 불교행사이긴 했지만 실제로 풍년을 기원하는 기곡제와 추수감사제 성격으로서, 국도國都 왕궁王宮뿐만 아니라 향읍鄕邑에서도 행해졌다고 한다. 연등회와 팔관회는 후삼국시대 이후 사회적·정치적 비중이 높아졌는데, 후삼국시대 지방의 지배세력들이 향도조직을 통해 자기들 주도 아래 지역통합을 강화하고자 하면서 팔관회와 연등회가 지방세력을 포섭·지배하는 장치로 의미를 지녔다고 보았다.

최근 본격적으로 연구된 군현제와 공동체적 질서, 중세기점으로서의 나말여초설은 이러한 구조적 연관관계를 가지고 있다. 이는 통일신라 세대공동체설과 이에 입각한 군현제적 편성이라는 견해와 상당한 차이를 보인다. 지금은 주로 비판대상이 되고 있지만, 통일신라 세대공동체설과 군현제적 편성, 그 결과 고려 중기 혹은 여말선초에 중세가 성립된다고 보는 견해에서는 고려 군현제의 특징을 중층적 편성으로 파악했다. 가령 신라 촌락문서 분석결과 자연호는 10명 이상으로 구성된 대가족이고, 이들이 경작하는 토지는 휴경 혹은 휴한단계의 생산력 수준에 불과하며, 촌락문서에 나타난 노동력이나 토지조차 최종적으로는 왕실, 골품제의 최상급에 있는 지배층이 운영했을 것이라고 추정했다.

그리고 신라 말 사회변동의 결과 신라 골품체제에서 분리된 각 지역의 호족들도 사회경제적 조건이 유사한 상태로 분할되어 있었다고 생각하면, 군현제는 대호족이 중소호족을 지배하는 누층적 사회질서를 갖는 것으로 설명하는 것이 자연스럽다. 군현제와 부곡제, 군현제 내의 주현·속현제, 경기와 지방으로 내적 긴밀성을 갖고 군현제가 운영되었다는 것인데, 이런 설명과 앞에서 본 군현제적 사회편제는 외형상 유사하지만 본질적 측면에서는 상당히 다르다고 평가할 수 있다.

중세기점 논쟁의 전망

중세기점 논쟁의 주요 특징은 이론적으로는 맑스주의 역사학을 많이 활용해 왔고, 역사적 사실은 주로 경제사와 사회사에 국한되어 있다는 점이다. 이는 중세사회의 존재와 형성 시기 연구를 맑스주의 역사학자인 백남운이 시작했고, 논쟁의 범위도 고대 노예제사회에서 중세 봉건제사회로의 이행, 중세사회에서 근대 자본주의사회로의 이행을 중심으로 폭넓게 펼쳐졌기 때문이다. 그 결과 사회구성의 토대에 대해서는 여러 논쟁점이 제시될 수 있었으나, 정치·사회·사상과 연결된 중세사회의 구조적 이해와 그에 따른 중세기점의 논쟁은 다양하게 전개될 수 없었다.

그리하여 1990년대에는 시대별·분야별·각국 비교사적 관점 등 여러 측면에서 시대구분에 대한 연구를 기획하게 되었고, 실제 다양한 연구결과를 제출하기도 했다. 앞에서 거론한 '중세 적용 불가론'도 오랜 전통을 갖고 있다가 1990년대 시대구분에 대한 새로운 문제의식이 필요하다는 학문적 분위기에서 제시된 견해였다. 그러나 아직 전통적인 중세기점 논쟁의 목표라고 할 수 있는 중세사회의 구조적 이해에 도달한 것은 아니었다.

그러므로 앞으로 중세사회의 특징 및 중세기점 논쟁은 우리 중세사회의 역사적 모습이 확연하게 드러날 때까지 계속될 필요가 있다. 이를 위해서는 지금보다 한 차원 높은 역사이론의 구성이 요망되고, 사실적인 면에서 폭넓은 분야별 연구가 진행되어야 한다. 그 결과 분야별 연구성과가 유기적으로 연결되어 중세기점에 관한 새로운 성과를 제시할 수 있다면, 시대구분의 한 목표인 미래사회의 대안모색도 가능할 것이다.

이인재

연세대학교 원주교정 역사문화학과 교수로 재직 중이다. 고려시대사를 전공했다. 대표논저로『지방 지식인 원천석의 삶과 생각』,『중세사회의 변화와 조선 건국』,『한국사의 구조와 전개』등이 있다.

고려사회를 어떻게 볼 것인가

한국사에서 고려사회를 어떻게 이해할 것인가 하는 문제는 고려사 연구자들이 줄기차게 추구해온 과제 중 하나다. 이는 고려사만이 아니라 한국사 각 분야 연구자의 궁극적 과제이기도 하다. 이른바 '사회성격론'이라고 불리는 이 분야의 연구는 고려사 연구 초기부터 제기되어왔다.

이 문제는 통일신라 시기부터 고려 시기에 걸쳐 이미 봉건제가 존재했다는 1930년대 유물사관론자들의 사회성격론에서 처음으로 제기되었다. 이들의 연구는 봉건제 결여론을 통해 한국사의 정체적 성격을 강조했던 식민사학의 정체성이론에 대한 최초의 본격적인 반론이었다. 따라서 고려사회성격론은 단순히 고려사회성격 일반을 검토하는 문제가 아니라, 반反식민사학론의 출발점이자 한국인에 의한 근대 역사학 연구가 본격적으로 출발하는 계기가 되었다는 점에서 커다란 의의가 있다.

사회성격론 연구는 일차적으로 해당 시기 역사에 대한 구체적 연구성과를 토대로 이루어지는 것이 순리이다. 그러나 1930년대에 유물사관론자들이 제기한 고려사회성격론은 그 반대의 경우였다. 이 글에서 소개할 일본인 고려사 연구자의 사회성격론 역시 마찬가지였다. 고려사 연구성과를 토대로 한 고려사회성격론은 1960년대 이후에야 비로소 제기되었다.

이상과 같이 고려사회성격론은 두 가지 다른 경로를 통해 제기되었다. 어느 경우이든 고려사회성격론은 한국사의 전체적 흐름 속에서 고려사회를 어떻게 자리매김할 것인가, 나아가 고려사회의 성격을 어떻게 이해할 것인가에 대해 좋은 길잡이 구실을 하고 있는 것이 사실이다. 이 글은 고려사회성격론에 대한 다양한 입장을 소개하는 한편으로, 고려사 연구의 바람직한 방법론을 모색하는 기회가 될 것이다.

1930년대 사적유물론 입장에서 본 고려사회

백남운은 고려사회를 집권적 봉건사회로 규정했다. 그에 따르면, 신라의 삼국통일을 계기로 대토지소유제가 진전하면서 생산력은 양적으로 확산되었으나, 전쟁 종식으로 노예공급이 중단되면서 노동방식이 농노제로 재편되었다. 특히 신라 하대에 지방세력이 대두하면서 그런 생산관계를 바탕으로 봉건제의 기초가 형성되고 봉건제사회로 전환되었다는 것이다. 봉건적 지방세력이 권력을 장악하여 고려왕조를 성립시키고, 대토지소유를 바탕으로 역분전·공훈전 형식의 봉건적 분봉을 통해 이들 간에 상호 보험적인 집권적 봉건제사회가 완성되었다고 했다. 또한 고려사회에서는 토지국유제를 기초로 국가가 최고 지주로서 지대와 조세를 일치시키는 가운데 국가와 인민 사이에 수취관계가 성립했다고 보았다.

백남운의 고려 봉건사회론은 두 가지 의미를 지닌다. 하나는 봉건제가 한말에야 성립되었다는 일제의 정체성론을 정면으로 부정하면서 한국사에서 봉건제의 성립을 통일신라시대로 봄으로써, 고려사회론을 중심으로 반식민사학론의 한 축을 제기했다는 점이다. 다른 하나는 유물사관에 입각해서 고려사를 체계화했으며, 고려사 연구에서 사회경제사 연구의 초석을 깔았다는 점이다.

한편 일본인 마에다 나오노리前田直典는 직접생산자의 존재형태가 노예적인가 농노적인가에 따라 각각 노예제와 봉건제사회로 구분했다. 봉건제가 성립한 계기는 무인정권 이후 토지국유제인 공전제의 붕괴, 장원의 발전, 노예신분의 동요, 부병제의 붕괴와 무사집단의 대두에서 찾았다. 그의 논리에 따르면, 고려사회는 무인정권이 성립한 12세기 후반을 전후하여 노예제와 봉건제가 병존한 사회이다.

이상 유물사관론자의 입론은 고려사 연구성과가 거의 전무한 상태에서 제기되었기 때문에 지금의 입장에서 보면 대단히 소박하며 도식적이다. 그러나 이후 고려사 연구자들에게 큰 영향과 자극을 주어, 고려사회성격론의 단서를 열었다는 점에서 의의가 있다. 백남운의 연구는 남북한 연구자에게, 마에다의 연구는 전후 일본인 연구자들에게 깊은 영향을 끼쳤다.

1960년대 토지소유론자들이 바라본 고려사회

토지소유론은 토지소유자인 지주地主와 경작자인 전호佃戶를 그 사회의 기본적인 생산관계(지주제)로 파악했다. 이는 봉건 영주와 농노를 하나의 생산관계(봉건제)로 파악한 사적유물론과 내용 구성에 큰 차이가 없다는 점에서, 사적유물론의 고려사회론을 계승한 측면이 있다. 그러나 봉건제를 전제로 한 생산관계를 우리 역사에 기계적으로 적용하기보다는 당시 역사에서 지주제의 존재를 실증적으로 검증하려 했던 점에서 사적유물론과 차이가 있다. 또한 사적유물론이 당시의 토지소유형태를 국유론에 근거해 파악한 반면, 토지소유론은 토지사유를 인정하고 있다는 점에서도 차이가 있다.

같은 토지소유론이라고 해도 토지사유가 어느 시기에 시작되었다고 보는가에 따라 고려사회의 성격 이해에 차이가 나타난다. 일본인 연구자들은 토지사유화의 시기를 무인정권기 이후로 보았지만, 국내 연구자들은 통일신라 이후로 보았다. 그에 따라 일본인 연구자들은 고려 전기사회를 지주제가 존재하지 않는 고대사회로, 후기사회를 지주제를 생산관계로 하는 중세사회로 본다. 즉 고려시대를 고대와 중세가 병존한 사회로 보는 것으로, 앞에서 살핀 마에다의 논리와 같다. 그에 비해 국내 연구자들은 통일신라시대 이후 지주제가 성립했고, 고려사회는 지주제를 기반으로 한 중세사회였다고 이해했다. 각각의 구체적인 내용을 살펴보자.

일본인 연구자들은 고려 전기사회에서 고대적 요소를 검출하는 데 주력했다. 대표적 연구자인 하타다旗田巍는, 고려시대에는 토지가 적장자에게 단독상속되었는데 이는 토지소유가 미성숙하고 계층이 미분화했기 때문이라고 했다. 그는 고려 전기사회를 토지가 단체적·집단적으로 소유된 혈연적 고대사회로 보았다. 토지의 단체적·집단적 소유는 촌락 자체를 혈연적이고 미분화된 상태로 남게 했으며, 그러한 촌락에 대한 지배는 혈연적 공동체의 수장을 통해 이루어졌다고 했다. 나아가 지방사회 역시 혈연적 족단의 크기에 따라 대족단은 대읍大邑으로, 중소 족단은 소읍小邑으로, 그 아래는 향·부곡으로 편성되었다고 보았다. 고려 정부는 이런 신분적 계층 편성에 기초해서 지방사회를 지배했다고 한다.

한편 하마나카濱中昇는 이런 입론을 보완·발전시켜 공동체적 토지소유가 지배적인 시기를 고대사회로, 농민이 공동체로부터 자립하여 개별적 토지소유가 실현되는 12세기 이후를 중세사회로 파악했다. 그 역시 고려사회를 전기는 토지의 사적소유가 결여된 고대사회로, 후기는 지주제가 성립하기 시작한 중세사회로 보았다. 결국 전후 일본인 연구자의 고려사회론은 마에다의 논리를 계승·발전시킨 것이었다.

해방 이후 국내 연구자들은 토지국유론을 비판하면서 한국사에서 토지사유의 존재를 실증적으로 검출해냈다. 이우성李佑成은 통일신라시대의 금석문 자료와 고려 영업전永業田에서 사적 토지소유의 존재를 들어 토지국유론의 근거였던 왕토王土사상이 하나의 관념에 불과했다고 주장했다. 이로써 1960년대 이후 사적유물론의 토대인 토지국유론이 부정되면서 사회경제사 연구는 새로운 국면을 맞이했다.

국내 연구자들은 대체로 통일신라 이후 농업생산력의 발달과 집권체제 강화에 의해 농민에 대한 직접지배가 실현되면서 중세사회가 성립되었다고 한다. 김용섭金容燮은 농법 발달에 기초한 생산력의 발달에 따라 순장제의 폐지, 군현제와 집권적 관료제의 시행으로 광범한 양인 농민층이 확보되었고, 이를 기반으로 수조권적 토지지배가 실현된 통일신라 이후부터 중세사회가 되었다고 한다. 그는 사적 토지소유자인 민民에 대한 국가의 직접지배 실현을 중세사회 성립의 주요 계기로 파악했다.

김기흥金基興은 사적 토지소유를 바탕으로 결부제에 입각한 수취가 실현된 통일신라시대 이후를 중세 성립기로 보았다.

이인재는 통일신라시대 이후 사적 토지소유에 기반하여 결부제와 호등제, 수조권 분급이 시행된 것을 중세 집권적 봉건국가 성립의 지표로 보았다. 그에 따르면 고려사회는 사적 토지소유를 기반으로 한 생산관계, 즉 지주전호관계에 입각한 사회로 규정할 수 있다. 이 점에서 전후 일본인 연구자의 시각과 큰 차이가 있다.

1970년대 지배세력론 입장에서 본 고려사회

지배세력론은 지배세력의 존재형태를 기준으로 고려사회의 성격을 이해하는 입장이다. 1970년대에 이기백·변태섭邊太燮 등이 제기한 지배세력론은 이후 남한 역사학계에서 정설의 위치를 점하고 있다.

그에 따르면 고려 지배세력의 근원은 나말여초에 대두한 지방세력인 호족이었다. 고려 초기사회는 이들 세력의 연합에 의해 주도되었으며, 그 정치형태는 호족연합정권이었다. 고려 중기 이후 유교정치 이념을 기반으로 집권화정책이 시행되면서 지방세력은 점차 약화되고 분화되었다. 그 가운데 일부는 재지세력화하여 향리층으로 고착되었고, 중앙관인화한 세력은 문벌귀족이 되었다. 고려 중기 이후 고려사회는 문벌귀족이 이끌었으며, 그들에 의해 고려사회의 여러 특성이 갖추어졌기 때문에 고려사회는 문벌귀족제사회였다고 보았다. 지배세력론은 고려사회뿐 아니라 한국사 전체에 대해 지배세력 중심으로 그 성격을 규정했다. 예를 들면 통일신라사회와 조선사회는 각각 진골귀족과 양반이 주도한 골품제사회와 양반관료제사회라고 했다.

귀족제사회론은 이후 고려의 지배세력을 귀족적 존재로 볼 것인가 관료적 존재로 볼 것인가 하는 '귀족제-관료제' 논쟁으로 발전했다. 이를 통해 고려시대 과거제, 음서제, 나아가 관료조직 전반에 대한 연구가 심화되는 긍정적인 효과가 있었다. 다만 이 논의는 고려 지배세력의 성격을 어떻게 볼 것인가 하는 제한된 범위의 논의였는데, 연구사에서는 이를 '고려사회성격론'으로 일반화했다. 그것은 정치사 중심의 연구가 대세였던 당시 우리 학계의 연구풍토 때문이었다. 따라서 이 논의는 엄밀한 의미에서 '고려 지배세력 성격론'이라 부르는 것이 옳을 것이다.

고려사회 지배세력의 성격―귀족제론과 관료제론

관료제론은 1970년대 초반 고려시대 지배층의 성격을 어떻게 이해할 것인가 하는 논의 중에 제기되었다. 1930년대 이래 통설은 귀족제사회론이었다. 관료제론은 그 통설에 의문을 제기했다. 구체적으로, 귀족제사회를 뒷받침하는 주요한 제도적 장치로 이해되었던 음서제蔭敍制와 양반공음전시兩班功蔭田柴에 대한 재해석을 통해 귀족제론을 정면으로 비판했던 것이다.

관료제론자들은 음서제는 서양 귀족사회의 습관제襲官制와 달리 고위관료의 자손에게 단순히 초직初職만 준 것에 불과하며, 음직을 받은 자도 뒤에 과거를 다시 치른 예가 많았던 것으로 볼 때, 당시 관직에 진출하는 데는 과거제가 더 유리한 제도였다고 보았다. 음서제는 능력이 있거나 공이 있는 고위관료에 대한 국가적 보은報恩의 의미였으며, 서양의 귀족제처럼 여러 대에 걸쳐 관직을 승계하는 제도가 아니라고 하면서 귀족제론을 부정했다.

한편 양반공음전시(혹은 공음전)는 5품 이상 관료에 지급되어 자손에게도 세습되는 것으로서 귀족제사회를 유지하는 경제적 기반이었다고 이해되어왔다. 그러나 관료제론은 공음전의 지급범위인 1품에서 5품까지의 품品은 관품官品이 아니라 국가에 대한 공훈 내용에 따른 단계, 즉 등급을 뜻하므로 공음전은 5품 이상의 관리가 아닌 국가에 공훈功勳이 있는 모든 관리들에게 지급된 것이었다고 파악했다.

또한『고려사』열전의 등장인물 650명 중 340명이 과거 출신자로서, 음서제를 통해 관직에 진출한 자는 40여 명에 불과하며, 공신의 후손이나 고위관직자 대부분이 과거 출신이었다는 사실을 볼 때, 지배세력의 대부분이 과거를 통해 관료로 진출했을 정도로 고려시대 관리선발의 정도正道는 과거제였으며, 음서제는 부차적·종속적이었다고 했다. 고려사회는 이같이 관리등용에서 과거科擧의 가치체계가 전국가적·전역사적으로 확립된 관료제사회였다는 것이다.

과거제도는 유능한 관리를 확보하는 데 본질적인 목표가 있으며, 과거시험의 당락에는 개인의 인품이나 능력이 결정적 척도가 되었고, 가문이나 출자出自는 문제가 되지 않았다고 했다. 따라서 과거는 귀족적 요소보다 개인 능력주의가 관철되는 귀족제 파괴의 속성을 지닌 반귀족적인 제도였다고 했다. 이런 관료제론은 박창희에 의해 집중적으로 제기되었다.

이상과 같이 관료제론은 그동안 귀족제설의 근거가 되었던 음서제와 공음전을 재해석하고 과거제의 기능을 밝힘으로써 고려 지배세력의 실체가 귀족이 아닌 과거 출신 관료였다는 새로운 견해를 제기했다.

한편 귀족제론은 연구사적으로 오랜 연원을 지니고 있다. 1930년대와 1940년대에 안확安廓과 손진태孫晉泰가 이를 제기한 뒤, 귀족제론은 학계의 정설로 간주되었다. 그러다 1970년대에 관료제론이 새롭게 제기되면서 귀족제론 역시 더 확고한 논리체계를 갖추기 시작했다.

귀족제론은 작위의 세습, 토지의 무기영대적 소유, 폐쇄적 통혼권의 형성을 제도의 기반으로 했던 서양의 귀족Aristocracy 개념을 원용하여 고려시대 지배세력의 실체를 귀족적인 존재로 다시 규정했다.

박용운은 고려의 지배세력은 음서제와 공음전을 정치경제적 기반으로 해서 왕실이나 유력가문과 폐쇄적 통혼권을 형성하여 자신들의 가문을 유지하고자 했으며, 그런 가문을 문벌귀족門閥貴族 가문이라 부른다고 했다. 문벌귀족 가문은 5품 이상 관료가 3대 이상 배출된 가문으로서, 이들이 당시 고려사회를 주도했다고 했다. 『송사宋史』 고려전에서 고려의 류柳·이李·김金·최崔씨를 귀종貴種이라 했는데, 이들을 당시 귀족가문이 존재한 실증적 근거로 보았다.

또 고려시대의 재상은 중서문화성中書門下省(宰府)과 중추원中樞院(樞府)에 소속된 2품 이상의 관원인 재신과 추신으로서, 이들이 합좌合坐한 재추회의宰樞會議에서 국가의 중요한 정책이 결정되었다. 재상이 이吏·호戶·예禮·병兵·형刑·공工 6부의 장관직과 국왕에 대한 간쟁과 관리의 비행, 관리의 임면任免, 풍속의 교정을 관장하는 대간臺諫의 장관직을 겸임했을 정도로 이들에게 권력이 집중되었다. 이들이 합좌한 회의기구를 고려 전기에는 도병마사都兵馬使, 고려 후기에는 도평의사사都評議使司라고 했다.

이기백은 과거제는 단순히 개인의 인품이나 실력에 입각한 인재선발의 목적이 아니라 더 넓은 사회계층을 중앙정부에 흡수하여 귀족제사회를 유지하는 통로로서 역할했다고 하여, 고려의 과거제를 새롭게 해석했다. 귀족사회는 성종 대에 형성되기 시작해 문물제도가 완비된 문종 대를 거쳐 예종·인종 대에 전형적인 모습을 나타냈으나, 1170년(의종 24) 무인정변에 의해 무인세력이 실권을 장악하면서 점차 붕괴되기 시작했다고 한다.

새로운 접근—문벌사회론과 다원사회론

1970년대에 제기된 이상의 두 논의는 더 이상 전개되지 않았다. 다만 이를 계기로 과거제와 음서제에 대한 연구가 본격적으로 이루어져 상당한 성과를 거두었다. 허홍식·박용운·김용선의 과거제와 음서제 연구가 그 예이다.

귀족 개념에 대한 환기, 문벌사회론

1990년대에 유승원은 귀족사회론에 대한 반론을 다시 제기했다. '법제적 특권의 향유'와 '지위의 세습'을 지표로 하는 귀족은 실제로 고려시대에는 존재하지 않았으며, 그 제도적 장치로 간주되었던 음서제 역시 반귀족적 요소를 지닌다는 주장이었다. 유승원은 귀족사회론이 '귀족제적 요소'와 '귀족제'를 혼동하고, 문벌과 귀족의 범주적 차이를 무시한 것으로서, 귀족사회론은 결국 문벌의 존재를 입증하는 수준에 불과하다고 했다.

또한 그는 귀족사회론에서 주장하는 것과 달리 고려시대의 문벌가문은 몇 대를 지나지 않아 곧 소멸되었으며, 특유의 문벌의식이 강한 것도 아니었다고 했다. 나아가 귀족사회론은 골품제사회를 극복한 고려사회의 발전상을 퇴색시키는 문제점이 있다고 비판했다.

유승원은 지배세력만 두고 볼 때 고려사회를 문벌사회로 파악할 것을 제안했다. 문벌사회는 특정한 혈통이나 가문의 세습특권이 법제화되어 있지 않지만, 사회적으로 개인의 능력보다 가문의 배경이 우선시되거나 중시되어 교육, 관리 임용, 권력구조 등에서 상류층에 대한 우대책이 공공연하게 입안되고 실시될 수 있었던 사회라고 규정했다. 우대책의 대표적 제도적 장치인 음서제의 실시 동기 역시 과거제와 함께 새로운 지배체제에 적합한 관료집단을 형성하기 위한 시책이었다는 것이다. 뿐만 아니라 능력과 충성을 바칠 인물을 관료집단으로 끌어들이기 위한 유인책으로 국왕 측에서 능동적으로 시행한 것이라고 보았다. 즉 문벌세력의 압력에 의해 이 제도가 시행된 것은 아니라는 것이다.

유승원의 문제제기로 인해 이제 귀족제와 관료제 논의의 논점이 더욱 분명해졌다. 귀족사회라고 할 때, 그 개념에 적합한 제도적 장치의 존재 여부가 논의의 관건이 되었던 것이다. 실제로 귀족이라는 개념은 동서양에서 통용되어 온 역사 개념이다. 결국 '법제적 특권의 향유'와 '지위의 세습'을 특징으로 하는 귀족 개념에 합치될 수 있는 제도적 장치가 과연 고려시대에 존재했느냐 하는 문제이다. 유승원은 교육이나 관리 임용 등에서 상류층에 대한 우대책이 고려 지배세력에게 있었던 것은 사실이나, 그것이 귀족제를 유지할 정도로 법제적인 장치는 아니었다고 보았다.

이런 문제제기에 대해 귀족제를 옹호하는 논자들은 귀족의 개념을 더 넓은 의미의 포괄적인 뜻으로 사용해야 한다고 반박했다. 박용운은 대대로 세습특권을 누리는 귀족이 존재하고 이들이 국가운영의 중심세력이 되어 있다면, 그 사회는 귀족사회로 불러야 한다고 했다. 김용선은 고려 귀족의 개념은 오히려 사회적·관습적인 것이라고 하면서, 역시 박용운과 같이 귀족의 개념을 확대 사용하고자 했다. 그러나 그럴 경우 사회적·관습적 특권층의 존재는 귀족이 아닌 다른 개념으로 부르는 것이 좋을 것이다. 귀족이라는 범세계사적 개념이 존재하는 한, 그렇지 않은 개념(확대된 의미의 귀족)의 특권층은 다르게 부르는 것이 옳다고 생각한다.

더욱이 최근의 여러 연구에 따르면, 음서제는 5품 이상의 관료에게만 적용된 것이 아니라 귀족(넓은 의미)의 범주에 포함될 수 없는 국가 유공자에게도 적용되었다. 관료들에게 지급된 전시과 토지의 항상적인 부족과 그로 인한 지배층의 토지탈점 현상은 문벌귀족제가 전형적으로 전개되었던 12세기에 이미 나타나고 있었다. 따라서 전시과체제의 일부로서 귀족의 경제기반으로 알려진 양반공음전 역시 문벌귀족제가 전형적으로 발달한 12세기에는 이미 정상적으로 운영되고 있지 않았다. 오히려 양반공음전은 고려 초기 왕조건국에 협력했던 세력들에게 논공행상의 의미로 지급되었을 가능성이 더 크다.

1970년대의 귀족제론자들은 실제로 서양의 귀족 개념을 원용하여 그것을 고려사회에 적용하고자 했다. 귀족적 지위의 세습을 음서제에서 찾고, 그들의 경제기반인 무기영대적 토지소유의 형태로 양반공음전을 근거로 들었다. 그러나 귀족 개념을 확대 사용할 경우, 귀족제에 대한 논의를 위해서는 그것을 유지하는 제도적 장치에 대한 근본적인 점검이 필요하다. 이는 지배세력의 성격으로 고려 전체사회의 성격을 규정하려 했기 때문에, 이미 논의 자체에서 일정한 한계를 안고 있었다.

귀족제냐 관료제냐의 논의는 지배세력에 국한시켜 접근하는 제한된 수준의 논의에 불과하다. 이를 통해 전체 고려사회의 성격을 규정짓는 일은 지금 시점에서 큰 의미가 없다고 생각한다. 지금은 고려사 연구가 양적·질적으로 확산되어 고려사회를 보는 시각 자체가 이미 그런 논의에 매몰될 수 없을 정도로 진전되었기 때문이다. 1990년대 문벌사회론의 제기도 고려사 연구가 그만큼 진전되었기에 가능한 것이었다.

다원사회론의 등장

1990년대에는 또 다른 차원에서 고려사회성격 논의가 제기되었다. 박종기는 고려사회를 다원사회로 규정했다. 다원사회는 다원주의에 기반한 사회이다. 다원주의는 다수의 독립된 실재實在를 인정하고 그것에 의해 근본이 유지될 수 있다는 세계관이다. 박종기의 주장은 고려사회가 다양한 질서와 원리에 의해 운영된 다원사회라는 것이었다.

다원사회가 지닌 특성의 하나는 문화와 사상에서 나타나는 다양성과 통일성이다. 고려시대에는 불교, 유교, 도교, 풍수지리, 민간신앙 등 다양한 사상이 공존했다. 팔관회와 같은 국가적 의례질서를 통해 다양성이 지닌 개별성과 분산성을 극복하려는 통일성을 추구하기도 했다. 문화 역시 청자, 금속활자, 나전칠기 등 고도의 세련미를 지닌 중앙문화와 거대한 석불문화 등 투박하고 역동적인 지방문화가 병존했다.

다원사회의 또 다른 특성은 개방성과 역동성이다. 고려왕조는 대외무역을 용인하고 장려하는 개방적인 대외정책을 펼쳤다. 또한 우리 역사에서 유례를 찾아볼 수 없을 정도로 활발한 하층민의 운동과 정치적 진출이 일어났고, 신분이동도 매우 유동적인 역동적 사회였다. 고려사회가 500여 년 동안 장기지속할 수 있었던 것은 이같이 다양성과 통일성, 개방성과 역동성을 아우른 다원사회였기 때문이다.

다원사회의 특성은 사회구조에도 잘 나타났다. 고려왕조는 다양한 지방세력을 통합해 성립되었기 때문에 그들의 이해관계를 조절하면서 사회통합을 구축했다. 그 원리는 채웅석이 지적했듯이 본관제적 원리였다. 고려왕조는 다양한 지방세력의 근거지를 본관으로 설정해 군현 단위로 묶고, 그들에게 자율적 지배권과 함께 영역 내의 조세·역역 부과 의무를 부여함으로써 그들을 국가질서 내로 흡수했다. 또 개간으로 신설된 촌락을 지배질서 내에 포섭하고 국가에 필요한 물품을 생산하기 위해 향·소·부곡 등의 특수행정구역을 설정했다. 군현과 부곡에는 정호층·백정층·잡척층 등 다양한 신분층을 설정했다.

이같이 고려사회는 군현과 부곡으로, 다시 군현 내부는 주현과 속현으로, 부곡 내부는 향·부곡·소·처·장 등 다양한 영역으로 구성되었다. 이는 마치 수많은 방이 모여 하나의 집을 이루는 벌집구조와 같은 다원사회로서, 골품제 원리와 성리학 원리로 각각 움직였던 통일신라나 조선사회 같은 일원론적 사회와 구별된다. 이런 고려의 사회구조 역시 다원사회의 산물이었다.

박종기

국민대 국사학과 교수로 재직 중이다. 고려시대사를 전공했다. 대표논저로『새로 쓴 5백년 고려사』, 『제왕의 리더십』, 『안정복, 고려사를 공부하다』, 『지배와 자율의 공간, 고려의 지방사회』 등이 있다.

고려 초기의 정치체제와 호족연합정권

고려는 후삼국의 분열과 통일전쟁이라는 과정을 거치면서 성립했다. 9세기 말엽 신라의 국가체제는 큰 혼란에 빠졌고, 지방 각지에서 중앙정부의 지배로부터 벗어나 독자적인 세력을 구축한 이들이 대두했다. 연구자들은 이들을 보통 '호족豪族'이라고 부른다. 고려의 통일 과정은 곧 호족들의 통합 과정이라고 할 수 있다. 고려는 호족을 회유하기 위해 많은 노력을 기울였다. 태조 왕건은 이른바 중폐비사重幣卑辭(많은 예물과 겸손한 말)와 정략결혼을 통해 호족들을 고려 편으로 끌어들이는 데 성공했고, 이것이 후삼국 통일에 결정적인 역할을 한 것으로 평가되고 있다.

호족연합정권설豪族聯合政權說(이하 '연정설'로 약칭)은 바로 호족들을 통해 고려국가 성립의 의의를 찾는 연구시각이다. 연정설은 고려 초기 정치체제가 국왕 중심의 집권적 형태를 갖추지 못하고 각지에서 대두한 호족들의 연합형태를 취하고 있었다고 보았다. 고려는 신라 말부터 대두한 지방호족들을 회유와 포섭을 통해 통합해나갔고, 이것이 통일의 기반이 되었기 때문에, 고려 초기 정치체제에서 국왕권은 호족에 대해 일방적 우위를 가질 수 없었다는 것이다.

한편 학계 일각에는 연정설에 비판적인 견해도 있다(이하 '비판론'으로 약칭).

비판론은 새로운 사회세력으로서 호족의 역사적 의미를 부정하지는 않지만, 고려 건국의 의미나 고려 초기 정치체제를 호족연합정권으로 설명하는 것은 반대한다. 국가 내지 국왕 주도의 정치체제로 봐야 한다는 입장을 가지고 있다. 다시 말해, 고려 초기의 역사를 이해할 때 연정설이 호족에 무게를 둔다면, 비판론은 국왕 내지 국가에 무게를 두는 것이라고 할 수 있다.

결국 연정설 논쟁은 우리나라 역사에서 중요한 전환기로 평가되는 고려 초기의 역사를 이해하는 시각과 관련된 논쟁이다. 각 입론들은 고려 초기의 정치 과정과 정치제도 등을 통해 논지를 보강하고 있는데, 주요 논쟁점을 중심으로 그 내용을 살펴보자. 각 연구자들에 따른 개별적인 부문 해석의 편차는 생략하고, 두 논설의 대비를 위해 포괄적으로 정리해보겠다.

호족의 개념과 성격

연정설 논쟁을 이해하기 위해서는 먼저 '호족'이 누구인지 살펴봐야 한다. 호족은 보통 신라 말에 지방사회를 기반으로 대두하여 고려 성립에 기초가 된 지방세력을 가리킨다. 이 용어는 고려 초기 연구자들 사이에서 일찍부터 사용되었지만, 처음부터 그 개념이나 성격이 명확하게 규정되었던 것은 아니었다. 그리하여 호족의 개념이나 성격, 나아가 해당 용어의 적합성 여부를 둘러싸고 논란이 일어났다.

호족의 구체적 성격을 고려 초기에 대두한 지방세력으로 제시한 것은 1960년대 일본인 학자들이었다. 이들은 고려 초기의 호족을 혈연에 기반한 족단族團의 수장首長으로 보았다. 이 족단은 고대사회의 구성을 계승하는 것으로 파악되었으며, 따라서 호족을 기반으로 삼는 고려 초기사회는 고대사회라고 규정되었다.

반면 한국 학계에서는, 일부 이견이 있지만 고려 초기를 중세사회로 보는 견해가 일반론을 이루고 있다. 따라서 고려 초기를 고대사회로 보는 일본 학계의 견해에 대한 다각적 비판이 이루어졌다. 하지만 이 비판들은 족단 내지 혈연공동체의 존재에 대한 반론이었기 때문에, 호족이라는 용어 자체는 그대로 사용되었다. 그 결과 호족은 고대적 성격을 반영한 존재가 아니라 신라의 고대적 골품제를 부정하고 새로운 정치 이념을 수용하여 중세사회를 열었던 주체세력으로 부각되었다. 연정설은 바로 이 호족들과 고려의 국가체제를 직접 연결함으로써 그 역사적 의미를 명징하게 드러내는 입론이었다.

하지만 이 견해는 주로 정치적 측면에서 접근한 것으로서, 그 사회경제적 기반에 대한 검토가 부족했다. 따라서 호족이 혈연공동체에 기반했다는 부분에 대해서는 충분한 비판이 이루어지지 못했고, 일본 학계에서 제시하는 호족론과의 차별성도 드러나지 않았다.

이에 1980년대부터는 고려 성립을 지배세력의 형성과 그들에 의한 정치체제의 수립이라는 시각에서 설명하려는 기존의 연구경향을 비판하고, 사회사적 시각에서 지방사회의 성장과 재편이라는 측면에 주목하여 고려 국가체제의 성립을 이해하려는 시각이 대두했다. 이런 방법론적 전환은 호족 용어의 적합성 여부에 대한 비판을 낳았다.

비판의 요지는 호족이란 용어가 중국사나 일본사에서 고대사회를 구성·유지하는 사회적·역사적 규정성을 갖고 있으므로 고려 초기에 적용할 수 없다는 것이었다. 근래에는 신라 말 국가체제가 동요하면서 지방에서 자위공동체自衛共同體가 형성되고, 내부에 존재하던 계서적階序的 질서에 기반해 고려의 국가체제가 성립했다는 견해가 제기되면서, 지방사회의 상층계급을 나타내는 용어로 '호부층豪富層'이 사용되기도 했다. 이 용어는 호족이 족단이라는 혈연집단을 상정하는 것과 달리 '호세부민豪勢富民', 곧 지방사회에서 사회적·경제적으로 지배적인 위치에 있는 집단을 나타내는 것으로서 사회사적 방법론의 적용과 불가분의 관계에 있다.

현재 학계에서는 호족이 고대적 성격의 족단과 결부된다는 입론에 대해서는 부정적이지만, 호족이라는 용어 자체가 이미 통설화되어 대다수의 연구자들이 그대로 사용하고 있다. 이에 새로운 용어를 도입한 제반 견해들이 대안으로서 미흡하다고 반박하면서 호족 개념을 좀 더 포괄적으로 규정하여 그 유용성을 강화하고자 하는 견해도 있다. 지방에서 혈연성에 기초하여 대두한 지방세력을 '토호土豪'로 규정하고, 이들의 연합을 통해 형성되는 지배집단을 '호족'이라고 규정한 것이다.

호족의 귀부를 어떻게 볼 것인가

호족들의 귀부歸附가 고려 통일에 결정적 기반이 되었음은 주지의 사실이다. '귀부'란 호족이 고려에 정치적으로 귀속했음을 말하는 것으로, 고려 왕실과 호족의 정치적 결합을 뜻한다. 이 귀부가 구체적으로 어떤 내용을 담은 것인지에 대해서는 연구자에 따라 시각차이가 나타난다.

연정설에서는 호족의 귀부가 상호의 이익을 대등하게 반영하는 호혜적 관계에 기반했다고 본다. 곧 호족은 귀부와 함께 적대적 또는 독립적 태도를 버리고 고려에 군사적·경제적으로 협조했고, 대신 그에 상응하는 혜택을 받았다는 것이다. 고려 통일에 호족들의 협조가 결정적 공헌을 한 만큼, 고려 초기의 정치권력 구성에서 호족의 입지는 매우 강력했다고 해석되었다. 왕건이 호족들과 결혼정책을 추진하여 많은 수의 부인을 둔 것이나, 귀부 호족에게 성씨를 내려주는 등의 조치는 호족들의 지위를 인정하지 않을 수 없었던 사정을 보여주는 것으로 간주되었다. 호족의 자제를 수도에 머물게 함으로써 인질과 자문의 효과를 도모했던 기인제其人制 역시, 다른 한편 호족과 중앙권력의 연결을 통해 지방에서 호족의 지배력을 공고히 하는 기능을 했다고 이해되었다.

반면 비판론에서는 호족의 귀부가 다르게 평가되었다. 귀부는 호혜적 관계에 기반한 연합이 아니라 군신君臣의 상하관계가 성립하는 조치라고 해석했다. 호족의 귀부는 강력한 권력에 귀속함으로써 기존의 지배력을 유지해야 했던 호족들의 불가피한 선택으로서, 호족이 인질을 보내 국왕의 통제 속에 편입되는 조치였다고 규정했다. 이렇게 볼 때, 호족의 귀부는 호혜적 관계에 기반한 정치적 연합으로 설명될 수 없다. 고려 초기 중앙과 지방은 긴밀한 관계를 유지했기 때문에 일정한 연합적 성격을 인정할 수 있지만, 왕조 출범 자체가 호족들의 합의를 통해 이루어진 것은 아니므로 연합정권으로 설명하기 곤란하다는 견해 역시 같은 맥락이다.

중앙정치제도

특정 시기 정치권력의 구조와 운영방식은 무엇보다 권력상층을 구성하는 관부체계를 통해 표현된다. 때문에 중앙의 상층관부에 대한 분석은 특정 시기의 권력구조를 이해하기 위한 관건으로 간주되고 있다. 일반적으로 정치권력의 존재양태는 모든 권력의 정점인 왕권王權과 이를 뒷받침하는 한편 일정하게 제약하기도 하는 신권臣權의 상관관계를 통해 설명된다. 이때 관부의 구성 혹은 정령의 전달체계 등이 왕권-신권과 어떻게 결부되어 있는지가 주된 분석대상이 된다.

고려 초기 연정설 논쟁이 가장 활발하게 이루어진 부분은 중앙관제에 대한 것이었다. 3성6부제를 도입한 정치체제로 정비되기 전의 주요 관부로는 광평성廣評省, 내봉성內奉省, 내의성內議省, 순군부徇軍部, 병부兵部 등이 있었다. 이들 관부가 당시 권력구조에서 어떤 위치를 점하고 있었는가 하는 문제가 호족과 왕권 사이의 권력관계와 결부되어 검토되었다.

연정설은 초기 관부들이 왕권을 뒷받침하는 기구와 호족들의 권익을 대변하는 기구로 이원화되어 있었다는 시각으로 접근했다. 광평성은 국가의 의사결정을 담당하는 중심 관부로 파악되었는데, 연정설에서는 광평성이 호족들의 의견을 수렴하여 대변하는 창구였다고 해석하며, 연구자에 따라서는 신라 화백회의의 전통으로 소급하기도 한다. 한편 내봉성은 왕명의 출납 및 인사행정 등과 관련된 기구로 파악되었다.

관부체계에 반영된 호족과 왕권의 관계는 순군부와 병부의 관계에서 더욱 강조되었다. 군사력은 연합정권 성립에 가장 기초적인 변수이다. 그런데 고려 초기에는 군사권과 관련하여 두 개의 관부가 존재하다가, 그중 순군부가 뒤에 폐지되었다. 또한 순군부 관리가 반란을 일으킨 사건이나, 순군부 관리를 임용할 때 출신지가 고려된 사례 등이 보인다. 연정설은 이런 논거에 기반하여 순군부가 여러 호족의 군사력과 연결된 일종의 협의체적 군사지휘권의 통수부였다고 이해했다. 반면 병부는 군사에 관한 왕명을 실행하는 기관으로 보았다.

나아가 군사권에 관련된 관부가 이원적으로 존재한 것은 호족의 군사권을 국왕이 권력구조 속에 흡수시키지 못한 결과라고 이해했다. 곧 고려가 호족들의 군사력을 이용하여 통일전쟁을 수행한 만큼 이를 통할하는 관부가 필요했을 것인데, 그것이 바로 순군부였다는 해석이다. 나아가 순군부가 병부보다 서열상 상위에 있었다는 데 근거하여, 당시 호족들의 군사력이 고려 정부의 군사력보다 우위에 있었을 것으로 보기도 했다.

하지만 고려 초기의 관부를 호족과 연결하여 이해하는 데 대해서는 반론도 적지 않다. 무엇보다 당시의 관부체계를 호족과 결부시켜 설명하기에는 자료적 뒷받침이 약하다는 점이 지적되었다. 특히 호족들의 군사적 협의체로 설명된 순군부에 대해 많은 반론이 제기되었다. 곧 순군부 관리를 국왕이 임명하는 한 그 군사권이 국왕의 통제 바깥에 있었다고 보기는 어려우며, '순循'은 '순찰'의 의미이므로 순군부는 왕권을 보위하기 위해 순찰·감시의 기능을 담당한 기구로 봐야 한다는 것이다. 나아가 호족들이 거느렸던 병력도 호족들이 자의적으로 움직일 수 있는 사병이 아니라 국가의 군사지휘체계에 편입되어 왕명에 따라 움직이는 왕병이었다고 봐야 한다는 지적도 있다. 결국 순군부와 병부는 그 군사력의 성격에서 차이가 있는 것이 아니라, 동일한 왕병으로서 기능적 측면에서 차이가 있었을 뿐이라는 것이다.

지방제도

고려 초기의 지방제도는 군현제 형식을 취했지만, 성종 초까지 외관이 파견되지 않았고 이후에도 일부 군현에만 외관이 설치되었다. 이런 사정은 외관 파견을 기본원리로 하는 군현제에 비추어볼 때 매우 예외적이고, 그 배경에는 호족의 존재가 개입되어 있다고 보는 것이 일반적이다.

연정설은 이와 관련하여, 호족이 독자적으로 일정한 지역을 지배하고 있었고 중앙정부는 이들을 매개로 지방에 대한 지배력을 간접적으로 확보할 수 있었다고 보았다. 그런 지배방식의 구체적 사례로 제시되는 것이 사심관제事審官制이다. 사심관제란 중앙의 공신이나 고관이 연고지의 운영에 일정한 책임을 지는 제도이다. 중앙권력에 의해 획일화된 중앙집권체제가 수립되지 못했다는 것은 호족연합정권의 가장 중요한 지표라고 할 수 있다.

한편 비판론은 외관이 파견되지 않은 사정이 예외적이라는 데는 동의하지만, 중앙집권화를 구현하지 못한 상태에서 행해진 간접지배라는 설명에는 견해를 달리했다. 곧 귀부 이후 호족의 지방지배는 중앙으로부터 정당성을 인정받은 것이며, 호족은 그 지배력을 임시적으로 위임받은 것으로서 호족의 세력기반을 국왕 자신의 것으로 직접 흡수할 수 없었던 당시의 단계적 상황에 불과하다는 것이다. 비판론에서는 호족의 지방지배를 당시 권력의 성격을 규정할 수 있는 요소로 인정하지 않았다. 따라서 연정설에서 흔히 지적되는 호족의 독립성도 인정하지 않는다.

논쟁의 의미와 전망

글의 서두에서 지적했지만, 연정설과 비판론은 고려 초기 역사상에 접근하는 방법의 차이를 보여준다. 연정설은 신라와 구분되는 고려 정치체제의 수립에 주목한다. 신라에서는 폐쇄적인 골품제를 통해 정치운영이 이루어지고 지방은 이로부터 철저하게 배제되었지만, 고려에서는 지방호족들이 정치에 참여했고 이를 기반으로 지배층이 확대되는 모습이 있었다고 지적되었다. 이는 고려 초기를 고대에서 중세로 나아가는 전환점으로 보는 시각의 한 축이 되었다.

이런 시각은 고려사회의 전반적 성격을 이해하는 것과 관련된다. 그리하여 연정설은 고려가 문벌귀족사회였다고 보는 견해와 연결된다. 중앙에 진출한 호족은 문벌귀족으로 성장하여 고려사회 지배층으로 유지되었으며, 호족연합정권은 이런 문벌귀족사회를 탄생시키는 밑거름이었다는 것이다. 다만 이 견해는 신라의 골품귀족에서 호족을 거쳐 문벌귀족으로 이어지는 지배층이 그 외연의 확대에도 불구하고 기본적으로 혈연에 기반했다는 공통성을 갖는다고 보아, 나말여초가 변동보다 지속의 측면을 띠게 되어 전환기로서의 의미가 흐려지는 문제가 있다.

한편 비판론의 논지는 두 가지 방향에서 정리될 수 있다. 하나는 고려를 귀족사회로 볼 수 없으며, 오히려 관료제에 입각하여 운영된 사회로 봐야 한다는 것이다. 고려사회의 운영원리를 귀족제에서 찾을 수 없다는 견해는 그 성립기반인 호족연합정권 역시 부정하는 입장으로 연결된다.

다른 논점은 왕조국가의 정치체제를 이해하는 방식과 관련되어 있다. 왕조국가에서는 일반적으로 국왕을 정점으로 정치체제가 성립·운영된다. 비판론은 고려 초기의 정치체제를 규정하면서 호족으로 인해 나타나는 특수한 측면보다 국왕을 정점으로 형성되는 일반적 원리가 더 본질적이고 규정적이라고 보았다. 이런 입론은 순군부를 비롯한 각종 제도의 해석에서 두드러지게 나타난다.

이처럼 연정설을 둘러싼 논쟁은 역사적 전환기로서 고려 초기에 주목함으로써 그에 대한 심도 있는 연구를 진행하는 밑거름이 되었다는 점에서 매우 중요한 의의를 지닌다. 하지만 그 의미에도 불구하고 논쟁의 성격과 관련하여 몇 가지 문제점이 지적되고 있다.

우선 논쟁의 핵심인 '호족'의 범주를 분명히 할 필요가 있다. 현재 호족이라는 용어는 적합성 여부와 별도로 지나치게 포괄적으로 사용되는 것 아닌가 한다. 호족 개념에 대한 논쟁이 발생하는 것도 그간 이 용어가 모호하게 사용되었던 사정과 무관하지 않을 것이다.

예를 들어 고려 초기 지방세력 중에는 중앙에 올라와 정착한 부류도 있고 지방에 남아 토착세력으로 유지된 부류도 있었다. 기존에는 중앙에 진출한 부류도 재지적 기반을 중요한 배경으로 삼았다는 점에서 호족으로 통칭하는 것이 일반적이었다. 그런데 고려 초기의 국가체제운영에서 중앙에 진출한 부류와 지방에 남은 부류가 일정하게 구분되고 있었다면, 이 양자는 개념적으로도 구분될 필요가 있다. 그래야 당시 정치체제의 모습이 구체화될 수 있을 것이다. 아울러 개인과 집단을 모두 호족이라고 부르는 것도 방법론적으로 재고될 부분이다.

다음으로 기존 논의들은 실증적 기반이 약하다는 점에서 한계가 있다. 연정설 논쟁은 여러 정치 과정과 제도에 대한 실증적 연구에 기반해 제기된 것이라기보다, 우리나라의 역사 과정 속에 고려 초기를 어떻게 위치 지을 것인가 하는 문제의식에서 출발했다. 때문에 연정설이든 비판론이든, 해당 입론을 뒷받침하기 위해 실증적 연구가 수반되는 양상이었다. 그 결과 기존 연구들 중에는 어느 한편의 입론에 맞추어 사실을 해석하는 경향이 없지 않았다. 물론 이런 입론의 제기와 그에 수반한 연구의 진행이 고려 초기를 심도 있게 조망하는 밑거름이 되었다는 것은 부정할 수 없다. 하지만 현시점에서 연구가 더욱 진전되기 위해서는 특정 입론에서 벗어나 제도 자체의 운영원리와 실태를 밝혀나가는 것이 필요하다.

이를 위해서는 연정설과 비판론이 상호보완적인 방향으로 결합될 필요가 있을 것이다. 어느 시기나 마찬가지겠지만, 특히 분열기를 수습하면서 성립한 왕조 초기의 정치 과정이나 제도에는 현실적으로 국가(왕권)와 호족 쌍방의 입장이 함께 투영될 수밖에 없다. 이를테면 고려 국가 성립 과정에서 볼 때 호족의 존재는 매우 중요한 의미를 가진다. 하지만 국가체제가 수립·운영되는 상황에서 보편적으로 적용되는 국가의 논리를 배제할 수는 없다. 호족이 국가체제의 바깥에 존재하지 않는 한, 이들의 논리도 국가제도의 형식 속에서 구현될 수밖에 없다. 이런 면모를 이해하기 위해서는 먼저 해당 제도의 실체를 파악하고 그에 반영된 호족의 논리를 고려해야 할 것이다. 국가와 호족 중에서 어느 것이 더 규정적이었는가 하는 문제는 사실 연구자의 시각에 의해 규정되는 면이 강한 데다, 자료가 절대적으로 부족한 고려 초기의 사정을 감안할 때 그 자체가 편향적 역사 해석을 낳을 수 있다는 점을 아울러 고려해야 할 것이다.

윤경진

현재 경상대 인문학부 교수로 재직 중이다. 고려시대사를 전공했다. 대표논저로 『한국 고대 중세 지방제도의 제문제』 등이 있다.

전시과체제에서 사전의 성격

우리 민족사에서 20세기는 식민지와 분단의 세기였다. 그리고 21세기로의 전환기를 거치면서 세계적으로 이른바 세계화와 이를 뒷받침하는 지방자치화의 진전에 따라 초국적 자본의 유령이 떠돌고, '민족국가'의 정체성이 심각하게 위협당하고 있다. 이런 상황 속에서 한편에서는 문화의 시대니 문예부흥이니 하는 장밋빛 전망이 흘러나오고, 다른 한편에서는 '인문학의 위기'라는 우울한 자탄이 터져 나온다. 이런 혼란의 가닥을 잡아나가는 여정에서 한국 전근대사, 고려 토지제도사의 정리는 어떤 의미를 갖는가?

그 의미는 크게 두 가지 방향에서 정리해볼 수 있을 것이다. 하나는 역사적 측면이고, 다른 하나는 이론적·실천적 측면이다.

우선 역사적 측면부터 보자. 특정 사회를 운영하는 과정에는 반드시 기록이 남게 마련이고, 이런 기록은 한 시대의 단락이 지어지면 그에 이어 등장하는 다음 시대에 역사적 정리 과정을 거치는 것이 일반적이었다. 고려를 이은 조선왕조가 그러했고, 가까이는 조선왕조를 침략한 일본 제국주의가 그러했다.

그런데 일제강점기에 대한 역사적 정리는 이 시점까지도 제대로 이루어지지 않고 있다. 분단이 식민지 종속국의 지위를 온존시키고 있음을 보여주는 하나의 반증이기도 하다. 그리하여 21세기에도 민주주의와 민족통일을 내용으로 하는 자주적 통일민족국가 수립이 여전히 지상과제로 남아 있고, 이를 이루는 역정에서 분단과 일제강점기에 대한 역사적 정리가 과제의 하나로 포함되어 있음을 확인할 수 있는 것이다.

뿐만 아니다. 조선왕조로부터 일제로의 이행은 전근대에서 근대로의 이행이었다. 때문에 일제는 한국 전근대에 대한 전면적 조사·연구를 진행하여 방대한 자료를 정리하고 이를 그들의 통치에 이용했다. 그 결과 일제가 정리한 한국 전근대의 역사상은 왜곡될 수밖에 없었다. 요컨대 현단계 자주적 통일민족국가 수립의 과제에는 전근대 고려의 토지제도에 대한 올바른 역사적 정리도 포함되어 있다고 하지 않을 수 없는 것이다.

다음으로 이론적·실천적 측면을 보자. '가문'은 우리 중세사회의 기초적인 공동체였고, 그것은 근대로의 이행 과정에서 올바르게 극복되어야 했다. 그러나 개발지역에서 벌어지는 문중 땅을 둘러싼 심심찮은 분쟁, 선거철만 되면 철새처럼 돌아오는 종친회의 갈비탕 인심, 동성동본 금혼조항이 유발하는 인간적·사회적 문제, 남존여비·남아선호 등 사회관습적 문제 등등 가문과 직·간접으로 연관되어 발생하는 실천적 문제는 한두 가지가 아니다.

우리 중세에서 근대로의 이행이 식민지적 방식으로 이루어진 까닭에, 이론적으로도 자본주의의 지배적 잉여가치형태인 이윤과 봉건사회의 지배적 잉여가치형태인 지대의 상호연관 문제가 모호하게 처리되고 있다. 따라서 소유론, 가치론, 잉여가치론을 둘러싼 이론적 해명, 이와 연관되는 제반 실천적 문제의 해결을 위해서도 전근대 고려 토지제도에 대한 역사적 정리가 반드시 요청되는 것이다.

세계화시대에 고려 전시과田柴科의 해명이 요청되는 의미는 대략 이상과 같다. 이제 이런 문제의식을 바탕으로, 먼저 고려 토지소유론 일반을 개략적으로 검토하고, 이어 전시과체제에서 사전私田에 대한 여러 견해들을 살펴본 다음 그 성격을 해명하는 순서로 진행하기로 한다.

고려시대 토지소유의 실체

한국 중세 토지소유의 실체를 객관화하는 작업으로서 최초로 시도된 것은 일제의 조선토지조사사업이었다. 이때 그들이 제시한 견해는 '공전제론公田制論'이었다. 이른바 '토지국유론'의 효시이다. 이는 신라-고려-조선으로 이어진 한국 중세의 왕조체제가 일본 제국주의 지배체제에 의해 근대사회로 편입되었다는 역사적 사정에 기인한다. 대표적으로 와다 이치로和田一郎를 담당자로 한 조선총독부에서는 고려왕조의 토지제도를 다음과 같이 이해했다.

고려 국가는 '공산주의의 바탕인 족제조직'이 파괴되면서 나타난 '족장의 권력집중'의 결과물이고, 그 소유로서의 '국유'는 '법률 또는 명령으로 종족민의 재산을 처분할 권리'가 발달한 것이었다. 또한 이러한 공전제도는 공유제도가 변천해온 것으로서, 그 형식은 당唐의 문화가 점차 수입됨으로써 갖추어지게 되었다. 이후 공전제는 형태상의 변화를 거치면서도 기본 틀로서 일관되게 작동하다가 '일국 시정施政의 기초'인 토지조사사업에 의해 사유가 법률적으로 인정됨으로써 '근세적 토지제도'를 바탕으로 한 '문명국의 서광'이 비치게 되었다.

한편 만주사변을 시발로 일제의 대륙침략이 본격화되고 이에 대항하는 반제 통일전선의 기운이 무르익어가던 세계 역사의 전환기에, 백남운은 '비약적 전환' 대상의 하나로서 '반도 봉건사'를 검토하고 나름의 토지소유론을 체계화했다. 그는 당시의 사회구성에 대해 자본주의적 최고형태가 지배적 비중을 지닌 위에 아시아적 정체성으로서의 봉건적 유제의 강인성이 혼혈되어 있다고 보는 이른바 '식민지 반봉건사회론'을 제시하고, 그 맥락에서 봉건제를 분석했다. 그는 고려를 '전형적인 정력적 봉건사회'로 규정하여 이를 '아시아적 봉건제'로 유형화하고, 토지제도를 다음과 같이 이해했다.

고려의 집권적 토지국유제는 봉건적 신흥 지방세력이 상호 보험적으로 확립한 집권적 공전제인데, 이는 '노예 소유자적, 전개되지 아니한 명목적 토지국유제'가 사유제로 전화하는 과정을 거쳐 재차 전화된 형태이다. 고려왕조는 명실 공히 최고의 지주였고, 인민은 겨우 노동수단만을 소유한 채 분여된 토지에 긴박되어 잉여생산을 강제당하는 직접생산자인 농노였다. 이 국가와 인민의 대립적 관계가 고려시대 기본적인 생산관계였으며, 여기서 지대와 조세는 일치했다.

또한 중일전쟁을 도발하여 세계대전이 몰려올 때, 후카야 도시데쓰深谷敏鐵는 '계급투쟁사관'과 '역사사실의 분절적 이해'라는 두 진영으로부터 자유를 선언하면서 과전법科田法에 대한 치밀한 실증분석을 통해 다음과 같이 토지지배양식의 이론적 정식화를 시도했다.

조선 초기에는 아직 근대적 로마법적 토지소유권이 성립되지 않았고, 동일한 토지의 소유권을 구성하는 권능이 세 가지 요소로 질적 분할되어 있었다. 그것은 국가의 처분·관리 기능에 바탕한 토지지배, 전주田主의 수조 기능에 바탕한 토지지배, 전객佃客의 경작권에 바탕한 토지지배 등이었다. 이 셋은 국가의 권리를 가장 우위로 하면서 '상호보완적인 동시에 상호제한적인 성격'을 가지고 있었다. 토지는 공전으로 공유의 성격을 띠었는데, 그것은 이 민족사회에서 '토지에 대한 반급·관리 기능이 국가에 귀속된 상태가 바로 토지국유로 관념된 것'이기 때문이었다.

일제로부터의 '해방'은 '자주적 민족국가' 건설의 가능성을 열었다. 그 사업의 일환으로 '토지개혁'과 '농촌경리 협동화'를 추진한 북한에서는, 봉건적 토지소유관계를 청산할 '세기적 숙망의 역사적 실현'을 위해 중세 토지소유구조에 대한 검토를 진행했다. 대표적으로 김석형은 다음과 같이 주장했다.

우리 봉건국가는 형식상 양인 소유 토지와 양반 소유 토지에 대해서 '공평'한 지위를 가장하지만, 실질적으로 그 자체가 최대 최고의 '지주'인 동시에 양반지주 측에서 일반농민과 지주의 관계에 대해 거대한 조절자 역할을 수행하는 존재이다. 계급으로서 농민은 자기 경작지만 소유했거나 그보다 더 적은 땅을 소유한 양인, 경작지를 소유할 수 없어 양반 및 한량층인 지주의 토지를 경작하는 양인, 농노인 노비로 구성되어 있었다. 그리하여 이 사회의 기본적인 계급대립관계는 이런 농민계급을 한편으로, 한량층을 포함한 양반지주와 봉건국가를 다른 한편으로 해서 형성되었다.

1960년 4·19혁명은 민주주의와 민족통일에 대한 사회적 열망을 환기시켰다. 학계에서도 이를 반영하여 일제의 '조선사회정체성론'을 비판하는 '내재적 발전론', '자본주의 맹아론' 등의 성과가 나오기 시작했다. 그 일환으로 '한국 중세 토지사유론'도 모습을 드러냈다.

이우성은 왕토관념을 벗기면서 사유지의 존재를 논증했고, 이 사유지가 지닌 무기영대적 성격은 고려왕조의 전시과체제에서 '전체 토지傳遞土地', 즉 영업전 명목으로 사실상 존속되었다고 했다. 또 공전제도를 토대로 한 전시과체제의 붕괴는 이 사유지의 신장이라는 내재적·필연적인 발전의 결과라고 설명했다.

한편 강진철은 '민전'의 사유권적 성격에 대한 체계적 이해를 시도했다.

즉 우리나라의 토지소유관계는 토지국유제 원칙이 아니라 토지사유제 원칙을 상징하는 민전을 중심으로 그 역사적 발전이 전개되었다고 했다. 또한 관념적 의제로서 '왕토사상=토지국유'의 원칙은 국민을 형식상 국가의 토지를 경작하는 자가경영 농민으로 고정시켜놓고 국가적·전체적 입장에서 그들의 잉여노동 부분을 흡수하려는 데 본질이 있었으며, 조세·공부·역역 등의 수취체계는 그 실질적 내용을 형성했다고 보았다.

수출 주도형 경제개발의 진전에 따른 모순의 폭발이 유신통치로 지연되고 있을 때, 민주주의와 민족통일이라는 실천적 목표의 학설사적 함의를 가지고 출발했던 중세 토지소유론은, 유형론이라는 '학문적 실천'의 장으로 방향을 잡아가기 시작했다. 대표적으로 이성무李成茂는 국가에 의해 상당한 제약을 받아야 했던 전근대적 소유권으로서의 사유지라는 '다원적이고 폭넓은 관점'을 가지고 여러 견해를 검토한 뒤 다음과 같은 결론을 내렸다.

소유권을 기준으로 볼 때 공전은 국유지, 사전은 사유지이고, 수조권을 기준으로 볼 때 공전은 수조권이 국가에 귀속되는 토지, 사전은 그것이 사인私人에게 귀속되는 토지이다. 고려 초기에는 소유권을 기준으로 구분하는 공·사전 개념이 많이 쓰였고, 과전법에서는 수조권을 기준으로 구분하는 공·사전 개념이 많이 쓰였으며, 전시과체제 아래서는 이 두 가지 개념이 혼용되었다. 왕토사상으로서 공전의식은 국가의 중앙집권체제가 강화되는 것과 비례하여 강화되었다. 수조권을 기준으로 구분되는 공·사전 개념도 마찬가지였다. 또 민전은 소유권을 기준으로 볼 때는 국유지에 대립되는 사유지(민유지)이고, 수조권을 기준으로 볼 때는 조租를 국가에 낼 경우 공전이 되고, 조를 사인에게 낼 경우 사전이 된다. 고려 초기 공전(국유지)의 조율은 1/4, 사전(사유지)의 조율은 1/2이었으며, 민전(민유지)의 조율은 1/10이었다.

전시과의 사전에 대한 다양한 학설

이상에서 일제강점기와 분단을 거치면서 한국 중세 토지소유론이 어떻게 변천해왔는지 개관해보았다. 이제 그런 소유론에 바탕해서 구체적으로 '사전'을 정의·해석하고자 했던 시도들을 살펴보기로 한다.

후카야 도시데쓰深谷敏鐵는 소유권은 국가의 관리·처분권, 전주의 수조권, 농민의 경작권으로 질적 분할을 이루는데, 그중 국가의 관리·처분권이 우위에 있었다고 보았다. 따라서 전국의 토지는 공유(국유)의 성격을 띠는 공전이었으며, 수조권이 국가에 귀속되는 토지를 공전 중의 공전, 사인에게 귀속되는 토지를 공전 중의 사전이라고 했다.

스도 요시유키周藤吉之는 고려부터 조선 초기까지의 토지제도를 개관한 뒤 "국가에 조세를 납부하는" 토지를 공전, "국가가 사급 또는 반급하는 전토이자, 피급자로 하여금 그 전조를 거두게 하는 것"을 사전이라고 정의했다. 그리하여 "고려조는 초기부터 사전을 사士, 군사軍士, 집역자執役者에게 지급함으로써 꽤 분권적인 봉건제를 유지 강화했다"라고 한다. 또한 "고려조에서의 전장田庄 및 소작관계는 사전(당연히 사법적 관계가 아니다)을 중심으로 발달했지만, 이씨조선에서는 공전을 중심으로 전장 및 소작제(사법적 관계로 된다)가 발달했다. 즉 고려조에서는 사전에서의 전장의 발달과 경작자(전호)의 소작농화는 꽤 분권적인 봉건제와 모순되어 그 멸망을 초래했지만, 이씨조선 초기의 공전 내 전장 및 소작제는 중앙집권적인 봉건제의 확립과 아울러 발전하여 아직 큰 모순을 가져오지 않았다"라고도 했다.

이우성은 『고려사高麗史』에 보이는 대부분의 사전은 곧 양반의 영업전이라고 보았다. 그 최대의 이유를 양반·향리·군인의 영업전이 그 실체와 경영에서는 각기 특성을 가지면서도 공통적으로 전傳·체遞 토지로서 무기영대적 성격을 갖는다는 데서 찾고 있다. 또 수조면으로 볼 때 과전과 영업전은 다 같이 양반에게 수조권이 있었지만, 납공 토지였던 과전은 사전이 아니었고, 그 경영형식이 영업전과 동일해지고 영업전에 의해 흡수되어버린 고려 후기에 와서 사전으로 변한다고 파악했다.

강진철은 공전의 조율은 1/4이었고, 사전의 조율은 1/2이었다고 했다. 공전·사전의 차율수조가 공전·사전의 전체 토지에 대해 일률적으로 적용되지는 않았지만, 대표적인 공전인 '3과 공전'(민전=민유지)과 대표적인 사전인 궁원전·사원전·양반전에는 그대로 적용되었다고 보았다. 또 원칙적으로 1/4의 공전 조율은 자가경영형태와, 1/2의 사전 조율은 소작제경영형태와 관련되었으며, 이 차율수조는 본질적으로 지세와 지대의 차이에 기인했다고 파악했다.

이성무는 공전과 사전의 개념은 크게 수조권의 귀속을 기준으로 구분되는 공·사전과 소유권을 기준으로 구분되는 공·사전 개념으로 대별할 수 있는데, 원칙적으로 전자의 수조율은 1/10, 후자의 수조율은 1/2이라고 했다. 전시과체제 아래서는 이 두 가지 개념이 혼용되고 있었는데, 이는 국가의 중앙집권체제가 강화되면서 왕토로서의 공전의식이 강화되었기 때문이라고 했다.

김당택金唐澤은 사전을 민유지에 대한 국가의 수조권을 위임하거나 사유지에 대한 납조의무를 면제하는 경우, 또는 국가의 소유권을 개인에게 위임하는 경우 1/10조가 개인에게 귀속되는 토지로 파악했다. 전자에는 관리의 직전과 개간되는 사유지로서의 진전이 포함되고, 공신전은 후자의 대표적인 예라고 했다. 여기서 사전은 사유지를 뜻하기도 하고 수조지를 가리키기도 한다. 이는 수조권에 의한 공·사전 구분과 소유권에 의한 공·사전 구분이 함께 쓰이기도 하고 하나만 사용되기도 했기 때문이 아니라, 사전 개념이 이 양자를 모두 내포하고 있기 때문이라고 했다.

박종진朴鍾進은 고려 초기 국가가 토지소유상태의 정리를 시도하여 그것을 기반으로 토지분급제도를 실시했는데, '의창조수취규정義倉租收取規定'에 나타난 여러 사전의 종목들에 의해 조가 분급되었다고 파악했다. 그 경우 자기 본래의 소유지에서 규정액만큼 면조 받는 경우와 다른 사유지에서 국가 대신 수조권을 위임받는 경우가 상정될 수 있다. 박종진은 고려 초에는 이 두 가지 방식이 병행되었다고 보았다. 두 경우 모두 국가 입장에서는 같은 사전으로 인식되었고, 토지구분은 귀속처의 명칭에 따라 양반전·궁원전·사원전·군인전 등으로 이루어졌다고 했다.

자기 소유지의 수조권을 받는 경우 그 토지는 완전히 사적인 성격을 띠게 되었고, 직역을 매개로 세습되어 중기 이후에는 '양반兩班, 군軍, 한인지세전閑人之世傳', '조업祖業' 등으로 표현되었다. 또 자기 소유지가 없는 경우 타인 소유지의 수조권을 분급했는데, 이때 수조권자는 관념상 전주로 행세했다고 한다. 특히 고려 건국 이후 창건된 사원과 궁원에는 왕실의 공적 수조지인 장·처전이 분급되어 궁원전·사원전을 이룬 것으로 파악했다.

하마나카 노보루濱中昇는 공전과 사전의 기준을 토지로부터의 수익이 어디로 귀속되는가에 따라 구할 수 있다고 했다. 즉 공전은 그 수익이 국가 내지 공적 기관에 귀속되는 토지이고, 사전은 전조가 면제됨으로써 그 수익이 궁원, 사원 및 관인 등에 귀속한 토지였다는 것이다. 그런데 고려의 공전·사전 개념에서 '사'는 궁극적으로 '공'에 포섭되는 개념이었으며, 이는 '사전이라도 실은 공전'이라는 와다 이치로和田一郎의 지적을 상기시킨다고 보았다.

홍승기洪承基는 고려 사전은 전시대에 걸쳐서 국유지의 수조권이 개인이나 사사로운 기관에 지급된 토지라고 보았다. 그 경작은 전호에게 맡겨져 원칙적으로 수확물의 1/2을 사전주에게 조로 납부하게 하고, 경영은 전기에는 국가에서 책임졌지만 대체로 녹과전 지급 때부터 본격적으로 사전주가 경영에 참가하게 되었다고 파악했다. 이런 변화는 사전의 사유화를 가져오는 계기를 마련했고, 여말의 사전개혁도 이런 여건 속에서 이루어졌다고 이해했다.

전체적으로 볼 때 국유론적 입장에서 출발하여 사유론적 입장으로 발전하고 이후 그 절충이 이루어지는 가운데, 한편에서는 국유론적 입장으로 회귀하는 모습도 나타났고, 다른 한편 사유론 입장의 강화가 모색되기도 하는 양상을 보이고 있다.

전시과체제에서 사전의 성격

유신체제의 종언과 변혁운동의 폭발, 민간정부의 등장과 현실사회주의의 붕괴를 통한 운동의 질적 발전은 이제 지역별·산업별 생산자연합이라는 통일민족국가의 구체적 대안을 요구하고 있다. 그 대안 마련의 실천적 과정에서 이전 시대의 역사적 조건이 탐구될 필요가 있는데, 한국 중세 토지소유의 전형적 모습을 비교적 잘 전하고 있는 고려 전시과체제, 그 속에서의 사전의 성격해명도 그런 작업의 일환으로 배치될 수 있을 것이다.

고려 전시과체제 아래서 주요 생산수단인 토지는 공전과 사전의 두 범주로 나뉘어 있었다. 두 범주는 이렇게 상호 독립적이면서도 상호 전화하고 있었는데, 그 매개가 다름 아닌 '전정연립田丁連立'이었다. 여기서 공公의 기초범주는 군신君臣이고, 사私의 기초 범주는 부자父子이며, 이를 묶는 가장 포괄적이면서도 구체적인 범주는 각기 국國과 가家였다. 국은 가에서 파생한 것이므로 결국 '가'가 가장 기본적인 개념이 된다. 따라서 '가'는 공·사 대립범주가 통일되어 있는 세포체이다.

　범주의 선후를 따지면 '가'가 변하여 '국'이 되었으니 '가'가 먼저이고 '국'이 뒤이며, '사'가 '선'이고 '공'이 '후'이다(先私後公). 또한 '사'가 실체이며, '공'은 실체의 반영인 관념이다. '공권', '왕토사상'인 이유이다. 그러나 일단 '가'가 변하여 '국'이 되면, '국'은 상징적·초월적인 실현체로 전화된다. 이제 역전현상이 발생한다. '국'이 '가'를 규정하는 것이다. '국'의 추인 없는 '가'는 없다. '공'이 '선'이고 '사'가 '후'로 전화한다(先公後私). '공권력', '왕토사상'은 이제 단순한 관념이 아니라 상징적·초월적인 힘으로 작동하게 된다.

　따라서 공·사전의 전화 과정인 전정연립은 토지를 매개로 한 '가'로부터 '국'으로의 전화, '국'에 의한 '가'의 추인, 이런 '가'가 '국'으로 재전화하는 반복 과정이기도 하다. 토지사유가 실체이고 왕토사상이 관념이면서 그들이 상호연관되어 작동하는 구조는 이러했다.

　공·사전은 일반적으로 자기 의사의 독립성을 바탕으로 하는 사회적 조건과 균등한 혈연의 계승이라는 주체적 조건을 매개로, 자기 노동의 산물이라는 점에 근거한 보유·매매·상속·증여와 제한적 수용이 가능한 토지이다. 사전은 고유하게는 국가운영권의 위임이나 초월이라는 사회적 조건과 혈연의 우선적 계승이라는 주체적 조건을 매개로 타인의 노동을 사용함으로써 잉여생산물을 수취하는 속성을 갖는 토지이다. 사전의 이런 속성은 생산경영·식화·점취·쟁탈·겸병에 의해 촉진되었다.

　사전은 이런 과정을 통해 확대 혹은 축소 재생산되면서 한편에서는 부의 집적·집중을, 다른 한편에서는 극단적 영락이라는 분해현상을 낳고 있었다. 이는 사전이라는 실체를 둘러싸고 통일된 양면을 이루고 있던 국가운영권의 위임이라는 사회적 조건과 상속·산업 경영·식화·탈점 등 주체적 조건 사이의 끊임없는 대립을 가져왔고, 이것이 전시과체제 아래서 사전의 역사적 운명을 결정짓고 있었다. 이는 공·사전의 전화 과정인 전정연립이 무너져가는 현상의 사전적 표현이기도 했다.

사유지를 둘러싼 전주와 전호의 생산관계, 여기서 실현되는 절반의 잉여생산물, 이를 실현시키기 위한 사회적 조건으로서 국가의 관리 기능, 이것이야말로 공·사 연립을 본질로 하는 전정연립이 생산과 분배 과정에서 자기를 표현하는 방식이었다. 신분적 토지소유제는 고려 전기 전시과체제 아래서 이런 형태로 자기를 실현시키고 있었고, 그 역사적 성격은 여기서 두드러지게 나타나고 있었다.

사유의 실체를 반영하는 왕토사상이라는 관념은 그 자체가 실체는 아니지만 단순히 실체를 반영하는 데 그치지 않고 추상적인 절대권력으로 전화되어 나타난다. 그 의미는 전국의 모든 토지가 왕의 것이라기보다 토지 자체가 왕의 자리에 오르게 되었다는 것이다. 그런 의미에서 국가는 자가경영 농민의 소토지소유(소위 소농경영)를 분해하여 끊임없이 전주-전호제적 형태로 전화시키는 역할을 수행하는 것이다. 그런데 이 왕토사상은 현상적으로는 배치되는 듯한 민본사상과 짝을 이루어 작동하고 있었다. 이 점에서 민본사상은 공·사전에 공통되는 토지소유자 일반의 사유라는 실체를 반영한 사상이며, 왕토사상은 사전에 고유한 대토지소유자의 실체를 반영하는 사상으로 보인다.

남은 과제

지난 100년 동안 일제강점기와 분단을 거쳐오면서 그 모순의 해결자로서 민주주의와 민족통일을 내용으로 하는 자주적 통일민족국가 수립의 과제도 점차 구체적인 모습을 드러냈다. 그 과정에서 전근대 고려 전시과에서의 토지제도, 그중 사전의 성격도 점차 명확하게 해명되고 있다. 그리하여 이제 겨우 이론적 해명의 실마리가 잡혀가고 있다. 그러나 그 실천적·역사적 문제는 아직도 여전히 해결되지 못했다.

때문에 그 이론적 근거인 '소유론'에 대한 도전도 만만치 않다. 기존의 '생산양식'이나 '사회구성체' 개념 대신 '문화'라는 개념이 유행처럼 번지고 있고, '존재론'에 대신하는 '관계론'이라는 대안체계가 제안되기도 했다.

그러나 소유는 '유기체적 자연과 비유기체적 자연과 개체 사이의 관계'로 정의되고 있으므로, 소유론을 존재론적 체계로 이해하고 그 대안으로 관계론을 제안하는 것은 그 자체만 놓고 보면 올바른 지적이라고 할 수 없다. 단지 기존의 소유론적 이해체계를 바탕으로 한 세계발전전략이 시련을 겪고 있는 역사적 현실을 감안하여 그 내용을 보완하기 위한 새로운 용어법을 제안한 것이라면 백번 경청해야 할 것이다.

소유 개념을 대체하는 문화 개념의 등장과 관련해서는 기존의 소유 개념을 바탕으로 하고, 노동·가치·잉여가치·생산양식·사회구성체 등을 주요 분석수단으로 했던 사회분석체계에 대한 깊은 반성이 요구된다. 사실 기존의 이론체계는 잉여가치의 원천, 계급투쟁 등 노동의 결과를 해명하는 데 치우친 감이 없지 않다. 노동의 전제에 대한 해명은 상대적으로 경시되어왔다. 기껏해야 본원적 소유, 본원적 축적에 대한 언급이 있었을 뿐이고, 그것도 축적의 전제로만 인식되어 폭력적 성격만 부각되고 말았다. 또 잉여가치의 원천, 그 축적의 비밀을 밝혀내는 데는 성공했지만, 정작 가치를 노동시간으로 추상화하여 가치의 원천에 대한 구체적 해명은 회피되었고, 추상적 인간노동은 내용 없는 빈껍데기가 되고 말았다. 구체적 유용노동, 사용가치의 측면은 '추상의 과정'에서 자연스럽게 사라졌고, '구체의 과정'을 거치면서도 기껏 생산재, 소비재, 사치재 부문 등 축적을 통한 재생산의 실현형태인 잉여가치의 이윤으로의 전화를 설명하는 개념 정도로 축소되었다. 노동시간은 피땀만으로 환원되지 않는다. 인간의 천성인 희로애락 등의 감성을 그 내용으로 가지고 있다. 그리고 노동생산물은 쌀, 옷, 집, 그림, 노래, 춤 등 구체적 모습으로 나타난다.

그리하여 소유론을 바탕으로 한 기존의 사회·역사분석은 한마디로 노동의 '현재'만을 분석하는 데 머물고 말았다. 노동의 '과거'와 '미래'에 대한 분석의 보완이 요청된다. 그런데 이는 소유론 자체의 결함에서 온 결과가 아니다. 분석수단을 사용하는 자의 불철저함에서 발생한 문제이다. 그 빈틈을 뚫고 효용을 앞세운 주관가치론자들이 역습했고, 인간 감성의 표현인 그림, 노래, 춤 등의 예술을 내용으로 하는 문화 개념이 새롭게 유포된 것이다.

이제 그런 반성 위에서 기존의 소유론을 더 풍부하게 전개해야 한다. 다품종 적량생산, 착취와 소외의 수단으로부터 자기실현의 행위로 전화되는 노동을 지향하는 예술과 경제, 문화와 산업의 결합체로서의 '창조도시' 건설론, 그 각 지역세포를 실현시키는 재생산 단위로서의 '민족적 생활양식론' 등이 대안의 하나가 될 것이다. 이런 전망을 가지고 이론적 작업을 수행하는 한편, 이를 실현하기 위한 실천적 노력이 수반될 때 소유론의 역사적 사명은 완수될 것이며, 한국 중세의 토지소유론도 완성될 것이고, 사전의 성격도 명확하게 해명될 수 있을 것이다.

윤한택

현재 경기문화재단 부설 경기문화재연구원 전통문화실장으로 근무 중이다. 대표논저로『고려 전기 사전 연구』등이 있다.

고려시대의 농업생산력은 어느 정도였나

식민사관 극복을 위하여

고려시대를 포함한 전근대 한국사회는 농업이 경제적 기초를 이루는 사회였다. 따라서 전근대사회를 이해하기 위해서는 농업을 둘러싸고 전개되는 다양한 문제들을 연구하는 것이 전제되어야 한다. 특히 한 사회의 농업생산력 수준은 농민의 존재형태와 생산관계의 성격을 결정하므로 농업 문제 가운데서도 우선적으로 해명되어야 할 분야이다.

해방 이후 고려시대 사회경제사 연구에서는 다른 역사학 분야와 마찬가지로 식민사관의 극복이 우선적 과제였다. 그 일환으로 1960년대 이후 정체성론을 비판하는 과정에서 토지국유제에 대한 반론으로 고려시대에 이미 토지의 사적소유가 실현되었다는 연구결과가 나왔다. 그러나 연구자 중에는 고려시대에 농민의 사적소유가 실현되었다는 사실을 부정하는 학자도 있었고, 특히 해방 이후 일본인 학자들에 의한 한국사 연구는 고려시대를 농민층이 미분화되어 토지의 사적소유가 실현되지 않았고 공동체적 소유가 일반적이었던 고대사회로 파악하려는 경향이 강했다. 따라서 고려시대를 중세사회로 파악하는 입장과 고대사회로 파악하는 입장이 대립하면서 고려시대의 사회성격을 둘러싸고 상당한 이견을 보여왔다.

그러나 토지제도, 특히 소유론 중심의 연구는 국유인가 사유인가 등을 놓고 단선적으로 전개되었기 때문에, 1970년대 중반 이후 이런 연구경향에 대한 보완으로 농업생산력 문제에 대한 학계의 관심이 높아졌다. 따라서 그 과정에서 이루어진 고려시대 농업생산력 수준을 둘러싼 논쟁도 대체로 고려시대의 사회성격, 특히 소유론과 연계되어 다양한 이견들을 보이고 있다.

농업생산력 연구의 내용과 쟁점

고려시대 농업생산력에 대한 논쟁은 당시를 지력 보존 기술의 미비로 농경지를 매년 연작할 수 없었던 휴한단계로 볼 것인가, 아니면 이미 연작상경화가 이루어진 단계로 볼 것인가 하는 문제를 놓고 시작되어, 이후 구체적인 작부방식, 농기구 등에 대한 연구가 뒤따랐다. 1980년대 중반 이후에는 도량형제에 대한 연구성과가 축적되면서 견해가 극명하게 엇갈렸던 토지지배와 소유의 기초 단위인 결結의 면적과 결당 생산량 등에 대해 견해가 모아지는 가운데, 이것으로 당시 농민들의 재생산에 필요한 최소 토지소유 규모 등을 산출할 수 있게 되었다.

농업생산력 수준에 대한 견해가 분분했던 주된 이유는, 그와 관련된 당대의 사료가 충분하지 않고 농업기술 수준을 밝혀줄 수 있는 농서가 존재하지 않기 때문이었다. 또한 남아 있는 사료조차 당시의 생산력 수준을 반영하는 전품田品에 대해서는 서로 다른 두 계통으로 나타나고 있다.

즉 수전과 한전을 상·중·하 3등급으로 나누어 조율을 정한 성종 11년의

공전 조율 규정

수전	상	3석 11두 2승 5홉
	중	2석 11두 2승 5홉
	하	1석 11두 2승 5홉
한전	상	1석 13두 1승 2홉 5작
	중	1석 5두 6승 2홉 5작
	하	13두 1승 2홉 5작

* 원래 『고려사』에 기재되어 있는 내용과는 약간 차이가 있는데, 대부분의 연구자들이 『고려사』의 기록이 오기일 가능성을 지적하고 있기 때문에 추정세액을 기재했다.

공전 조율 규정(표 참조)과, 평전平田과 산전山田으로 나누어 역전易田 규정을 한 문종 8년 3월의 전품 규정(무릇 전품은 불역不易하는 토지를 상으로 하고 일역一易하는 토지를 중으로 하고 재역再易하는 토지를 하로 한다. 불역하는 산전 1결은 평전 1결에 준하고, 일역전 2결은 평전 1결에 준하며, 재역전 3결은 평전 1결에 준한다)이 그것이다. 더구나 고려시대의 농서가 부재한 상황에서 대부분의 연구자들이 고려시대의 농업기술을 설명하면서 조선시대의 농서나 중국의 농서를 편의대로 해석하여 유추하는 경향이 강했던 것도 견해가 엇갈린 원인의 하나였다.

휴한단계로 파악하는 입장들

먼저 고려시대를 휴한단계로 파악하는 입장부터 살펴보자. 이 입장의 대표적인 연구자로 이태진을 들 수 있다. 대부분의 연구자들이 농업생산력 문제를 소유론과 관련시켜 접근한 것과 달리, 그는 사회사적으로 접근했다. 특히 그는 여말선초 새로운 사회의 정치적 주도세력, 즉 신흥사대부의 등장을 생산력 문제와 연계시켰다. 따라서 그의 연구에서는 소유론은 물론이고 농민의 존재형태나 생산관계에 대한 언급이 별로 보이지 않는다. 이런 방법론은 비단 여말선초에만 국한되지 않아서, 고려 전기에는 지방향리, 조선 전기에는 사림이라는 각 시대 지배세력을 생산력 문제와 결부시키기도 했다.

그는 조선 초의 『농사직설』에서 달성된 연작법의 혁신성을 강조하면서, 농서가 부재했던 고려시대에는 주로 중국의 농서를 참조했다고 주장한다. 따라서 고려 말에 도입된 원대의 『농상집요農桑輯要』에서조차 수전농법은 1년 휴한의 직파법이었다는 것을 중요한 근거로 들어, 고려시대까지는 여전히 휴한단계에 머물러 있었다고 주장한다. 또 그는 문종 연간의 역전 규정에서 상·중·하의 토지등급이 세역의 빈도에 따라 결정되었다는 데 주목하여 고려시대를 휴한단계로 설정했다. 농업기술상의 이유로는, 고려시대까지도 제초 문제가 제대로 해결되지 않아 한국의 기후 조건에서는 잡초의 지나친 성장이 작물의 생육을 방해했기 때문에 잡초 제거를 위해 1년의 시간이 따로 필요했다고 보았다. 이 잡초 제거 때문에 지력 회복을 위한 시비가 불가능했으며, 결국 지력의 소모가 심해 특히 수전에서는 휴한할 수밖에 없었다는 것이다. 그러나 공민왕대 이후 연해안의 저습지가 개간되고 수리의 안정을 위해 수차 도입이 거론되며, 송대 이후 중국의 강남농법에 버금가는 시비기술이 『농사직설』에 실려 있는 것을 근거로 여말선초를 지나면서 휴한법이 극복되었다고 해석했다.

그는 여말선초에 달성된 휴한법의 극복과 연작법의 성립이라는 농업생산력의 발전을 성리학의 도입, 신흥사대부의 등장, 중소지주층의 성장, 지주전호제의 발달 등과 연계시켜 설명할 뿐만 아니라, 14~16세기 향약·의술의 발달과 신유학의 농정관 및 인구정책의 결과로 나타난 인구 증가 역시 농경지의 확대와 농업기술 발전을 추동하는 압박요인이 되었다고 보았다.

그러나 농업생산력에 대한 그의 연구는 여말선초 이후에 집중되어 있고, 휴한단계로 설정된 그 이전의 사회에 대해서는 그다지 언급이 없다. 다만 시대구분과 관련하여 고려시대를 중세 1기, 조선시대를 중세 2기로 설정했을 뿐이다. 그는 고려시대 이후를 중세로 설정하는 주요한 준거로 지방 분권성과 공동체의 존재를 들고 있다. 고려시대의 향도는 농경공동체의 모습을 띤 것으로, 이 향도를 실질적으로 주도하던 향리는 지방세력으로서 나말여초에 중앙정부에 정치적 독립성을 양도하는 대신 지방의 농경관리권을 가지게 되었다고 한다. 고려시대 향도의 규모는 거군적擧郡的이었지만, 조선시대에 들어와 자연촌락적 규모로 축소되는데, 이것은 휴한단계와 연작단계라는 농업생산력의 차이에 기인했다고 한다. 고려시대 농경공동체 단위가 대규모였던 것은, 휴한농법 아래서 고대적 인력지배의 필요성이 남아 있었기 때문에 중앙정부가 아닌 지방 단위로 유력자들에 의한 집단적인 지방민의 결속방식을 온존시킬 수밖에 없어서였다고 한다. 그러나 그는 고대사회로 설정된 신라 통일기도 기본적으로 고려 전기와 차별성이 없는 휴한단계였다고 파악하고 있다. 그럼에도 왜 나말여초를 고대에서 중세로의 이행이 일어난 시기로 파악하는가에 대해서는 생산력으로 해명하고 있지 않다.

고려 전기를 고대사회로 보는 강진철은, 고려 전기는 휴한단계에 머물렀으며, 중세사회로 이행한 고려 후기에 비로소 연작법이 달성되었다고 본다. 그는 고려 후기 결부제 변동을 연작법 일반화의 근거로 들고, 농업생산력 발전의 결과 고대적인 미분화된 공동체적 촌락구조가 해체되고 농장이 형성되었으며, 이 농장의 생산관계인 지주전호제야말로 중세적 생산관계라고 주장했다.

미야지마 히로시宮嶋博史 역시 고려시대를 휴한단계로 설정했다. 그는 특히 소유론과 연계하여 일본 학계의 한국사상을 그대로 수용하고 그 위에서 전근대의 생산력 수준을 설정했다. 그에 의하면 한국사에서 연작상경단계에 도달한 것은 『농사직설』이 저술된 15세기경 조선이다. 반면 신라 통일기는 휴경농법에 기초한 공동소유-개별점유단계, 고려시대는 2년1작 등 정기적 휴한과 휴한지에서 휴한경이 이루어지는 휴한농법단계로서, 공동체 수장층이 사적소유자로 확립되는 단계이며, 조선 초 『농사직설』단계에서 비로소 연작농법이 달성되고 일반농민이 사적소유자로 확립되었다고 한다. 고대·중세·근대라는 시대구분론을 따르지는 않았지만, 고려시대를 고대사회로 보는 일본 학계의 고려시대상을 그대로 받아들이고 있다.

김기섭金琪燮도 고려 전기를 휴한단계로 설정하여 농업생산력의 한계로 인해 조선시대와 같이 농민 소유지 위에 수조권을 분급할 수 없었기에 전시과의 과전 수급자는 자신의 소유지 위에 과전을 설정했다는 면조권설을 주장하고 있다. 이 면조권설은 나중에 언급할 하마나카浜中昇의 견해와 유사하지만, 그와 달리 사적소유가 발달했으며 과전 경작은 소작제가 일반적이었다고 본다. 생산력 수준은 휴한단계로 보면서도 앞의 다른 논자들과 달리 사적소유가 발달했다는 견해를 보이는 점에서 차이가 있다.

그 외에 고려시대 휴한단계설을 방증하는 연구로 농기구에 대한 것도 있다. 이는 고려시대의 실물 농기구가 발견되지 않은 상황에서 주로 쟁기와 호미를 중심으로 하는 조선시대 자료를 통해 유추하는 것이다. 민성기閔成基는 『농사직설』단계에도 심경深耕 즉 깊이갈이가 널리 보급되지 못했다고 보고, 쟁기구조에서 볏은 농경지의 전면경全面耕과 깊이갈이를 통해 연작을 가능케 하는 것인데, 조선 초기까지도 볏이 없는 쟁기를 주로 사용했다고 한다. 또한 이호철李鎬澈은 고려시대의 호미는 자루가 긴 것이어서 집약적인 제초가 불가능했을 것이라는 근거로 고려시대의 농경이 조방적이었다고 주장한다.

연작상경단계로 보는 입장들

한편 고려시대의 농업생산력 수준을 연작상경단계로 파악하는 입장을 살펴보면 다음과 같다. 김용섭은 중세 이래 토지의 사적소유권이 확립되어 있었다고 주장하는 대표적인 연구자이다. 중세를 신라 통일기 이후로 보는 그는 중세 이래 사적소유권의 성장을 뒷받침하는 근거로 평전, 즉 평지의 수전·한전 모두 신라 통일기에 이미 상경화된 상태였다고 판단하고 있다. 그런데 신라 말 균전제가 붕괴되면서 귀족층의 토지집적으로 몰락농민이 증가하고, 정복전쟁 등의 종식으로 노예공급이 두절되면서 귀족층이 몰락농민을 전호로 받아들여 지주전호제로 변화되었다고 한다.

그런 상황에서 영세 토지소유자와 몰락농민은 농법개량과 산전개발로 나아갈 수밖에 없었다. 고려시대에 광범위하게 나타나는 산전개발의 주체는 바로 이들 몰락농민이며, 그 과정에서 세역농법이 전개되었다고 한다. 다시 말해 세역농법은 고려시대에는 개간과 관련하여 산지 한전에서만 실시되었고, 평전은 이미 신라 통일기부터 상경화되어 있었다는 것이다. 그 후 대몽항쟁 기간을 거치면서 산전의 세역전에서도 상경화가 널리 이루어졌다고 보았다. 이 견해에서는 문종 연간의 역전 규정을 산전에 대한 규정으로 한정한다.

중세 토지소유론에 관한 한 김용섭과 거의 같은 입장에 있는 이경식李景植은, 농업생산력에 대해서도 평전에서는 연작이, 산전에서는 세역농법이 이루어졌다고 본다. 그는 주로 조선시대 문헌사료에 상당히 남아 있는 산전 관계 사료를 통해 고려시대의 평전과 산전에 대해 더 구체적인 사실들을 보강했다. 특히 고려시대의 산전이 불역전과 일역전, 재역전 등으로 구분되어 있는 것은 이미 약탈식 화전에서 벗어나 정주식定住式 경작지로 바뀌어 농민이 안정된 경작을 하게 되는 단계였음을 의미한다고 파악하고, 문종 연간의 전품책정방식은 산전에 대해 평지 경작지와 다른 범주 및 기준을 설정하면서 제도로 확립되었다고 파악했다. 그리고 평전 중 상등전과 중등전은 수재나 한발의 영향을 받지 않고 항상 화곡이 무성한 비옥한 토질이었으며, 하등전은 상대적으로 척박한 토질로서 산전경리의 기준이 곧 평전 하등전이었다고 한다. 또 세역농법은 주로 산전개발과 관련된 것으로서 평전에서는 이미 연작이 달성되어 있었다고 보고 있다.

이경식은 김용섭과 마찬가지로 산전은 주로 빈농이나 몰락농민들이 개발하여 경작한 것이라는 견해를 피력했다. 평전에서의 연작 달성이라는 생산력 조건 아래서, 고려의 토지제도는 과전의 경우 농민소유지 위에 수조권이 분급되는 전주전객제로, 일반사유지는 지주전호제로 경영되었다고 한다.

위은숙魏恩淑은 연작법 확립을 나말여초로 본다. 고려시대의 수전농법이 1년 휴한의 수경직파법이었다고 주장하는 그의 견해는 주로 『제민요술齊民要術』, 『농상집요』 등 중국 농서의 세역법에 근거한 것인데, 이 세역법은 휴한이 아닌 작물의 교대라고 보았다. 16세기경의 조선 농서인 『농서집요農書輯要』에서 세역법을 회환법, 즉 해마다 벼와 밭곡식을 교대로 심어 해마다 경작하는 윤답농법으로 설명했기 때문이다. 따라서 일반 평전에서는 연작법이 행해졌으며, 산전의 세역전에서도 지리적 여건에 따라 윤답법이 이루어졌을 것이라고 보았다. 그리고 한전에서도 최소한 1년1작의 연작이 이루어져 수전·한전 모두에서 농업기술상 연작법이 확립되었음을 주장했다.

또한 고려시대에는 이미 볏이 달린 쟁기와 자루가 짧은 호미를 이용하여 농경지의 전면경은 물론 중경제초中耕除草(작물파종 후 일정 정도 자란 뒤 잡초를 제거하고 땅을 갈아주어 작물의 성장을 돕는 일)가 가능했으며, 기본적인 시비기술도 이미 갖추어져 있었다고 한다. 따라서 나말여초의 사회변동에는 연작법의 확립이라는 농업생산력의 발전이 추동력이 되었다고 보고 있다.

그리고 12세기 이후에는 소규모의 제언이 지역적으로 확대되는 등 수리시설의 확충과 연해안 저습지의 개발이 이루어졌으며, 그 결과 수리가 안정되었을 뿐 아니라 절대경지면적의 확대도 이루어졌다. 또한 다양한 종자가 도입되어 척박한 땅이나 저습지 등의 한계지로 농경지가 확대되었음은 물론, 조·만 수도직파법, 이앙법, 건답법 등 다양한 형태의 수도작법이 가능해져 생산력의 발전과 농업경영의 안정에 기여했다. 아울러 답분법·녹비법 등 시비법의 발전이 단위면적당 생산력을 높이는 데 큰 역할을 했다. 이런 농업기술의 발전에 힘입어 고려 후기에는 고려 전기에 휴한법이 시행되었던 산전에까지 점차 연작법이 확대되었다고 주장한다.

한편 하마나카(浜中昇)는 고려 전기를 진전화되기 쉬운 불안정한 연작단계로 설정하고 있다. 이런 생산력 수준에서 고려 전기는 농민이 공동체로부터 자립하여 개별적 토지사유를 실현할 수 없는 공동체적 토지소유가 일반적인 고대사회이며, 고려 후기에 안정적인 연작법이 시행되면서 사적소유가 지배적인 중세사회로 이행했다고 보고 있다. 따라서 고려 전기에는 미분화한 자작농이 보편적으로 존재했기 때문에, 고려의 과전은 조선시대처럼 농민층의 사적소유를 전제로 그 위에 수조권이 분급되지 못하고, 지방호족층이었던 지배층이 원래 소유하고 있던 토지에 면조권을 부여하는 방식이었다고 한다. 과전에서는 이렇게 미분화한 자작농을 노동력으로 한 소작제가 일반적으로 행해졌는데, 그 소작제는 고려 후기 사적소유가 일반화된 상황에서의 병작반수제와 성격을 달리한다고 보았다.

그 외에 고려시대의 농업기술에 대해 수전과 한전에서는 이미 1년2모작 혹은 2년3모작이 가능했다는 주장(이평래)도 있고, 작물을 교대로 심는 세역법, 즉 회환법을 신라 통일기의 농법으로 보는 견해(이인재)도 있다.

결부제의 문제

단위면적당 생산량을 정확한 수치로 계산할 수 있다면 당시의 생산력 수준을 가장 분명하게 계량할 수 있는데, 그와 관련된 것이 결부제 문제이다.

이에 대해서는 우선 당시 1결의 면적이 어느 정도였는가를 둘러싸고 논의가 분분했다. 고려시대 결부제는 전기에는 1결의 면적이 방方 33보步로 정해져 있었으며, 토지의 비척도에 따라 상·중·하로 나누어 수세를 달리했다. 후기에는 1결당 수세량은 같았지만 전품에 따라 결의 면적이 달라졌다. 그런데 도량형제에 대한 연구가 축적되지 않았던 1980년대 전반기까지만 해도 1결의 면적에 대한 견해가 크게 엇갈렸다. 연구자에 따라 17,000여 평(김용섭)에서 7,260평(박흥수), 6,800여 평(강진철), 4,184평(박시형), 2,000여 평(박극채)에 이르기까지 다양한 견해가 제시되었다. 한편에서는 1결의 면적이 컸다는 것이 신라 통일기에서 고려시대까지 농업의 조방성을 뒷받침하는 논리가 되기도 했다. 그러나 1980년대 중반 이후 대체로 1결의 면적을 1,400~1,500평(여은영, 이우태)이나 1,200평(이종봉) 정도로 축소하여 파악하고 있다.

1결당 생산량은 성종 연간의 조율을 기준으로 보면 수전이 전품에 따라 15석·11석·7석, 한전이 7.5석·5.5석·3.5석이다. 그런데 고려 전기 1승升의 용량은 대략 300ml(여은영은 小升 300ml와 大升 400ml이 함께 쓰였다고 한다), 혹은 340ml(이종봉) 정도였다고 한다.

결부제는 삼국시대 초기에 발생해서 관행적으로 사용되다가 대체로 신라통일을 전후하여 국가적 양전이 이루어지면서 법제화되었다고 알려져 있다. 시대에 따라 토지생산력 수준이 다르므로 처음 법제화될 무렵에는 고려시대와 다른 기준에 의해 면적이 결정되었을 것이다.

그간의 연구는 대체로 결부제를 성립 당시부터 소출을 기준으로 한 단위였다고 파악하고 있는데, 김용섭은 벼 다발 한 줌(1握)을 생산할 수 있는 면적이 1파把이며 방方 100파가 1결이었다고 보았다. 이 파把 단위 소출 중심의 결부제가 고려시대에는 보步 단위 지적 중심의 결부제로 변화되었다고 한다.

그러나 이우태는 결은 토지 비옥도와 상관없이 일정한 토지면적을 가리키는 단위였다고 본다. 또 중국 경무제와 한국 결부제 간에 일정한 상관성을 주장하는 여은영은 1결을 진한秦漢 이전 중국의 고무古畝 30무에 해당하는 원畹으로 파악하고, 원은 성인남자 한 사람의 일 년 식료를 충족하는 곡식 소출지를 가리키는 면적 단위라고 했다. 그런데 결의 면적이 토지 비척도과 상관없는 일정한 면적 단위였다면 왜 그런 면적을 1결로 정했는지도 밝혀야 할 것이다.

고려 후기에는 면적은 같더라도 전품에 따라 조세를 다르게 받는 전기의 동적이세제同積異稅制에서 전품에 따라 면적은 달리하면서도 조세는 동일하게 받는 이적동세제異積同稅制로 결부제가 변화했다. 그러면서 1결은 단위면적당 20석을 생산하는 면적으로 바뀌었다(상등전 1,999평·중등전 3,137평·하등전 4,530평).

그런데 위은숙은 1결의 생산량인 20석은 5인 소가족 기준으로 1년간 식량을 포함해 재생산이 가능한 최저선이었다고 본다. 따라서 결부제의 변화는 단순한 크기의 변화가 아니라 고려 전기를 거쳐 후기로 이행하는 과정에서 농민의 존재형태 변화와 그에 기초한 국가의 농민지배방식은 물론 생산관계의 변화를 가져오는 대단히 큰 역사적 의미를 함유했다는 것이다.

농업생산력 연구의 과제

위에서 살펴본 바와 같이 고려시대의 농업생산력 수준을 대체로 휴한단계로 파악하는 연구자들은 낙후한 생산력 수준을 들어 사회성격이나 생산관계의 한계성을 지적하고 있음에 비해, 연작상경단계로 파악하는 경우는 상대적으로 발전적 입장에 있다. 그러나 반드시 그런 것은 아니고, 연구자들이 자기 입장에 따라 생산력 수준과 당시 사회성격을 편의대로 해석하고 있음을 볼 수 있다. 그것은 연작상경은 사적소유의 실현, 휴한은 소유의 미발달이라는 도식 자체가 사실 대단히 추상적이기 때문이다. 따라서 휴한이나 연작상경만을 바로 사회성격과 연결짓는 데는 분명 한계가 있다.

그러므로 문제는 휴한단계인가 연작단계인가에 있는 것이 아니다. 당시의 농민이 가족노동력을 기준으로 어느 정도의 면적을 경작할 수 있었고, 재생산이 가능한 면적과 실제 보편적으로 보유했던 면적은 어느 정도였는가 하는 것이다. 또한 생산수단의 하나인 농기구나 축력 등의 보유가 어떠했으며, 더 나아가 구체적인 농업노동조직의 단위, 즉 어느 정도의 인력이 어느 정도의 농기구와 축력으로 농사를 지었는가 등이 구체적으로 밝혀질 때 생산관계는 물론 사회성격의 구체성이 드러날 것이다.

고려 전기까지 일반 백정농민층은 축력을 이용하지 못한 채 인력에만 의존해 경영했다는 주장도 있고(김기섭), 고려 후기에는 소 두 마리와 사람 세 명(2牛 3人)이 기본 농업노동조직이었다는 견해(위은숙)도 있으나, 자료상의 한계로 모두 추론에 머무르고 있다.

고려시대의 농업생산력 수준을 휴한단계인가 아니면 연작단계인가로 일도양단하는 데는 문제가 많다. 실제로 고려사회에서 행해진 농업경영은 연작에서 휴한에 이르기까지 토지의 조건이나 농기구의 조건 등 생산수단의 조건 등에 따라 다양한 방법으로 행해졌을 것이기 때문이다.

고려시대를 휴한단계로 설정하는 것은 주로 중국 농서나 조선 초의 농서를 통해 유추한 것인데, 앞에서 보았듯이 중국 농업사에도 여러 가지 이설이 존재하므로 그것만으로는 충분하지 않다. 고려시대에 들어 전 시대에 보이지 않던 상·중·하등전, 산전, 평전, 일역전, 재역전, 불역전 등 다양한 전품이 나타나는 것은 분명 주목할 문제이다. 이것은 분명 고려시대에 산전과 평전의 구분이 뚜렷해지고 토지생산성에 여러 차별이 분명해질 만큼 농업기술이 발전했음을 의미한다. 그러므로 중국뿐 아니라 일본 등 동아시아 농업사와의 광범위한 비교 연구가 현재 자료의 한계에 봉착한 고려시대의 농업사를 새롭게 밝혀줄 수 있을 것으로 생각된다.

고려시대에는 중요한 시기마다 국가가 개간을 장려했던 사료가 보이는 것으로 짐작할 때, 여전히 농경지의 외연적 확대기였고 제반 농업기술이나 농기구, 토목기술의 발전 등에 따라 개간이 진행 중이었다고 생각된다. 개발과 관련된 대부분의 연구들이 고려 전기의 땔감 채취지인 시지柴地 개간, 고려 후기의 연해안 저습지 개간 등을 주목하고 있다. 특히 전기의 시지 개간은 산전개발과도 관련이 있다고 판단된다. 새롭게 개발된 지역은 이미 농경지 개발이 완료된 지역에 비해 수리시설 등이 제대로 갖추어져 있지 않았을 것이고, 그렇게 개간된 지역을 이미 개간이 완료된 지역과 동일한 수세 규정하에 둘 수도 없었을 것이다. 문종 연간에 산전 규정을 따로 설정한 것은 고려 전기에 그만큼 산전개발이 활발했음을 의미한다고 볼 수 있지 않을까 한다. 그리고 세역전은 개간지에 시행하던 농법이었을 것으로 생각된다. 김용섭, 이경식은 산전개발의 주체를 빈농층에서 구하고 있으나, 시지 개간과 같은 대규모 개발은 지배층이 아니면 불가능했을 것이므로 이런 개간전에서도 다양한 경영형태가 나타났을 것이다.

그런데 수취를 위해 토지 비척도에 따라 전품을 구분하는 것은 중국에서도 당唐 중엽의 양세법 이후였다. 그 이전에 토지의 비척에 대한 인식이 없었던 것은 아니지만, 균전제단계에는 '역전배급易田倍給'이라 하여 수취를 위한 것이 아니라 토지 지급(給田)을 위한 것이었다. 노동력을 기준으로 국가가 토지를 지급하는 것을 전제로 한 인두별 수취제인 조·용·조 세법에서 토지를 기준으로 수세를 행하는 양세법으로의 변화는, 토지생산성의 안정화가 어느 정도 달성되었다는 의미이다.

중국의 경우를 참작할 때, 전품 등급별로 수세를 달리한 것은 고려시대에 들어와 성종 연간에 수세의 기준이 생기면서부터였을 것이다. 그리고 양전 대상은 해마다 수세하는 것을 전제로 한 연작상경전이었을 것이다. 그러므로 일년 휴한법이라는 농법이 농업기술의 중심에 있었던 시기는 아닌 것으로 보인다.

물론 중국에서는 당대에 이미 연작법이 확립되었다고 하며, 송대 화북에서는 한전에서 2년3모작이, 강남의 수전에서는 1년2모작이나 1년 2기작이 가능했다고 알려져 있다. 그러나 이런 농법은 농업기술상으로는 가능했다 해도 수리 등의 제한 조건 때문에 중국 전지역에서 보편적으로 행해지지는 못했다. 송대의 전품 기준으로는 토양 비옥도와 더불어 여전히 수리의 안정도가 중시되었는데, 특히 척박하고 수리도 불안전한 토지를 하등전으로 규정한 것을 보면 하등전의 경영조건은 대단히 불안정했을 것이다. 중국의 경우도 중세기의 농업이 가진 한계성을 분명히 살필 수 있으며, 고려시대에도 또한 중세적 농업이 가진 한계는 분명히 있었을 것이다.

그러므로 연작단계라고 주장하는 경우도 고려시대 농업의 한계성을 반드시 고려해야 하며, 더 나아가 조선의 연작상경과 어떤 차별성을 갖고 있었는지 설명해야 한다. 즉 평전에서 연작이 가능했다고 주장한다면, 고려시대에 평전이 농업지리적으로 어떤 모습이었는지 밝혀야 할 것이다.

그리고 문헌사료가 극히 부족한 이 분야의 연구가 활성화되기 위해서는 전근대 농업의 실상을 해명해줄 수 있는 농업고고학, 농업지리학, 농기구학 등 인접학문의 성과를 적극적으로 활용할 필요가 있다. 인접분야의 연구도 아직은 그리 활성화되었다고 볼 수 없지만, 문헌에만 의존하지 말고 시야를 넓혀야 할 것이다.

위은숙

영남대학교 민족문화연구소 상임연구원으로 재직 중이다. 고려시대사를 전공했다. 대표논저로 『한우의 기원과 역사 보고서』, 『전근대 동해안 지역사회의 운용과 양상』, 『울릉도, 독도 동해안 주민의 생활구조와 그 변천, 발전』 등이 있다.

고려시대의 신분제

인류가 계급사회에 들어선 이래 어느 시대나 불평등과 차별이 존재했다. 전근대사회에서는 불평등이 세습되고 법적으로 규정되기도 했는데, 그렇게 형성된 것이 바로 신분이었으며, 신분구성은 시대에 따라 변했다.

고려시대의 신분제는 어떻게 구성되었고, 신라나 조선시대와 비교하여 어떤 특징을 보일까? 이런 문제들을 다룰 때 신분의 개념과 관련하여 국가제도적 요인을 중시할 것인가, 사회적 요인을 중시할 것인가, 또는 역사인식과 관련하여 지속의 관점에서 볼 것인가, 변화의 관점에 볼 것인가 등등의 차이에 따라 여러 견해들로 갈라져 논쟁이 펼쳐지고 있다.

신분·계층의 구조

고려시대 신분제에 대해서는 전체 인민을 양인과 천인으로 구분하는 양천제良賤制로 파악하는 견해와 귀족, 중간계층, 양인, 천인 각각을 신분으로 파악해 4신분으로 구성되었다고 보는 견해가 있다.

먼저 양천제론을 살펴보자. 982년(성종 원년)에 작성된 최승로의 상소문에

"본조 양천의 법은 그 유래가 오래입니다"라고 기록되었듯이, 양천제는 고려 초기부터 실시되었다. 양인과 천인의 구분은 세습적·법제적 차등을 주요 내용으로 했다. 양인은 공민이자 자유민으로서 관직에 나아갈 수 있는 권리와 교육·결혼 등의 자유를 누리는 한편 국가에 부세를 낼 의무가 있었지만, 천인은 그렇지 못했다. 천인의 대표격은 노비였다. 노비는 하늘이 낸 다 같은 사람이라고 인식되긴 했지만 물건 같은 취급을 받았고, 공권력이 신체를 보호해준다 해도 소유주가 임의적·자의적으로 형벌을 가해 살해하는 것을 제한하는 정도의 소극적 차원에 그쳤다.

신라시대에도 양천제와 관련된 사료들이 몇 개 발견되기는 하지만 그 제도가 실시되었다는 확실한 증거는 되지 못한다. 또한 골품제라는 세습귀족제가 시행되었기 때문에 양천제가 성립하기 어려웠다. 신라 하대 이래 사회변동을 거쳐 골품제가 해체되면서 고려 초기부터 양천제의 법제적 규범이 시행될 수 있었다. 그러나 조선 초기에 정형화되었던 그것처럼 천인은 노비뿐이었는지는 분명하지 않으며, 양인신분 내부에서도 신분적 동질성이 확고하지 않았다.

양인신분은 혈통·직역·재산소유 등에 따라 다양한 계층으로 나뉘었다. 당시 지배층은 사士·서庶의 구분을 통해 자신들을 피지배층과 구분했다. 사는 관품을 받은 관료를 중심으로 진사와 유음자제有蔭子孫 등으로 구성되었다. 군역부담, 관료선발과 승진, 형률적용 등에서 사를 우대하고, 그 밖의 생활면에서도 서인과 여러 가지 차별을 두었다. 또한 군반씨족軍班氏族인 군호가 지는 군역과 일반민호가 지는 군역이 이원적으로 구분되어 둘의 계층적 위상이 달랐다. 공장工匠과 상인은 국학에 입학할 수 없었고, 벼슬에 나아가더라도 한품제限品制의 적용을 받았다. 그리고 본관제가 실시되면서 어느 곳의 호적에 편입되었는지에 따라 일반 군현민과 향·소·부곡민을 구분하고 후자를 차별했기 때문에,

현재 향·소·부곡민이 양인이었는지 천인이었는지 논쟁되고 있는 형편이다. 양천제론을 지지한 연구자가 파악한 당시의 신분·계층구조는 다음과 같다.

양인: 입사직 – 품관(文武實職·非實職), 진사, 재생재생齋生, 급제, 사심, 서리(前期)
　　　향　리 – 향리, 향직
　　　학　생 – 학생, 유학幼學
　　　서　인 – 서인, 군인, 백정
천인: 집단천인 – 향, 소, 부곡, 역, 관, 진의 주민
　　　노　비 – 공노비: 궁원노비, 관노비
　　　　　　　사노비: 솔거노비, 외거노비

양천제론에 따른다고 해도 부곡제 지역민을 천인범주에 넣을 것인지 양인범주에 넣을 것인지, 군반씨족의 군인을 평민범주에 넣을 것인지 지배계층범주에 넣을 것인지 등에 대해서는 연구자에 따라 차이가 있다.

고려시대에는 양천제가 실시되었던 것이 분명하다. 그런데 양천제로는 고려시대 신분제를 잘 이해할 수 없다고 보는 연구자들이 있다. 그들은 지배층과 피지배층의 구분에 더 관심을 기울여 향리·서리·남반南班·하급장교 등을 '중간계층'으로 설정하여 상위귀족과 함께 지배신분으로 파악했다. 이 견해가 현재 대다수 개설서에 반영되어 있다. 그에 따르면 당시의 신분체계는 귀족, 중간계층, 양인, 천인의 넷으로 구성되었다고 한다. 중간계층은 귀족과 양인 사이에 존재하는 문자 그대로 중간적인 존재로 파악되기 때문에, 이 견해의 핵심은 귀족신분의 존재를 주장하는 데 있다. 음서제蔭敍制와 공음전시과功蔭田柴科가 실시되고 통혼권通婚圈이 존재했던 것 등을 볼 때, 특권을 세습하던 지배신분이

따로 존재했으며, 그들이 바로 귀족이라는 것이다. 고려시대의 귀족은 비록 법제적·세습적 요건을 갖춘 신분은 아니었지만, 사회적 신분으로서 구분할 수 있다고 했다. 4신분제론에 따를 때 신분제의 구조는 다음과 같이 파악된다.

지배계층: 귀   족 – 왕족, 문무고위관료
         중간계층 – 하급관리, 서리, 향리, 남반, 하급장교
피지배계층: 양인 – 농민, 상인, 수공업자
         천민 – 공·사노비, 향·소·부곡민, 화척禾尺, 진척津尺, 재인才人

위와 같은 분류에 동의하더라도 연구자에 따라서 하급품관을 중간계층의 범주에 넣을 것인가, 아니면 고위관리들과 구분하지 않고 양반관료로서 같이 상급 지배신분층으로 설정할 것인가라는 문제 등에서 이견이 있다.

고려시대의 신분·계층구조를 양천제로 파악할 것인가, 또는 지배·피지배의 구분을 중시하여 4신분제로 파악할 것인가 하는 논쟁은 1970년대부터 벌어진 조선 초기 신분제 논쟁의 불씨가 옮겨온 것이었다. 논쟁은 신분의 개념과 분류기준 등에서 차이를 보이면서 전개되었다. 양천제론자는 권리와 의무상 가해지는 법적·세습적 차별의 존재를 신분의 기준으로 삼았고, 4신분제론자는 그뿐만 아니라 사회적·관습적으로 존재하는 차별도 신분을 나누는 기준으로 삼을 수 있다는 입장이었다.

이런 견해차이는 겉으로는 전자가 개념과 분류기준의 엄격성을 주장하고 후자는 이를 탄력적으로 이해하려는 것처럼 보이지만, 실상 그것은 우리의 중세 또는 근세사회를 어떻게 볼 것인가 하는 역사인식 문제와 관련되어 있다. 골품제가 해체된 이후에는 귀속적 요소와 성취적 요소, 즉 사회이동의 폐쇄성과 개방성, 신분·계층질서상의 고정성과 유동성이 동시에 존재했다. 문제는 당시의 신분제를 파악하면서 어느 쪽에 더 의미를 부여하는가이다. 4신분제론자들은 전통사회는 근대사회와 달리 지배세력이 신분적으로 존재했다는 인식을 갖고 현실사회에 존재하는 불평등구조를 그대로 신분제로 파악하는 데 비해, 양천제론자들은 골품귀족제를 해체시키고 성립한 고려 이후의 사회에서 천인이라는 피차별신분을 인정하면서도, 천인을 제외한 나머지 신분에서는 지위획득에서 혈통보다 개인적 성취가 강조되었다는 점을 고려했다.

양천제론과 4신분제론의 어느 편을 따르든, 노비가 천인신분의 중심이었다는 사실에는 모두 동의했다. 양인과 노비 사이에 혼인을 금지하고, 양자 사이에 자식이 생겼을 경우 그 자식을 노비로 만들어 신분을 세습시켰다. 당시 지배층은 노비제를 지배체제를 유지하는 데 필수적인 도구로 이해했다. 12~13세기 천민들의 항쟁을 거친 뒤 원나라가 고려를 간섭하던 시기에 정동행성 관리로 파견되어 왔던 활리길사闊里吉思라는 사람이 노비의 부모 중 한쪽이 양인이면 양인으로 삼는다는 원칙 아래 노비제도를 개혁하려고 했지만, 당시 지배층은 노비제를 변경하면 나라의 기틀이 무너진다고 하면서 이를 막았다.

귀족사회인가 관료사회인가

앞에서 살펴보았듯이 양천제론과 4신분제론 사이의 가장 큰 쟁점은 귀족신분의 존재를 인정하는지 여부였다. 골품제의 세습귀족제가 해체되는 과정은 능력은 갖추었지만 골품제에 의해 성장을 제약받았던 육두품 출신과 지방호족이 역사의 전면에 나서는 과정이기도 했다. 그들은 후삼국을 통일한 고려왕조에 편입되어 새로운 지배세력의 주축으로 등장했다. 4신분제론에 따르면, 이들은 성종 대 이후 문벌귀족제가 성립되면서 귀족신분이 되었다. 이런 파악은 사회세력과 신분을 관련시켜 파악한 시도로서 의미가 있다.

귀족사회론을 살펴보면 다음과 같다. 우선 관료 임용제도에서 음서의 신분제적 의의를 강조했다. 음서는 5품 이상 관료의 자손에게 관직에 진출할 수 있는 혜택을 주는 제도였는데, 특사特赦처럼 시행한 음서도 있었지만 매년 정규적으로 시행된 음서가 존재했다고 한다. 그리고 당해년에 1명의 관료가 1명의 자손에게만 탁음托蔭한다는 제한은 있었지만, 해를 나누어 탁음한다면 여러 자손이 혜택을 누릴 수 있었다고 보았다. 더구나 당시 양측적 친속관행과 함께 계급내혼이 이루어졌기 때문에 문벌들은 다양한 계보로 고위관료, 공신, 왕실에 연결되어 그로부터 음서의 기회를 가질 수 있었다고 파악했다.

음서는 대략 15세 전후에 받았기 때문에 조기에 관직에 진출하는 의미가 있었으며, 이후의 관직진출에서 제약을 받지 않았다고 강조했다. 과거제도의 경우 교육제도가 계층별로 차별적이었던 점이나 음서를 통해 이미 관직에 진출한 사람들에게 과거에서 특혜를 주었던 점 등을 고려할 때, 이는 문벌과 무관하게 시행되었던 것이 아니라고 했다. 또한 정치제도상으로 재상들이 정사를 함께 의논·결정하는 의정議政이 이루어지고 광범위한 겸직제兼職制가 시행되면서 정치가 재상 중심으로 운영되었는데, 주로 문벌 출신이 재상이 되어 귀족사회를 뒷받침했다고 파악했다.

공음전시과는 전시과제도와 별도로 1품에서 5품까지의 관료를 대상으로 차등적으로 토지를 분급한 제도였다. 귀족사회론자들은 이때 5품이란 관료들의 관계官階, 즉 9품으로 구성된 문산계文散階 가운데 5품을 의미하는 것으로서, 음서의 혜택을 부여했던 5품과 일치하는 것이라고 보았다. 그리고 그 토지는 상속이 허락됨으로써 문벌귀족들의 경제기반이 되었다고 파악했다.

이렇게 고려를 문벌귀족사회로 파악하면서 귀족가문에 대한 분석이 많이 이루어졌다. 해주 최씨, 파평 윤씨, 인주 이씨, 경주 김씨, 정안 임씨 등의 가계에서 관직진출방식과 최종 관직, 통혼권 등을 조사하여 소수 문벌가문들이 지배신분이 되어 폐쇄적으로 지위를 이어나갔다는 사실을 증명하려고 했다.

그런데 귀족사회론에 따른다고 해도 고려의 귀족은 법제적으로 구분되어 존재한 것이 아니었기 때문에, 그 범주는 연구하는 사람에 따라 차이가 있었다. 우선 무반을 귀족의 범주에 포함시킬 것인지의 문제가 있다. 무과가 실시되지 않았고, 출신성분상 무반은 군졸에서 발탁된 경우가 많았기 때문에 사회적으로 문반에 비해 차별을 받았다고 하여 문반만 귀족으로 인정하는 견해가 있는 반면, 그런 차별이 있었다 해도 무반을 귀족에서 제외할 수 없다는 견해도 있다. 또 5품 이상의 관료를 3대 이상 배출한 가문을 귀족가문으로 구분하자는 주장이 있는가 하면, 재추宰樞와 같은 고위직 역임자를 배출하는 것이 귀족가문으로 성립하는 데 중요한 요소가 되며, 2세대만으로도 문벌이 충분히 성립될 수 있으므로 세대수가 중요한 것은 아니라는 주장도 있다. 심지어 사士, 곧 관료층은 대대로 관직에 나아가는 것이 원칙이었다고 하면서 남반까지 포함하여 관료는 모두 신분적으로 귀족이라는 주장까지 있다.

한편 관료사회론은 위에서 귀족제적 요소라고 파악했던 사실들을 비판적으로 재해석하고 골품제를 극복한 고려사회의 발전적 모습을 부각시켰다. 이들은 고려의 관료 임용제도에서 가장 중요한 것은 과거제도로서 그것이 능력 본위·실력 본위의 고시제도였다는 사실을 강조했다. 음서는 정례적으로 실시된 것이라기보다 포상·특사적 성격의 임용제도로서 간헐적으로 실시되었고, 1명의 관료가 평생 1명에게만 탁음이 가능했다고 파악했다. 특히 음서 자체가 세습제·귀족제를 대변한다기보다는 5품 이상의 관직이라는 일정한 성취적 지위에 도달한 사람에게 탁음의 기회를 주는 혜택이기 때문에, 거기에는 반세습적·반귀족적 요소가 내포되었다고 이해했다. 또한 음서는 초직을 주는 데 불과할 뿐, 그 뒤의 지위까지 보장해주는 것은 아니라고 했다. 공음전시과에 대해서도, 이는 특별상여제 같은 것으로 그 분급기준인 1~5품은 9품 품계 가운데 5품 이상이 아니라 전체 관품을 다섯 등급으로 나눈 것이라고 해석하여, 그것이 귀족제의 경제기반이 되었다는 해석을 부정했다.

관료사회론은 통혼권의 형성도 모든 사회에 나타나는 계급내혼과 다를 바 없다고 파악했다. 고려 중기에 문벌이 형성되긴 했지만, 하부계층에서 과거제도나 군공軍功 등을 통해 관직을 얻음으로써 새로운 문벌화가 가능했으며, 신흥가문이 부단히 대두하면서 한편에서는 기존의 문벌가문이 약화되는 등 부침이 컸기 때문에 귀족사회로 간주하기 어렵다고 지적했다.

그리고 관료사회론은 더 나아가 귀족사회론의 역사인식상의 문제점을 지적하기도 했다. 그에 따르면, 사회적 특권을 누리는 소수 지배층은 어느 시대에나 존재했고, 귀족사회론으로는 골품제를 깨뜨리고 성립한 고려사회를 발전적으로 파악할 수 없다. 또한 근대시민혁명이 일어나기 전까지 세습귀족제가 유지되어온 서양과 달리 한국이나 중국에서는 일찍이 그것을 타파하고 능력 본위의 관료 임용원칙을 세웠는데, 귀족사회론은 이러한 비교사적 안목을 갖기 어렵게 한다고 지적했다. 그리고 고려시대를 귀족사회나 관료사회 대신 문벌사회라고 부르자는 대안을 제시했다. 이때 문벌사회란 '귀족사회처럼 특정 혈통이나 가문의 세습특권이 법제화되어 있지는 않았지만, 사회적으로 개인의 능력보다 가문의 배경이 우선시되거나 적어도 그에 못지않게 중시되어 상류층에 대한 우대책이 공공연하게 입안되고 실시될 수 있었던 사회'라고 정의했다.

조선시대에도 문벌이 존재하기는 했지만 그 존속 시기가 짧았고, 고려 때보다 상대적으로 과거의 비중이 커지는 대신 음서의 비중이 낮아졌으며, 양인신분 내부에서 권리와 의무의 보편화가 확립된 양천제가 실시되었다. 또 이른바 산림山林의 존재에서 볼 수 있는 것처럼 학식이나 덕망이 가문의 배경이나 관위보다 더 중요하게 작용했기 때문에, 이런 점들을 고려하여 조선사회의 주도층이었던 학인學人의 호칭에 따라 그 사회를 사대부사회라 부름으로써 고려와 구분하자고 제안했다.

이런 비판에 대해 귀족사회론을 지지하는 이들은, 사회적 신분의 가능성을 부정하고 귀족 개념을 지나치게 엄격하게 규정한 데서 온 비판이라고 반박했다. 그리고 자신들도 나말여초 시기의 사회변화를 담아내기 위해 골품귀족사회와 구별하여 고려를 문벌귀족사회 또는 후기 귀족사회라고 이름 붙였다고 반박한다. 그렇지만 이런 반박에도 불구하고 귀족사회론은 신라와 고려의 관계를 지속의 차원에서 보는 면이 강하고, 관료사회론은 사회변동 차원에서 보는 면이 강하다는 역사인식상의 차이를 반영하고 있는 것으로 보인다.

중간계층을 어떻게 파악할 것인가

중간계층은 상하로 구분된 두 신분 또는 계층 사이에 끼어 이동이 가능하면서 동시에 현실적으로는 고정성이 두드러지는 계층을 가리킨다. 고려시대의 신분·계층질서를 파악할 때 중간계층을 설정하면 사회이동에서 개방성과 폐쇄성이 공존했음을 드러낼 수 있다. 그리고 양·천이나 사·서의 구분만으로는 그 위상을 부여하기 어려운 중간적 존재들을 드러내기 쉽다는 효과가 있다. 다시 말하면 다양한 '중간적' 존재들을 하나의 사회계층으로 범주화하여 파악함으로써 신분·계층질서를 더 쉽게 구조적으로 설명할 수 있다는 것이다. 그렇기 때문에 4신분제론자만이 아니라 양천제론자들도 중간계층의 범주를 양인신분 내부의 계층구조를 드러내는 데 유용하게 사용하는 경향이 있다.

중간계층으로 파악되는 존재로는 대개 향리, 서리, 군반씨족의 군인, 남반 등이 있다. 이들은 고려 초기 중앙집권화를 추진하면서 지방세력을 흡수하거나 관료제를 정비하는 과정 또는 관료층이 문벌화하는 과정 등과 결부되어 관료지배층과 평민의 중간에서 상향이동을 지향하면서도 세습성이 강한 존재, 곧 중간계층적 성격을 지니는 존재로 자리잡았다고 했다.

그런데 향리나 남반 등은 임용자격, 지위와 대우, 성립 시기와 변화 과정 등이 각기 다르기 때문에 동일 계층으로 범주화하기 곤란한 점도 많다. 군반씨족의 군인은 지배층의 일원이었다 해도 때로는 노역에까지 동원되는 처지였기 때문에 서리와 동급일 수 없다. 또 대부분의 중간계층은 품관이 아니지만 남반에 속한 전전승지殿前承旨, 좌·우반전직左·右班殿直 등과 무반의 교위校尉는 품관이면서도 중간계층으로 취급된다. 향리의 경우 일반 군현과 부곡제 지역의 향리가 같을 수 없었으며, 같은 지역에서 향리로 근무하더라도 가풍차이에 따라 호장층까지 진급할 수 있는 가문이 있는가 하면 진급이 제한된 가문도 있었다. 이처럼 각각 구체적인 존재양태에서 차이가 있기 때문에 하나의 범주로 묶는 것을 거부하는 연구자도 있다.

또한 개념상으로 볼 때 신분과 달리 계층은 인위적으로 구분하는 개념이기 때문에, 연구자에 따라서는 중간계층의 범주를 달리 파악할 가능성이 많다. 이를테면 귀족사회론에서 귀족의 범위를 어떻게 파악하느냐에 따라 중간계층의 범위도 다르게 파악되었다. 귀족을 5품 이상의 관료로 보는 입장에서는 6품 이하의 관료와 향리, 서리, 남반 등이 정치권력을 잡은 귀족에 대해 실무행정을 담당한 중간계층이라고 파악했다. 그에 비해 남반을 포함하여 전체 관료가 모두 귀족이라고 보는 입장에서는 그 아래에서 국가지배에 참여하는 향리,

군인, 잡류雜類 등이 일반 군현민보다 지위가 높은 상위 양인층으로서 중간계층이 된다고 했다.

중간계층이라는 용어는 학문적 편의에 따라 인위적으로 만든 것이기 때문에 연구시각에 따라 담고 있는 내용도 달라진다. '중간'이라는 용어를 기능론적으로 사용하여 지배층의 업무를 보조하는 전문지식이나 기능에 숙달한 인물들을 대우하여 중간계층으로 편성했다고 파악할 수도 있고, 다른 한편 법제론적으로 사용하여 지배층이 분화하면서 상대적으로 특권에서 배제되고 각종 신분적 규제를 받게 된 계층을 가리킨다고 파악할 수도 있다. 또 중간사회조직론의 입장에서 국가와 민 사이에 존재하는 각종 중간사회조직의 리더들을 중간계층으로 파악하는 방식도 고려해볼 수 있다.

현재로서는 고려시대의 신분·계층구조를 파악할 때 중간계층을 설정하는 것이 유효하다고 인정할 수 있다. 그리고 직역職役과 전정田丁을 보유하면서 백정白丁과 구별되고 어느 정도 세습성도 갖추었던 계층, 곧 향리나 군반씨족의 군인 등을 중간계층으로 보는 것이 좋을 듯하다.

백성, 백정과 정호의 정체는 무엇인가

조선시대에 백정白丁이라면 도살업을 주로 하면서 피혁이나 유기제조업을 겸하던 계층을 가리켰지만, 고려시대에는 조세·공부·요역의 부담을 지면서 일반민의 주류를 형성하던 사람들을 백정이라고 불렀다. 보통 그런 일반인들을 백성百姓이라고 부르지만, 고려시대에는 백성이 향리·기인 등과 함께 연칭되면서 공적 사항에 관련되는 특정 계층으로서 촌락지배자인 촌장·촌정을 가리키는 경우가 있었다는 연구도 일찍 제기되었다.

이후 그것을 발전시켜 백성은 관리가 될 수 있는 성씨족姓氏族이었으며 계층적으로 중간계층에 속한다고 파악되었다. 고려 초기 집권적 관료체제가 정비됨에 따라 토호세력에게 정치참여자격을 부여했을 때 지배층의 새로운 범주로 등장한 것이 백성이라는 것이다. 고려의 '백성'을 특정 계층으로 이해하는 견해는 조선 초기의 기록에 나타나는 '고려판정백성高麗判定百姓', '백성성百姓姓'의 존재에 주목하여 백성이 향·소·부곡 등의 집단과 구별되는 군현민의 신분이며, 군현 내에서도 향리집단과 구별되는 특정 성씨집단이었다고 파악한 연구에서도 볼 수 있다.

현재 학계에서는 백성을 촌장·촌정층으로 보는 견해가 많이 받아들여지고 있기는 하지만, 그에 대한 반론도 만만치 않다. 중국 고전에 나타나는 백성의 쓰임새를 살펴보면 인민을 전체적으로 가리키는 경우가 있는가 하면, 인민 가운데 특정 부류, 곧 관료의 가족을 가리키기도 하고, 서인·평민을 가리키는 경우도 있다. 그렇게 전근대사회에서 다양한 의미로 쓰인 백성을 촌장·촌정층이라고 역사용어화하는 것은 문제가 있다고 보았으며, 나아가 역사용어로 삼는 근거가 되었던 사료도 재검토되었다.

즉 '향리 백성' 등으로 연칭된 표현을 사용한 사료들이 재검토되어, 고려 전기에는 향리와 백성으로 구분하기보다 본관제에 편입된 백성, 곧 인민 가운데 향리 등의 직역을 갖는 층이 구별되었다고 파악하고, 후기에는 백성이 향리와 구분되어 직역을 갖지 않은 채 부세를 부담하는 공호양인貢戶良人을 의미했다고 파악했다. 공호는 공역貢役을 담당하는 호라는 뜻으로, 고려 후기에 민들의 유망이 심해졌을 때 그것을 추쇄하려는 정책을 실시하면서 사용되기 시작했다.

앞에서 고려시대의 중간계층을 설정한다면 국가로부터 직역과 전정을 받아 보유하면서 어느 정도 세습성도 갖추었던 계층을 가리키는 것으로 보는 게

좋겠다는 점을 말했다. 그 계층이 정호丁戶였다. 정호는 일반 요역을 부담한 백정과 계서적으로 구별되었는데, 본관의 격에 관계없이 어느 본관 단위에나 존재했으며, 국가에서 포상의 수단으로 백정을 정호로 올려주거나 처벌수단으로 정호를 백정으로 강등시키기도 했다. 백정에서 정호로 충원이 이루어지기도 했지만, 직역과 전정을 상속시키는 연립제도連立制度가 실시되었기 때문에 그 구별은 사실상 고정화되는 경향이 있었다.

한편 정호는 특정 직역을 지니지 않은 일반 백성이고, 백정은 정호 구성원의 하나였다는 견해도 있다. 정호는 국가에서 수취 단위로 파악하는 전정과 호구가 결합된 호이며, 직역을 담당한 계층이 아니었다는 것이다. 그렇지만 기인을 뽑아 올리는 규정이나 군인전을 지급하는 규정 등을 살펴보면 향리·기인·군반씨족제의 군인 등 직역을 담당하는 계층이 전정을 보유했음이 확실한 이상, 그들과 계층적으로 구분되는 정호를 따로 설정하는 것은 문제가 있다고 본다.

부곡제 지역민은 양인인가 천인인가

고려시대에는 특수한 지방행정구역으로 향·소·부곡 등이 있었다. 이곳을 본관으로 하는 이들은 주로 농업에 종사하면서 부세를 내고, 추가로 국가직속지를 경작하거나 수공업제품을 생산하여 국가에 납부하는 특정한 역을 부담했다. 그들은 잡척雜尺이라 불리면서 일반 군현민보다 차별을 받았다. 국학 입학이 금지되었고, 과거에 응시할 수 없었으며, 승려가 되는 것도 제한을 받았다. 특히 자손의 귀속에서도 노비와 비슷한 취급을 받아, 군현민과 잡척이 결혼하여 낳은 자식은 모두 잡척에 속했고, 잡척 사이의 소생은 반으로 나누어 양쪽에 소속시키되 남는 숫자는 어머니 쪽에 속하게 한다고 정해졌다. 이런 차별 때문에 묘청의 난을 진압한 뒤 관련자 처벌에서 가장 격하게 저항한 자에게는 '서경 역적'이라고 새겨 섬으로 유배하고, 다음은 '서경'이라고 새겨 향·부곡으로 유배하며, 그 다음은 일반 군현에 흩어두는 식으로 구별하는 것이 가능했다.

향·소·부곡과 비슷한 위상을 갖는 특수행정구역으로 진津·역驛·장莊·처處 등도 있었다. 현재 비판적인 의견도 있지만, 대개 그 지역들이 받는 법제적 차별과 국가에 대해 특수역을 부담한다는 기능적 동질성을 중시하여 부곡제 지역이라고 묶어서 파악하는 것이 일반적이다.

현재 부곡제 지역민의 신분에 대해서도 천인설과 양인설이 나뉘고 있다. 천인설의 주된 근거는 위에서 살핀 것처럼 일반 군현민보다 낮은 차별대우를 받았다는 점이다. 그 발생과 관련시켜서 볼 때 고대사회에서 소국이 분립하여 서로 투쟁을 벌이면서 발생한 예속민집단이 초기형태의 부곡을 낳았고, 그것이 고대국가의 군현제에서 천인적 특수촌락으로 제도화되었다거나, 나말여초 호족들이 각축을 벌이던 시기에 지배-예속관계에 의해 발생한 예속촌락들이 부곡제로 편입되었다고 파악했다.

이에 비해 양인설을 주장하는 사람들은, 천인설의 근거가 되었던 사료들을 재검토하면서 이를 달리 볼 수 있다고 지적했다. 이를테면 부곡인과 노奴가 주인이나 주인의 가까운 친척 어른을 간음했을 경우 사형에 처한다는 조항이 있는데, 이는 고려의 여러 제도가 당나라 법제를 바탕으로 만들어지는 과정에서 잘 정리되지 못하고 남은 것일 뿐이라고 했다. 고려 부곡인들은 사적 예속민이었던 중국과 달리 군현제지배를 받으면서 국가에 부세를 부담하는 공민으로 존재했다. 따라서 주인이 있을 리 없었다. 또한 14세기 후반 부곡의 생활상을 보여주는 사례를 살펴봐도 천인집단으로 보기 어렵다고 했다. 부곡제의 발생배경으로는 농지 개간이 진행되면서 월경지越境地 처리 과정에서 나타났을 가능성과, 국가가 필요로 하지만 지역적으로 분리하여 파악하는 것이 유리한 특수한 역을 반왕조적 집단에게 부담시키면서 나타났을 가능성 등이 제기되었다. 아직 다수의 개설서가 부곡제 지역민을 천인이라고 쓰고 있지만, 1980년대 이후 양인이면서 일반 군현민에 비해 차별받는 존재였다고 파악하는 견해가 점차 유력해지고 있다.

이렇듯 고려시대는 양천제를 실시하면서도 양인과 천인 각각의 신분 내부에서 아직 동질성을 확보하지 못한 단계였다. 부곡제는 12세기부터 차별에 저항하는 그곳 주민들의 항쟁과 지역개발의 결과 해체되어갔다. 이로써 중간계층의 사회적 지위가 하락됨과 동시에 양인 내부에서도 신분적 동질화가 뚜렷해졌다. 그런 과정을 거쳐 신분제에서 양천의 신분규범이 명확히 확립되었다는 점을 고려에서 조선으로 이어지는 사회변화의 하나로 파악할 수 있다.

채웅석

가톨릭대 성심캠퍼스 인문학부 교수로 재직 중이다. 고려시대사를 전공했다. 대표논저로『궁예의 나라 태봉, 그 역사와 문화』(공저), 『고려 무인정권과 명학소민의 봉기』, 『한국사에 있어서 지방과 중앙』, 『고려시대의 국가와 지방사회』 등이 있다.

2군 6위는 어떤 이들로 구성되었을까

고려의 군사조직은 중앙의 2군軍 6위衛와 남도 지역의 주현군, 양계 지역의 주진군으로 편제되어 있었다. 중앙군인 2군 6위는 45개의 영領 단위로 구성되었으며 그중 2군이 3령, 6위가 42령이었다. 1령은 편제상 정원이 천 명씩이었으므로 중앙군의 총병력이 4만 5,000명이었던 셈이다. 2군 6위 중 2군은 국왕과 궁실을 호위하는 친위부대였고, 6위는 개경을 방어하는 수도경비부대였다.

그동안 고려시대 군제사 연구에서는 중앙군인 2군 6위를 구성하는 군인의 사회적 성격을 둘러싸고 논쟁이 진행되었다. 즉 군인의 구성신분을 농민층으로 보는 부병제론府兵制論과 군반씨족이라는 특수한 계층으로 보는 군반제론軍班制論 사이의 논쟁이다. 그리고 최근에는 부병제론과 군반제론을 절충한 이른바 이원적 구성론이 제시되고 있다.

논쟁의 역사적 배경

고려 말 조준趙浚이나 정도전鄭道傳을 비롯한 일련의 개혁론자들은 정치제도, 토지제도, 군사제도 등 각 부문에 걸친 일대 개혁을 주장했다. 이들의 개혁은 대체로 중국의 제도와 고려 국초 제도의 장단점을 참고하여 그 장점을 취하려는 것이었다. 군제개혁에서도 이들은 고려 국초의 제도를 참고했다. 당唐나라의 부병제를 이상적인 군제로 생각하고 이를 군제개혁의 목표로 삼았던 조준이나 정도전 등은 고려 전성기 때의 군제를 당의 부병제와 같은 것으로 인식하여 자못 볼 만한 것이 있었다고 높이 평가했다.

조선 초『고려사』병지 편찬자들 역시 고려의 군제를 부병제로 이해했다. 즉 병지 서문에 "고려 태조가 삼한을 통일하고 처음 6위를 설치했다. 위에는 38령이 있고 영은 각각 천 명인데 상하가 서로 연결되고 체통이 서로 이어지니 대개 당나라 부위府衛제도와 유사했다"라고 한 것이다. 또한 주현군조 서문에서도 "고려의 병제는 대체로 당나라의 부위제도를 모방했다"라고 하여 고려의 병제를 당의 부위제도 내지 그와 유사한 제도로 이해했다. 이처럼 고려 병제를 부병제로 이해하는 부병제론은 일제강점기를 거쳐 1960년대 초까지 고려시대 연구자들에게 그대로 받아들여졌다.

그러나 1950년대 말 이기백은 부병제를 비판하는 반론을 제기하면서 새로이 군반제론을 주장했다. 그 후 군반제론은 최근까지 거의 정설처럼 이해되어 각종 개설서와 교과서에 그대로 수용되었다.

한편 1980년 후반 이후에는 군반제론과 부병제론의 문제점을 모두 비판하면서 두 요소의 존재를 모두 인정하는 새로운 연구들이 나왔다. 이른바 이원적 구성론이 그것이다. 이원적 구성론에 대해서는 이를 비판하고 다시 군반제론을 옹호하는 연구가 있는가 하면, 일단 이원적 구성 자체는 인정하면서도 기본적으로 부병제의 틀을 벗어나는 것은 아니었다는 주장도 나오고 있다.

부병제론의 내용

　부병제란 중국 서위에서 창시되어 북조北朝와 수隋를 거쳐 당나라 초에 완성된 징병제이다. 부병제의 본래 의미는 군대의 통할기구상 궁성과 도성의 경비를 담당하는 중앙군과 변경의 방비를 담당한 진수군, 그리고 병력공급원으로서 지방치안의 중심을 이루는 지방 군부라는 3조직, 3요소가 중앙 병부의 인사권, 감독지휘·명령권을 축으로 하나로 결합·운용되는 것이다. 또한 상비군사력의 구성요소에서도 특정 집단을 군호로 삼아 세습적인 병력공급원으로 삼는 것이 아니라 일반 민정民丁으로부터 정원만큼 선정하는 것이다.
　이 두 가지 특징이 조합을 이룰 때 중앙·지방·변경의 군대를 등질의 기반 위에서 통일적으로 운용하는 부병제의 특색이 분명해진다. 그리고 이는 이른바 수·당 제국 전국통일의 상징이었다. 반면 중앙·지방·변경 3요소의 분리 내지 이질화는 곧 통일제국의 해체였다고 일컬어진다. 그래서 부병제는 지방과 중앙을 결합하는 통일의 유대로서 단순한 군사적 의의 이상의 정치적 의미를 갖고 있었다.
　따라서 진정한 의미의 부병제 성립이란 중앙·지방·변경 3요소가 결합된 시점을 가리키며, 또 그 병력공급원이 오로지 지방 군부가 파악하는 토착농민의 번상역番上役으로 일원화된 때를 가리킨다. 부병제의 특징을 단순히 병력구성상 농민병이라는 점이나 징발방식에만 주목해서 파악한다면 수·당 이전에도 또 이후에도 같은 제도가 존재했기 때문이다.
　지금까지 고려시대 군제사 연구에서 사용되었던 '부병제'라는 용어는 주로 군인의 사회적 신분이 농민이라는 점에 초점을 맞춘 것이었다. 물론 부병제는 기본적으로 병농일치제에 기반하고 있지만, 병농일치의 군제가 곧 부병제는 아니다. 예컨대 부병제가 실시되기 이전인 한漢나라의 군제도 모든 농민이 병사인 병농일치제였다. 따라서 병농일치제를 부병제와 동일시하는 것은 부병제 본래의 의미와 차이가 있다. 당의 부병제는 농민의 의무병역에 의해 구성되는 국가상비군제도였다. 농민은 균전제를 기반으로 국가로부터 토지를 지급받았으며, 국가는 이들 균전농민을 대상으로 조·용·조를 징수하거나 군역을 부과했다. 부병은 군역을 부담하는 대신 조·용·조 의무를 면제받았다.

균전제가 실시되지 않았던 고려는 당과 역사적 여건이 달랐지만, 군인은 농민으로서 병농일치 내지 군민일치의 제도가 시행되었고, 또 농민들은 상번과 비번으로 나뉘어 교대로 수도로 번상했다. 이 점에서 고려 군제는 본질적으로 당의 부병제와 동일한 성격이었다고 파악된다. 지방의 주현군은 보승·정용·일품군으로 편제되었는데, 주현군의 기간을 이룬 것은 보승·정용군이었다. 주현군의 보승·정용군 가운데는 경군의 비번, 휴한의 보승·정용군이 포함되어 경군 보승·정용군의 편제는 상번군과 비번군으로 조직되는 당의 부병제와 매우 흡사했다고 파악되었다.

군인이 농민이었다는 점에서 고려의 병제는 당의 부병제와 비슷한 성격을 가졌지만, 그 경제적 기반에서는 차이가 있었다. 당의 부병제는 국가적 급전을 받는 균전농민을 대상으로 했기 때문에 조·용·조의 면제를 조건으로 부병을 확보할 수 있었지만, 고려의 경우 당과 같은 균전제가 실시되지 않았으므로 부병을 확보하기 위해 별도로 군인전을 설치하지 않을 수 없었다.

군반제론의 내용

군반제란 중앙군을 구성한 군인들이 일반농민이 아니라 군반씨족의 적籍에 올라 대대로 군인직을 세습하는 전문군인이었다고 보는 견해이다. 군반제는 전체 농민을 대상으로 하는 징병제 실시가 어려웠던 후삼국 혼란기에 등장한 제도로 이해된다.

신라 말에는 중앙귀족이나 지방호족들이 각기 사병을 거느리고 있었는데, 대개 농민을 징발하거나 유민을 모집한 것이어서 처음에는 전문적인 병사가 아니었다. 그러나 후삼국의 전란이 길어지면서 군사복무가 장기화되어 전문군인의 성격을 지니게 되었고, 신분도 점차 향상되었다. 이런 역사적 배경 속에서 군반씨족이라는 독특한 군인신분이 형성되었고, 특수신분층으로서 군반씨족이 대대로 경군을 이어가면서 이들이 전문군인이 되었다는 것이다.

군인은 귀족·향리·농민과 별도로 씨족 단위로 작성되는 군적에 편입되었고, 이에 의해 군인의 자손친족이 후계자로 군역을 세습했다고 보았다. 세습할 자손친족이 없는 경우 선군제選軍制에 의해 보충했다. 따라서 선군제의 존재는 고려 군제가 당의 부병제와 다른 특수한 것이었다는 증거의 하나로 중요시된다.

군역의 대가로 지급되는 군인전은 관리들에게 지급하는 전시과와 같은 성격의 토지로, 군호에 할당된 2명의 양호에게 경작케 하여 납입받은 것으로 보았다.

이처럼 군반제론에서 군역은 농민의 조·용·조와 다른 차원에서 파악되었다. 군역은 향리가 부담하는 향역과 함께 직역이라 불렸고, 직역을 부담하는 계층은 지배층인 귀족관료와 피지배층인 농민의 중간에 위치하는 신분층이었다는 것이다.

이원적 구성론

이원적 구성론은 2군 6위의 중앙군을 구성하는 군인은 농민층이나 군반씨족층의 어느 한 요소로만 이루어진 것이 아니라, 두 요소가 모두 포함된 것이었다고 보는 견해이다. 이런 견해는 지금까지 부병제론이나 군반제론에서 2군 6위의 군인 전체를 병농일치의 농민군 또는 전문적 전업군인으로 간주하고, 그 내부에 성격을 달리하는 이원적 구성의 가능성을 고려하지 않았다는 다음과 같은 비판에서 나왔다.

첫째, 기존의 부병제론과 군반제론은 2군 6위의 군인 전체가 전시과 규정의 토지를 지급받는 것으로 이해했기 때문에 군인전으로 필요한 토지 결수가 전국의 토지를 상회할 정도로 지나치게 많다는 점이다. 이는 지금까지 전시과 군인전 지급대상자로 이해되어온 2군 6위의 중앙군 모두가 전시과 군인전의 지급대상이 될 수 없었음을 보여준다. 따라서 2군 6위의 중앙군 가운데는 전시과의 군인전을 지급받는 군인과 그렇지 않은 군인의 구별이 있을 수밖에 없다는 것이다.

둘째, 군반제론의 주장처럼 2군 6위 중앙군 전체를 개경에 거주하는 전문군인으로 볼 경우 당시 개경의 인구수에 비추어 군인 및 그 가족이 차지하는 비중이 너무 크다는 점이다.

셋째, 2군 6위를 구성하는 각 부대의 임무차이를 통해 군인의 구성을 이원적으로 파악할 수 있다고 본다. 즉 2군 6위는 국왕과 왕실을 호위하는 친위부대와 수도를 경비하고 국경지대를 방수하는 부대로 구분되는데, 전자는 수도에 거주하는 전업군인이 수행해야 할 임무이고 후자는 다수의 농민군이 교대로 수행해야 하는 임무라고 보았다.

이런 비판 위에서 2군 6위 중앙군은 이질적인 두 요소로 구성되었다고 파악하는 견해들이 제시되고 있다. 이런 견해는 2군 6위를 구성하는 군인의 구분기준이나 구체적인 구분내용에서 차이가 있지만, 기본적으로 2군 6위의 군인이 두 요소, 즉 군반제적 요소와 부병제적 요소로 구성되었다고 이해하는 점에서 공통적이다.

두 요소 가운데 군반제적 요소는 신라 말 호족들의 사병에서 비롯된 것으로 이해되었다. 후삼국 통일 후 호족에 대한 숙청으로 이들의 군사기반이 해체되면서 전문군인의 성격은 국왕의 친위군에만 남게 되었는데, 이 국왕친위군이 군반씨족인 2군을 이루게 되었다는 것이다.

한편 부병제적 요소는 당의 부병제를 수용한 것으로서, 호족이 거느리던 사병들이 국가의 통제하에 편제되어 6위로 정비된 것이라고 한다. 새로 실시된 당의 부병제는 통치질서를 정비하고 중앙집권력을 확대하려는 고려 정부의 목적에 부합하는 것이었다고 보았다.

지방군의 중앙 번상 여부

다음으로, 지방 주현군 소속의 보승·정용군이 번상하여 중앙군인 2군 6위 소속의 보승·정용군을 구성했는가 하는 문제가 있다. 부병제론은 『고려사』 병지 주현군조에서 "고려의 병제는 대체로 당의 부위제를 모방한 것으로서 주현에 흩어져 있는 병사 역시 모두 6위에 속했다"라고 한 데 근거하여 지방 주현의 보승·정용군이 번상하여 중앙군의 보승·정용군을 구성했다고 본다.

그 근거의 하나는 남도 주현군의 보승·정용과 2군 6위의 보승·정용의 명칭이 같다는 점이다. 『고려사』 병지 주현군조에는 남방 5도 주현의 병종별 군액이 기록되어 있는데, 군액이 파악된 주현은 모두 지방관이 파견된 곳으로 군사도軍事道 또는 군목도軍目道라 불린다. 부병제론에서는 바로 이 남도 주현의 보승·정용군이 교대로 번상하여 6위의 보승·정용군을 구성한 것으로 본다.

"겨울옷을 가지러 귀향했다가 오랫동안 번상하지 않는 군인들에게 빨리 서울로 올라오도록 명령했다"라든가, "제위의 군사들은 국가의 조아爪牙이니 마땅히 농한기에 훈련을 시켜야 한다"라고 한 『고려사』의 기록에서 볼 수 있는 것처럼, 중앙 제위의 군사들은 지방에서 번상 입역하는 농민군이라는 것이다. 또한 『고려도경高麗圖經』이나 『송사』 고려전 등 중국 측 기록에 보이는 6군 상위上衛 이외에 나머지 군인은 6군 가운데 상번上番이 아닌 비번非番의 지방군을 가리키는 것으로 보았다.

그러나 군반제론은 다음과 같은 근거를 들어 부병제론에서 주장하는 주현군의 번상을 인정하지 않는다. 첫째, 2군 6위 보승·정용군의 군액과 주현군 보승·정용군의 군액이 일치하지 않는다는 점이다. 만일 주현군 소속 보승·정용군이 6위 소속 보승·정용의 비번재향군인이라면, 주현군 보승·정용군의 군액은 원칙적으로 6위의 그것보다 많거나 최소한 같아야 한다. 그런데 주현군 보승·정용군의 합계 2만 8,355명은 6위 소속 보승·정용군 3만 8,000명에 비해 그 수가 너무 적다는 것이다.

둘째, 6위와 주현군에서 차지하는 보승·정용군의 상호비례상 6위의 보승은 2만 2,000명인데 주현군의 그것은 8,601명이고, 6위의 정용은 1만 6,000명인데 주현군의 그것은 1만 9,754명으로 특히 보승군의 차가 너무 심하다. 따라서 주현군 보승·정용군이 상경하여 6위 보승·정용군을 구성했다고 보기 어렵다고 주장한다.

이런 군반제론의 비판에 대해 부병제론에서는 다음과 같이 해명했다. 첫째, 6위 보승·정용군의 군액과 주현군 그것의 차이는 중앙군이 편제상 완비·충족되었을 경우와 현실적으로 확보되어 있는 실제상의 군액차라는 것이다. 즉 중앙군 내부의 만성적 병역기피나 도주로 인해 많은 결원이 생긴 결과로 볼 수 있다고 했다.

비율 문제의 경우 6위 보승이 2만 2,000명인데 주현군 보승이 불과 8,601명이며, 6위 정용이 1만 6,000명인데 주현군 정용은 1만 9,754명으로 차이가 심하다. 이는 6위 38령의 편성관계를 전하는 사료와 주현군의 기록 사이 오랜 연대의 차이에서 기인하는 것으로 볼 수 있다고 한다. 즉 시간의 경과에 따라 군대편성에서 보승과 정용의 군액이 군사적·사회적 요인에 따라 크게 변화한 것으로 볼 수 있다고 주장했다.

한편 지방으로부터 주현군의 번상을 부정하는 군반제론에서는 대부분의 중앙군이 개경에 거주했다고 이해한다. 이는 3만~4만 5천 명에 달하는 군인과 10만 명 이상의 가족이 대부분 개경에 거주했다는 이야기가 된다. 몽골의 침입으로 고려가 강화도로 천도했을 때 개경의 인구가 약 10만 명으로 추산되고, 세종대에 한양을 중심으로 한 수도권의 인구도 2만 호(9만 명)를 넘지 못했다고 파악되며, 1940년대 개경의 인구도 1만 6천여 호(약 7만 2,000명) 정도였다는 점을 들어 고려시대 개경의 인구가 그 이상이었다는 것은 납득하기 곤란하다는 비판이 있다. 그러나 군반제를 옹호하는 측에서는 조선 초 중앙집권력의 한계로 호구파악이 제대로 이루어지지 못했고, 고려와 조선의 수도권범위는 서로 다르므로 양자를 평면비교할 수 없으며, 고려시대 도읍으로서의 개경과 더 이상 도읍이 아닌 1940년대의 개경을 비교하는 것 자체가 무리라는 반론을 펴고 있다.

이원적 구성론 역시 2군 6위의 군인 모두가 군반씨족의 전문군인으로서 개경에 거주했다는 군반제론의 주장에 대해서는 비판적이다. 부병제론과는 달리 2군 6위의 군인 가운데 소수의 전업군인만이 개경에 거주했고, 대부분의 보승·정용군은 가족과 생활기반을 지방에 두고 있었다고 본다.

중앙군의 신분과 사회적 지위

부병제론은 중앙군의 신분을 농민으로 보지만, 군반제론은 군반씨족이라는 특수한 계층으로 파악한다. 군반씨족이라는 용어는 『고려사』세가 문종 18년의 기록에서 유일하게 발견된다. 즉 "병부에서 아뢰기를, 군반씨족의 적籍을 만든 지 이미 오래되어 좀먹고 썩어 군액이 분명치 않으니 옛 방식에 의거하여 다시 장적을 고쳐 만들기를 청합니다 하니 그에 따랐다"라는 기록이다.

군반제론에서는 군반씨족의 적에 올라 있는 자들은 중앙군을 구성한 군인들로서, 농민군이 아니라 대대로 군인직을 세습하는 전문군인이라고 본다. 군반씨족의 기원은 후삼국시대 호족의 사병들로서, 그 근본은 대부분 농민이었지만 오랫동안 통일전쟁에 종사하다가 농민과 다른 군적에 등록되어 군역을 세습하는 가운데 자연히 군인으로서 특수한 신분층을 이루게 되었다는 것이다. 또한 중앙군은 핵심지배층인 관인체제에 들지는 못하지만 말단관료체제에 포함되는 중간계층으로 보았다. 그러나 군역의 부담은 무거웠고, 군인에 대한 국가의 처우가 규정대로 이루어지지 못하면서 점차 지위가 저하된 것으로 이해했다.

이런 주장에 대해 부병제론은 군인이 국가로부터 토지를 지급받았다는 이유만으로 향리나 이속에 견주어 관료체계의 말단에 포함시킬 수는 없으며, 또한 군역은 천인의 역이 아닐지라도 천역으로 인식되는 가혹한 육체노동임이 분명한데, 이런 천역에 종사하는 군인과 국가권력을 농민에게 강제하는 권력행사자인 향리 등속을 서로 같은 것으로 비기는 데는 큰 문제가 있다고 했다. 향리는 비록 말단이지만 국가권력을 집행하는 특권적 위치에 있었고, 군인에게는 이런 특권이 전혀 수반되지 않았다는 것이다.

이처럼 부병제론은 중앙군을 농민으로 파악하지만 전체 농민층을 군역대상으로 보지는 않는다. 즉 중앙군의 군역은 원칙적으로 군반씨족이라는 특수층의 정인丁人을 대상으로 편성되었으며, 군호를 설정할 경우 군역을 부담하기에 충분한 경제기반을 갖춘 부농을 먼저 선정대상으로 삼았을 것이라고 했다.

한편 이원적 구성론은 2군 6위 군인이 신분이 다른 두 부류로 구성되었다고 본다. 양반·향리·군반씨족 등 특정 군인층과 주현의 번상 농민병, 또는 2군의 군반씨족과 6위의 농민 출신 부병, 또는 상급군인층과 하급군인층, 또는 전업군인과 자영농민군 등으로 구성된 것으로 본다. 대체로 2군의 군인은 군반씨족, 6위의 군인은 농민 번상군 또는 2군 6위 가운데 보승·정용군은 농민 번상군, 나머지는 전업군인 등 신분이 다른 두 요소로 이루어졌다고 보았다.

군인전의 내용과 성격

군역부담의 대가로 지급된 군인전에 대해서도 내용과 성격을 둘러싸고 견해 차이가 많다. 그러나 군반제론과 부병제론 모두 군인전을 전시과 규정에 따라 지급된 토지, 즉 전시과 계열의 토지로 보는 점은 공통된다.

먼저 군반제론의 경우, 중앙군은 특수신분층으로 중앙지배체제에 포함되어 관리와 마찬가지로 전시과 규정에 의해 토지를 지급받았다고 보았다. 부병제론 역시 전시과 규정에 나타나는 마군馬軍, 역역·보군步軍, 감문군監門軍을 부병 일반으로 간주하여 이들에게 전시과에 규정된 군인전이 지급되었다고 보았다. 그러나 지급된 군인전의 지배내용이나 경작방식 등에 대해서는 견해를 달리한다. 먼저 군반제론은 타인소유의 토지에 대해 수조권이 지급된 것, 즉 군인은 지급받은 토지를 수조지로 소유하여 수조권을 행사한 것으로 본다. 군인전이 중앙지배체제에 포함된 자에게만 지급되는 전시과 내에 포함되어 있는 것도 바로 수조권이 지급된 토지였기 때문이라는 것이다.

반면 부병제론은 군인 자신의 소유토지를 군인전으로 설정하여 일종의 면세권을 주는 것으로 파악했다. 즉 농민들이 본래 소유하고 있던 민전에 대해 조세면제의 조건으로 군인전을 설정하고 지급이라는 의제적 형식절차를 취했다는 것이다. 다만 소유지가 적어 군호로서 구실하지 못할 경우 국가가 일정 면적의 공전을 더 지급했는데, 이때 지급되는 공전은 타인의 민전이었다고 보았다. 군인전이 군호소유의 토지 위에 설정되었을 경우 조세를 면제해주는 형식을 취했고, 타인의 민전 위에 설정된 경우에는 그 조세를 국가 대신 군호가 수취하는 형식이었다는 것이다.

이처럼 각 입장에 따라 군인전의 지배내용이 다르기 때문에 경작방식에서도 차이가 나타난다. 먼저 군반제론은 군인들이 직접 군인전을 경작하는 것이 아니라 군호에 할당된 2인의 양호에게 경작시켜 그 조를 수취했다고 본다. 이에 반해 부병제론은 군호소유 군인전의 경우 군인가족과 그들을 돕는 양호의 노동력에 의해 경작되었다고 본다. 즉 군호는 양반과 달리 수조권을 지급받아 좌식坐食하는 방식이 아니라 군인 및 그 가족이 직접 토지경작에 종사하는 농민이었다는 것이다. 한편 이원적 구성론은 중앙군의 구성을 이원적으로 파악하기 때문에 군인전도 이원적으로 파악했다. 즉 전업군인들은 전시과에 규정된 군인전을 수조지로 지급받았지만 농민 번상군은 입역기간에만 군인호의 농경보조자로서 양호를 지급받았다고 보거나, 전업군인과 달리 본래부터 소유하고 있던 민전이 군인전으로 설정되어 조세를 면제받았다고 보기도 하여, 이원적 구성론 내부에도 견해차이가 있다.

특히 후자의 경우 고려시대 국가의 토지분급제를 두 가지 방식, 즉 전시과 계열의 토지와 족足·반정半丁 계열의 토지로 나누고, 전자의 군인전은 수조권이 지급된 것이며 후자의 군인전은 자기 소유의 토지에 대해서는 면조권이 지급된 것으로 이해했다. 그러나 이와 같이 군인전을 성격이 다른 두 부류로 구분한다고 해도 군인전 총액의 과다성 문제는 여전히 해결되지 않는다.

군제사에서 각 군제의 위치

군반제론은 핵심적인 부대의 인적구성과 그들이 짊어지는 군역의 성격변화를 기준으로 한국사에서 병제의 발전 과정을 씨족 및 부족사회단계의 부족군제, 삼국에서 통일신라시대의 명망군제名望軍制, 나말여초의 군반제, 고려 후기 이후의 병농일치제로 구분했다.

먼저 군역담당계층을 볼 때, 부족군제는 부족과 분리된 군사조직이 따로 없는 완전한 개병제였지만, 삼국의 명망군제에 이르러 왕경에 거주하는 왕경인이 정치적 지배자인 동시에 국가병력의 주된 구성원이 되었고, 고려 전기 군반제에서는 전국의 호구 중 일정한 군반씨족 혹은 군호로 확대되었으며, 고려 후기 이후 병농일치제에 이르러서는 전체 농민으로 확대되는 군역담당계층의 확대 과정이 있었다고 파악했다. 또한 군역의 성격면에서 초기의 군역은 명예로운 권리였지만 점차 의무로 변화했다고 보았다. 즉 군반제 실시 초기에는 군역에 명예로운 권리의 잔영이 남아 있었지만 병농일치제 이후 완전히 의무적인 것으로 변화했다는 것이다. 결론적으로 군반제는 명망군제와 병농일치제 사이에 존재했던 군제로서, 군역이 전체 농민으로 확대되기 이전 단계의 군제인 동시에 괴로운 의무가 되기 전 단계의 군제였다고 파악했다.

이런 군반제는 중국 서진에서 남북조시대에 걸쳐 실시된 병호제兵戶制와 유사한 성격의 군제였다. 병호제란 병사와 그 가족을 일반 민적에 넣지 않고 병호로 특별취급해 호 내의 남정男丁에게 대대로 병역의무를 지게 하는 제도였다. 중국에서는 춘추전국시대부터 일반민을 상비군으로 징발하기 시작해 진한시대에 이르러 모든 서민층이 징병의 모체가 되었다. 그러나 후한 중엽 이래 왕실이 붕괴하고 군웅이 할거함에 따라 민의 피폐와 유망이 심화되어 토착민을 징병의 모체로 삼을 수 없게 되었고, 그 대응책으로 나타난 군제가 바로 병호제였다. 군인과 그 가족을 왕실 근거지에 안집시켜 어느 정도 안정된 생활을 보장해주는 대신 이들을 병호로 삼아 대대로 병역의무를 부과하는 방법이다. 이처럼 병호제는 전체 농민을 대상으로 하는 징병제 실시가 불가능한 통일왕조 분열기에 일시적으로 나타나는 과도기적 성격의 군제였다.

우리 역사에서도 중국의 후한 말 남북조시대와 비슷한 사회변동을 경험한 후인 삼국시대에 군사력 확보에 어려움을 겪으면서 중국의 병호제와 비슷한 성격의 군반제가 등장했을 가능성이 있다. 그러나 후삼국을 통합하고 전국을 일원적으로 지배할 수 있는 집권체제를 확립한 뒤에도 군반제를 유지할 필요성이 있었는지는 의문이다. 또한 군반제는 군인과 그 가족의 생활보장책을 마련해주어야 하므로 막대한 경비가 필요했기에 국가재정 측면에서 볼 때 유지비용이 막대하다. 이에 반해 병농일치의 부병제는 병력의 충원기반을 자영농민층에 둠으로써 군사를 기르는 데 필요한 경비를 절약할 수 있을 뿐만 아니라 동시에 농업생산의 성장도 가져올 수 있다. 후삼국 통합으로 부병제를 실시할 수 있는 정치적·사회적 조건을 갖추게 된 고려왕조가 군이 막대한 유지비용이 드는 군반제 같은 병제를 계속 유지하려 했을지 의문이 든다.

한편 이원적 구성론의 입장에서는 고려 전기 중앙군제의 역사적 위치를 본격적으로 언급한 연구가 보이지 않는다. 다만 고려 전기의 군제를 전통적인 군반씨족제와 당 부병제의 혼합으로 이루어진 독특한 형태로 파악하려는 견해가 있다. 즉 2군에는 군반씨족제가, 6위의 보승·정용에는 부병제의 원리가 적용되는데, 그 가운데 군반씨족제는 전통적 성격이 농후한 병제로 보고 부병제는 당의 병제로 보아, 고려 전기를 병제사에서 전통적인 것과 당제적인 것의 혼합이 일어나는 시기로 이해한다. 나아가 당 부병제의 채용은 중앙집권적 정치질서의 확립에 기여하고 고려의 통치질서를 한 차원 높여준 조치로서, 이후 전통적 병제를 청산하고 국민개병제로 넘어가는 중에 나타난 과도적 군제라는 점에서 역사적 의의를 지닌다고 평가했다.

그런데 과연 군반제를 고려만의 독특한 성격의 병제로 볼 수 있을지 의문이다. 이미 앞에서 언급했듯이, 군반제는 중국 병제사에서 토착농민을 군역징발의 대상으로 할 수 없는 통일왕조 분열기에 나타난 병호제 같은 성격의 군제이다. 따라서 군반제와 부병제를 군제의 발전 과정에서 선후의 단계적 차이가 있는 것으로 이해하는 데는 문제가 있다고 생각한다.

논쟁의 의미

고려 군사력의 주력을 이루는 중앙군의 구성을 둘러싼 논쟁, 즉 중앙군이 농민층 일반으로 구성되었는가, 아니면 일부 특수계층인 군반층으로 구성되었는가를 둘러싼 논쟁은 군역담당층의 성장 정도나 국가집권력의 발전 정도와 관련된 중요한 문제이다.

군반제는 고려 전기까지 농민층 일반이 군역담당층으로 성장하지 못했다고 이해하며, 또한 국가집권력의 면에서도 국가가 전인민을 일원적·통일적으로 지배할 수 있을 만큼 중앙의 집권력이 발달하지 못했다고 인식하는 것처럼 보인다. 그러나 일반적으로 삼국통일전쟁이 본격화되는 6세기 무렵부터 일반민이 군역담당층으로 징발되기 시작하여 통일신라시대에는 병농일치의 병제가 실시된 것으로 이해되고 있다. 삼국 간 전쟁이 장기화됨에 따라 왕·귀족·왕경민 등 지배세력 중심의 전쟁에서 점차 지방민을 포함한 전구성원의 전쟁으로 그 범위가 확대되었다. 또 총력전의 양상을 띠면서 집권층은 재정이나 군사력 확보의 필요에 따라 피지배층 일반을 적극적으로 동원했다. 그 결과 삼국시대 후반에 이르면 일반민들이 전쟁비용을 부담하고 노동력을 제공할 뿐만 아니라 군인으로 징발되어 전투를 담당하게 된다. 일반민의 군역동원은 그들의 지위가 이전 단계에 비해 상승되었음을 보여준다.

물론 일반민이 군역에 동원되었다 해서 모든 농민이 군역을 지게 된 것은 아니었다. 고려 전기 국역부담에서 정호층과 백정층이 구분되는 것을 볼 수 있듯이, 병농일치의 군제가 실시된 초기에는 비교적 부유한 상층농민이 군역을 담당했을 것이다. 이들 상층농민도 어디까지나 신분적으로는 농민이요, 피지배층이었다. 물론 전체 군인 가운데 일부 군인층은 특수신분으로 구성된 전문군인이었을 것이다. 그러나 이들 전문군인이 차지하는 비중은 극히 일부에 불과했고, 대다수 군인은 일반농민 출신의 의무병이었다.

농민 번상병인 부병은 윤번으로 복무했기에 중앙집권이나 왕권보호에 불리했다. 때문에 국가에서는 신분에 관계없이 무예에 능한 자를 뽑아 친위군을 조직함으로써 숙위의 역량을 강화했다. 당唐의 병농일치제에서도 농민병으로 구성된 부병 외에 다른 병제가 부병제와 조합되어 각각의 기능을 분담했다.

또한 병권의 중앙집중이라는 측면에서 후삼국을 통합한 고려왕조의 정치적 과제 중 하나는 호족들에게 분산되어 있던 병권을 중앙으로 집중시키는 일이었다. 이와 관련하여 주목되는 것은 군대통할에서 부병제가 갖는 중앙집권적 성격이다. 즉 부병제는 군대통할에서 궁성과 도성의 경비를 담당하는 중앙군,

변경을 방비하는 진수군, 병력공급원으로서 지방 치안의 중심을 이루는 지방군이라는 3요소가 중앙 병부의 인사권, 감독지휘권, 명령권을 축으로 하나로 결합·운용되는 병제였다.

고려에서도 당과 똑같은 형태의 부병제가 실시되었는지는 의문이지만, 적어도 부병제의 기본특성의 하나인 중앙군·지방군·변경군 3요소의 통일이라는 관점에서 볼 때 부병제적 특징을 갖는 병제가 있었다고 이해할 수 있을 것이다. 먼저 2군 6위의 중앙군 가운데 소수의 전문군인층을 제외한 대다수 보승·정용군은 주현에서 교대로 번상하는 지방군에 그 기반을 두고 있었고, 양계의 변경군 역시 토착주민으로 조직된 주진군 이외에 주현으로부터 번상한 군인들로 충원되어 남도 지방군에 그 기반을 두었다.

이처럼 고려 전기의 중앙군과 양계 변경군, 그리고 남도 지방군의 3조직은 같은 기반 위에서 중앙정부가 장악한 병권을 축으로 하나로 결합·운용했다. 이는 후삼국 통일 후 왕권확립과 중앙집권화 과정에서 호족 휘하 사병 성격의 군사력을 지방군으로 흡수하고 분산된 병권을 중앙으로 집중하여 전국적 군사통할기구의 집중과 일원화를 이뤄가는 과정 속에서 나타난 귀결이었다.

권영국

숭실대 사학과 교수로 재직 중이다. 고려시대사를 전공했다. 대표논저로 『한국사 길잡이』, 『고려시대 사람들은 어떻게 살았을까』(공저), 『14세기 고려의 정치와 사회』(공저) 등이 있다.

삼별초는 어떤 조직인가

12·13세기 고려사회는 대내외적인 어려움에 처해 있었다. 대내적으로 의종 24년(1170) 무인정변 이후 정치적 혼란과 향촌사회의 대대적 저항에 직면했고, 대외적으로는 거란유종契丹遺種·몽골 등 북방세력의 지속적인 침략이 있었다. 이런 상황에서 집권세력들은 사병을 양성하여 정권을 유지하려 했지만 사병은 사적인 관계 외에는 역할에 한계가 있었다. 이에 최씨 정권은 사병과 별도로 삼별초三別抄를 조직했다. 삼별초는 공병·사병적 요소를 동시에 지닌 군사조직이었고, 대몽항쟁기 고려 군사력의 중심이었다. 삼별초는 원종 11년(1270) 국왕에 의해 전격적으로 해체되면서 대대적인 대정부·대몽골항쟁을 펼쳤다.

삼별초에 대한 평가로는, 우선 1970년대~1980년대 초반까지 주로 국난극복이라는 명제 아래 '무신들의 호국전통' 혹은 '반정부·반몽골투쟁을 처절하게 전개한 용맹스런 활동' 등 삼별초의 대외항쟁 측면을 부각시키는 것이 주된 흐름이었다. 이후의 연구에서 삼별초 조직은 무인정권의 권력유지를 위한 무력수단으로 파악되었지만, 이들의 대정부·대몽골항쟁을 12·13세기 민의 항쟁과 연결하여 의의를 파악하려는 시도도 있었다. 삼별초의 항쟁은 어디까지나 개경환도와 삼별초 혁파에 따른 위기의식에서 비롯된 것으로, 결코 몽골의 박해가 염려되어 항쟁을 일으킨 것으로 볼 수 없다는 견해도 피력되었다. 이런 연구들은 삼별초의 활약을 긍정적 혹은 부정적으로 이해하는 데 많은 시사점을 주지만, 서로 혼재되어 자칫 그 본질을 혼동하게 할 수 있다. 이 글에서는 삼별초 조직의 배경과 역할을 중심으로 그 의의를 살펴보고자 한다.

무인정권과 민의 항쟁

의종 24년 정중부鄭仲夫·이고李高·이의방李義方 등 무신들은 정변을 통해 문신들을 대거 살육하고 정권을 장악했다. 무인정변은 기존 지배질서를 붕괴시켰으며, 정치·경제·사회·문화 각 분야에서 고려사의 전환점이 되었다. 그 결과 외연상으로는 문신 중심의 문벌귀족사회가 와해되고 무신이 주된 정치세력으로 등장했다. 그러나 집권세력 내부의 알력 때문에 정치권력은 안정되지 못했다.

무인정권은 이고·이의방 정권→정중부 정권→경대승慶大升 정권→이의민李義旼 정권→최씨 정권(최충헌崔忠獻·최우崔瑀·최항崔沆·최의崔竩)→김준金俊 정권→임연林衍·임유무林惟茂 정권으로 이어졌다. 물론 이들 역시 중앙의 권력쟁탈과 향촌사회 동요에 따른 위기국면을 벗어나기 위한 정책적 대응을 보여주기도 했다. 명종 18년(1188)의 「개혁교서」와 최충헌의 「봉사 10조」가 그 대표적인 예이다. 이는 잦은 정변으로 인한 정국불안을 해소하고 정치현안의 모순구조를 척결함으로써 정치안정을 이루려는 것이었다. 하지만 국가권력을 안정적으로 유지하기보다 자신들의 권력을 유지하기 위해 사적 지배수단을 확대하던 무인정권의 속성상 그 실현에 한계가 있었다.

무인집권기에는 12세기 전반부터 소극적으로 진행되었던 향촌사회의 저항이 전국적·대대적인 저항으로 확대되었다. 향촌사회의 저항은 서북면 지역에서 시작되어 중·남부 지역으로 확대되었다. 이들 저항은 주로 12세기 전반의 사회경제적 모순에서 비롯되었으며, 신분제사회의 모순이 배가되면서 더욱 고조되었다. 이에 중앙정부는 지방관을 확대하여 향촌사회를 강력하게 지배하려 했고, 향촌사회를 주도하던 재지세력들은 이런 통치질서에 결합 또는 대립이라는 양면성을 가지고 대응했다. 더구나 무인정변 이후 집권세력은 사적 지배기반을 확대함으로써 사회경제적 폐단을 가중시키거나, 향촌사회의 반발을 주로 무력으로 진압하려 했다. 이는 결국 국가권력-재지세력-민의 지속적인 대립으로 이어졌다.

향촌사회의 대대적이고 지속적인 저항은 그 분산성과 저급성으로 인해 중세체제의 모순을 극복하기에는 한계가 있었다. 물론 저항 중에는 최씨 집권기의 신라·고구려·백제 부흥운동처럼 고려사회 혹은 무인정권을 전면부정하는 경우도 있었다. 그러나 이 역시 지역 중심의 저항세력을 결집시킬 수 있다는 명분에서는 커다란 효과가 있었지만, 집권세력의 강력한 진압책으로 실패하고 말았다.

한편 고종 3년(1216) 거란유종의 침입으로 최씨 정권에 대한 불신감이 노골화되고 전쟁을 치르는 동안 가혹한 착취현상이 드러나면서, 신종 대(1197~1204) 이후 소극적으로 펼쳐지던 향촌사회의 저항이 재차 촉발되었다. 급기야 고종 18년(1231)의 몽골침입은 최씨 정권의 유지뿐만 아니라 고려의 운명을 좌우했다. 최씨 정권의 임전태세는 이 시기 향촌사회의 동향에도 많은 영향을 미칠 수밖에 없었다.

최씨 정권은 몽골과 1차 전쟁을 치른 바로 이듬해에 곧바로 강화천도江華遷都를 단행했다. 전쟁이 일어났을 때 국왕이 피난하는 것은 어느 시기에나 있었던 일이다. 그러나 대외침략을 당하면서 수도를 옮긴 것은 최우 정권의 강화천도가 유일했다. 그들로서는 강화천도가 불가피한 선택이었고, 전술상으로 단기전을 획책하는 몽골의 파상적 공격을 피하기에 유리한 점도 있었다. 하지만 다음과 같은 점들을 도외시할 수 없을 것이다.

우선 1차 대몽전쟁(고종 18~19, 1231~1232) 패배의 중심에 최우 정권이 있었음을 염두에 두어야 한다. 둘째, 몽골의 승전 이후 요구 중에 고려 국왕의 친조親朝가 있었는데, 이는 국왕을 볼모로 했던 최우 정권으로서는 수용하기 힘들었을 것이다. 셋째, 1차 대몽전쟁에서는 초적草賊 같은 저항세력이 중앙정부에 협력하는 경우도 있었지만, 이후 사회전반적으로 무인정권에 저항하는 분위기가 고조되고 있었다. 이 모두가 최우 정권의 권력유지에 커다란 걸림돌이었고, 그로부터 벗어날 수 있는 길은 강화천도 같은 응급처방이었다.

최씨 정권의 대몽항쟁은 강화천도 같은 소극적 저항의 형태였지만, 이와 달리 육지에 남겨진 일반민들은 대정부·대몽골 이중의 저항을 벌였다. 특히 강화천도 이전 몽골의 1차 침입에 직면했던 저항세력은 일시적으로 중앙정부와 협력하면서 적극적인 대몽항전을 펼쳤다. 그러나 최씨 정권의 강화천도를 계기로 반정부적 양상은 더욱 고조되었다. 중앙정부와 저항세력의 협력관계가 지속되지 못했던 것은, 이 시기 저항이 12세기 사회모순에 대한 저항의 연장선에서 비롯되었기 때문이다. 따라서 향촌사회의 대몽항쟁은 새로운 수탈자 몽골의 무차별적 침략행위에 대항하는 그들 스스로의 자위적 행위라는 측면에서 비롯된 것이었다.

그런데 고종 40년(1253) 이후부터 저항세력들이 몽골에 직접 투항하는 현상이 벌어지기 시작했다. 일반민의 투항은 일차적으로 굶주림이라는 현실적인 처지의 해결, 강도정부江都政府의 가혹한 수탈에 대한 대응, 그리고 새로운 생활을 영위하기 위한 욕구 등에서 비롯되었다. 이런 현상은 최씨 정권의 몰락을 재촉했고, 종국에는 몽골과 강화를 맺을 수밖에 없는 상황으로까지 몰고 갔다.

고종 46년(1259)의 대몽강화는 형식상으로는 전쟁이 끝난 것으로 이해할 수도 있다. 그러나 원종과 김준·임연 정권이 대몽관계에서 계속 대립하고 있었던 점에 비추어볼 때, 전국에 걸쳐 대몽항쟁의 기운이 사라진 것은 아니었다. 또한 몽골세력에 의지한 원종은 무인정권 마지막 집정자였던 임유무를 제거하여 무인정권을 붕괴시킴과 동시에 삼별초를 전격적으로 해체했다. 이에 삼별초는 중앙정부를 부정하고 몽골에 정면으로 대항했다. 그에 따라 전국 각 지역에서 삼별초 항쟁에 영향을 받은 저항이 일어났고, 이는 고려 정부와 몽골 조정에 상당한 충격을 주었다.

무인정권의 사병과 삼별초

무인정권의 권력은 기존 정치질서를 그대로 수용하여 유지된 측면도 있었지만, 공적 질서를 초월한 사적 권력체계에 의지한 면이 더 컸다. 이들 집권세력의 권력기반은 주로 문객門客·사병私兵 등 사적 군사조직이었다. 이들에게는 정권에 대한 도전세력을 제압하고 향촌사회의 저항을 불식시켜 자신들의 이익을 관철하기 위해 공적 지배체제 외에 사적으로 동원할 수 있는 무력이 필요했다. 이런 사적관계는 자신이 의탁한 우두머리에게 충성을 바치고 우두머리가 그들의 출세를 보장해주는 상호보완적 결속관계를 맺고 있었다. 예컨대 무인정변의 행동대였던 이고가 그들 무리와 은밀히 교제하면서 "대사大事가 이루어지면 너희들은 모두 높은 관직에 오를 것이다"라고 약속하면서 가짜 임명장을 만들어주었다거나, 경대승이 도방都房을 조직하여 그들과 숙식宿食을 같이하는 등의 성의를 보이며 그들의 불법행위까지 용인해주었던 사실, 그리고 최충헌의 생질 박진재朴晉材가 사병을 양성하면서 "내 문객들은 용감하고 날랬지만 관직을 얻은 자가 적었다"라고 최충헌에게 불평한 사실 등이 그 예가 될 것이다. 물론 이들은 우두머리가 제거되면 곧바로 해체당하거나 상대방에게 흡수되는 것이 일반적이었다.

4대에 걸쳐 60여 년간 정권을 유지했던 최씨 정권 역시 국가의 공적 지배체제를 초월하는 사적 권력체제를 확립했다. 최충헌은 교정도감·도방·정방·서방 등 사적 지배기구를 통해 권력을 강화했다. 아울러 이들은 막강한 사병을 보유하고 있었다. "최충헌이 가병家兵을 사열하는데 좌경리로부터 우경리까지 군사들이 두서너 겹으로 열을 지어 2~3리에 뻗쳤으며, 창자루에 은병을 매달아 나라 사람들에게 자랑해 보이며 오는 사람들을 모집했다. 아들 최우의 가병은 선지교로부터 이령을 지나 숭인문까지 이르렀는데 깃발을 세우고 북을 울리면서 전투를 연습했다. 문객 중에서 북방정벌에 종군하기를 청하는 자가 있으면 즉시 먼 섬으로 귀양보냈다"라거나, "날쌔고 용맹스러운 자는 모두 최충헌과 그 아들 최우가 차지했고, 관군은 모두 늙고 약하고 파리한 군졸뿐이었다"라는 등의 사례를 통해서 이를 알 수 있다. 그런데 이들은 사병 외에 삼별초라는 공병적 성격의 군대도 조직했다.

> 처음에 최우는 나라 안에 도적이 많음을 근심하여 용사들을 모아 매일 밤 순찰하여 횡포를 막게 하고, 이를 야별초夜別抄라 불렀다. 도적이 여러 도에서 일어나자 별초를 나누어 보내 체포하게 했다. 그 군대가 매우 많아 좌·우로 나누고, 또 나라 사람들 가운데 몽골에서 도망쳐 돌아온 자들로 일부를 만들어 신의神義라고 불렀다. 이것이 삼별초가 되었다.

이에 의하면, 삼별초의 전신인 야별초는 처음에는 나라 안의 도적을 막기 위해 조직되었으며, 향촌사회의 치안을 함께 수행했다. 이는 중앙뿐만 아니라 전국에 걸친 치안유지의 공백상태를 야별초가 대신 감당하고 있었음을 보여준다. 여기서 도적이란 비단 남의 물건을 훔치는 자만이 아니라 최씨 정권의 정적 혹은 향촌사회의 저항세력을 가리키기도 한다. 야별초는 최씨 정권이 권력강화를 목적으로 조직한 공병적 성격을 지니고 있었다. 또 그 숫자가 증가한 것은 역시 최씨 정권의 군비강화와 새로운 군사체계의 정비가 이루어지고 있었음을 뜻한다. 신의군은 대몽항쟁이 치열하던 시기에 조직된 것으로, 삼별초의 성격을 이해할 수 있는 조건이기도 했다.

최씨 정권이 방대한 사병조직을 보유하고서도 삼별초를 따로 조직한 이유는 무엇일까? 무엇보다 사병은 최씨 정권을 지탱하는 데는 유익했지만 그 외 공적인 활동에는 한계가 있기 때문이었다. 또한 정규군이 유명무실해져 최씨 정권에게는 국가 차원에서 비상시에 대처할 전투편제가 필요했다. 그 조직이 삼별초였다. 그러나 삼별초는 외적의 침략을 격퇴하는 전투보다 중앙정부에 저항하는 세력을 진압하고 향촌사회를 지배하는 데 주로 동원되었다.

결국 삼별초는 대몽항쟁기에 무인정권이 권력을 유지하고 강도정부의 본토장악력을 강화하는 데 필수적인 무력기반의 중심이었다. 더구나 삼별초는 "권신이 집권하면서 이로써 조아爪牙를 삼아 녹봉을 후하게 하고 혹은 개인적 은혜를 베풀고, 또 죄인의 재산을 빼앗아주기도 했다. 그러므로 권신들이 마음대로 부렸고, 그들은 앞 다투어 힘을 다했다. 김준이 최의를, 임연이 김준을, 송송례가 임유무를 죽이는 데도 모두 그 힘을 빌렸다"라고 했듯이, 최씨 정권의 붕괴와 이후의 정권교체에서 가장 중요한 무력수단이 되었다. 이런 점들은 삼별초를 평가할 때 그 군사적 성격과 역할을 분리해서 이해하는 이유가 되기도 한다.

대몽항쟁과 삼별초

삼별초를 이해하기 위해서는 대몽항쟁을 빼놓을 수 없다. 몽골의 고려침략은 국가의 운명뿐만 아니라 무인정권의 권력향방에 중요한 변수였고, 삼별초는 대몽항쟁에서 고려 군사력의 바탕이었기 때문이다. 고려와 몽골의 관계는 그 첫 접촉이 이루어지는 고종 5년(1218)부터 삼별초 항쟁이 진압되는 원종 14년(1273)까지 4단계로 나누어서 이해할 필요가 있다.

1단계는 고종 5년에 거란유종을 진압한다는 명분으로 몽골군이 고려의 영역인 강동성江東城에 들어왔던 때로부터 고종 18년(1231)의 1차 침입 이전까지, 2단계는 고종 18년의 1차 침입부터 고종 46년(1259)에 대몽강화를 위해 태자가 입조入朝한 시점까지, 3단계는 고종 46년의 대몽강화 이후부터 원종 11년(1270) 의 개경환도까지, 4단계는 원종 11년의 삼별초 항쟁 발발시점부터 동왕 14년 진압까지로 구별할 수 있다. 여기서 실제적인 대몽전쟁 기간은 전쟁이 발발한 고종 18년부터 고종 45년 최씨 정권이 몰락하고 몽골의 요구사항을 수용하여 동왕 46년에 태자가 입조하는 시기까지였다.

대몽항쟁기에 일반민들은 중앙정부의 수탈과 새로운 침략자 몽골에 맞서 이중의 항쟁을 벌여야 했다. 그래서 이 시기 민들의 항쟁은 민족사적 혹은 계급사적 시각에서 조명되어야 한다는 견해가 제기되기도 한다. 그에 비해 최씨 정권의 대몽항쟁은 강화천도에서 알 수 있듯이 장기전을 펼치면서 정권을 유지하는 것이었다. 강화천도는 몽골이 수전水戰에 약하다는 전략적 측면, 강화도의 지리적 이점, 그리고 향촌사회 저항으로부터의 도피 등, 일찍부터 그 배경이 주목되어왔다. 그러나 강화천도가 아무리 불가피한 선택이었다 해도 본토에 대한 아무런 대책 없이 이루어졌다는 점에서 정권유지 차원으로 평가절하되기도 한다.

　최씨 정권의 사병은 외적침략이라는 국가의 위기상황에서도 정권유지 외의 목적으로는 거의 동원되지 않았고, 대몽항쟁과 본토장악을 위해 동원된 군사력은 삼별초였다. 즉 삼별초는 고종 18년 대몽전쟁 발발시점부터 고종 45년 최씨 정권 붕괴까지, 몽골군에 타격을 가하거나 본토의 저항세력을 분쇄하는 선봉대 역할을 수행했다. 그러나 최씨 정권 몰락 이후 등장한 김준·임연 정권은 몽골에 의지하던 원종 및 강화세력과 대립적인 관계에 있었고, 삼별초 역시 무인정권과 더 밀접한 관계를 맺고 있었다. 따라서 원종 11년에 무인정권의 몰락과 더불어 단행된 삼별초의 해체는 이들에게 최대위기였다.

　원종이 전격적으로 삼별초를 혁파한 이유는 무엇이었을까? 강화도를 완전히 제압하지 못한 상황에서 무인정권의 군사력이었던 삼별초를 해체한다는 것은 실로 모험이었다. 이렇게 무리를 해서라도 삼별초를 전격 해체했던 것은 무인정권의 기반을 해체하지 않고서는 고려를 완전히 복속할 수 없다는 몽골 및 원종과 강화세력의 의도에서 비롯되었다. 이제 삼별초 집단은 몰락이냐 새로운 항쟁이냐 하는 선택의 갈림길에 서게 되었고, 그들은 마침내 중앙정부를 부정하고 새로운 정부를 구성하여 다시금 대몽항쟁의 기치를 올렸다(원종 11년 6월~14년 4월, 1270~1273).

　삼별초 집단은 배중손裵仲孫의 지휘 아래 왕족 승화후承化侯 왕온王溫을 국왕으로 추대하여 새로운 정부를 결성했다. 이들은 대몽항쟁의 중심부였던 강화도를 버리고 진도로 근거지를 옮겨 부근 여러 섬과 해안일대를 세력권 내에 두었다. 삼별초 항쟁이 발발하자 향촌사회에서는 이들을 지지하거나 여기 직접 참여하는 사례들이 빈번하게 나타났다. 그러나 이런 분위기를 근거로 막연히 삼별초 항쟁과 일반민의 항쟁을 연결하기에는 무리가 있다. 무인정권의 군사적 기반이자 대민지배의 선봉이었던 삼별초 집단을 향촌사회의 자위적 측면에서 대몽항쟁을 전개했던 세력들이 쉽게 받아들일 수는 없었을 것이다. 향촌사회가 삼별초 항쟁에 가담하게 된 것은, 무엇보다 고종 46년 대몽강화 이후 향촌사회를 더욱 피폐하게 만들었던 사회경제적 폐단 때문이었다. 대몽강화 이후 관리들은 피폐해진 국가재정을 보완·유지하기 위한 물자의 부담, 삼별초 항쟁의 진압과 일본정벌을 위한 경비부담, 그리고 대몽강화를 유지하기 위한 국왕과 태자의 친조비용 등을 부담해야 했다. 이런 관리들의 부담은 곧 민에 대한 침탈로 이어졌을 것이다. 뿐만 아니라 향촌사회에 가장 위협적인 것은 몽골의 침탈과 요구사항이었다.

결국 삼별초 항쟁은 무인정권의 몰락으로 인한 위기의식과 몽골이라는 대제국의 비호 아래서 자행된 극심한 수탈로 인한 고려사회의 총체적 모순이 표출된 것이었다. 고려 정부와 몽골은 삼별초 항쟁이 일어나자 강력한 진압책으로 단시일 내에 이를 진압하려 했다. 이는 대몽전쟁이 30여 년의 세월을 끌면서 완만하게 진행되었던 것과 대조적이었다. 이는 당시 고려 정국상황이 고려 지배층과 몽골에 유리하게 전개되고 있지 않았기 때문이었다.

향촌사회에서는 삼별초 항쟁에 고무 받아 저항이 확대되고 있었다. 고려 정부나 몽골에게는 충격적인 일이었다. 그러나 삼별초 집단은 고려의 중앙정부와 몽골의 적극적인 진압책으로 인해 진도가 함락되자 김통정金通精의 지휘 아래 제주도에서 마지막 항쟁을 펼치다가 끝내 몰락하고 말았다.

맺음말

삼별초는 군사적으로 '공병적 사병'이라는 이중적 성향을 지니고 있었다.

최씨 정권에서는 대몽항쟁과 대민지배의 전위부대로서 역할했고, 최씨 정권 몰락 이후에는 정치권력의 향방에 중요한 군사적 기반이 되었다. 그리고 무인정권 몰락에 이은 삼별초의 해체는 이들을 중심으로 한 대몽항쟁이 새롭게 벌어지는 계기가 되었다. 때문에 삼별초의 의의를 평가하는 데는 여러 가지 어려운 점이 있고, 다양한 견해가 제출되었다.

하지만 삼별초의 역할은 거대한 몽골제국에 맞선 고려사회의 역량을 이해할 수 있는 단초가 되기도 한다. 이는 12·13세기 중세적 질서의 변화라는 고려사회 내부 문제, 그리고 몽골이라는 새로운 이민족의 흥기로 인한 대륙질서의 변화와도 밀접한 관계를 맺고 있었다. 따라서 무인정권의 변동과 대몽골관계의 추이에 따라 삼별초의 역할은 달리 나타날 수밖에 없었다.

현재 삼별초 연구는 정치권력의 유지라는 군사적 측면, 이민족에 대한 저항의 측면, 그리고 고려와 원의 관계설정 등 폭넓은 범위로 확대되는 추세에 있다. 그런 점에서 무인정권의 속성, 즉 고려사회의 내부적 측면 혹은 민족과 국가를 앞세운 배타적 측면 등 어느 한쪽이 지나치게 강조되어서는 안 될 것이다.

신안식

숙명여대 다문화통합연구소 책임연구원으로 재직 중이다. 고려시대사를 전공했다. 대표논저로 『고려 무인정권과 지방사회』 등이 있다.

원 간섭기 개혁정치의 성격

백성들이 항심恒心이 없는 것은 항산恒産이 없기 때문이다. 부역賦役을 꺼려 이곳저곳으로 떠돌아다니니, 세력이 있는 자들이 이들을 불러 모아 농장을 만들고 있다. 안렴사는 그 지방의 관리들과 함께 이들을 찾아내 고향으로 돌려보내고 모두 기록하여 왕에게 아뢰도록 하라.

이것은 1298년 1월 충선왕이 즉위하면서 반포한 교서의 한 대목이다. 당시 백성들은 국가의 부역을 견디지 못해 사방으로 떠돌아다녔고, 충선왕이 이를 국가적 문제로 인식하여 안렴사들에게 그들을 본래 살던 곳으로 돌려보내도록 명했다는 사실이 밝혀져 있다. 즉 유망流亡이라는 현실의 문제를 지적하고 그 대책을 제시한 것이다.

충선왕의 즉위교서는 위의 내용을 포함하여 모두 27개 항목으로 이루어져 있고, 그 내용도 정치·경제·사회·문화 등 여러 부문에 걸쳐 있다. 충선왕은 교서를 통해 국가운영을 일신하려 했던 것이다. 그런 점에서 충선왕의 즉위교서는 일종의 개혁안이었고, 그로부터 시작된 충선왕의 정치는 개혁정치라고 할 수 있을 것이다.

그러나 충선왕의 개혁정치는 반대세력의 반발로 좌절되었고 충선왕 자신도 8개월 만에 왕위에서 물러났다. 하지만 10년 뒤인 1308년에 충선왕은 다시 왕위에 올랐고, 이때도 복위교서를 반포하고 개혁을 추진했다. 그 뒤 1318년(충숙왕 5)과 1325년(충숙왕 12)에도 충숙왕이 충선왕의 교서와 유사한 교서를 반포했다. 이밖에 1296년(충렬왕 22) 당시 수상이었던 홍자번이 "백성을 편안하게 하기 위한 18가지 일(便民十八事)"을 왕에게 건의한 것과, 1345년(충목왕 1)에 정치도감整治都監에서 왕에게 올린 장계 역시 개혁안으로 간주된다.

그런데 이들 개혁안은 모두 고려가 원나라의 정치적 간섭을 받고 있던 시기에 나온 것이었다. 고려는 1231년부터 몽골과 전쟁을 치르고 1259년에 강화를 성립시켰지만, 그로부터 공민왕이 반원운동에 성공하는 1356년까지 약 백 년 동안 원나라의 간섭을 받았다. 이런 상황에서 제기된 개혁정치는 그 배경과 방향, 그리고 추진세력 등에 일정한 공통점이 있었으므로, 이들을 모두 합쳐 '원 간섭기의 개혁정치'라고 부른다.

사대부의 반원개혁

원 간섭기의 개혁정치 가운데 가장 먼저 연구자들의 눈길을 끈 것은 충선왕 즉위년(1298)의 개혁정치였다. 1950년대 말~60년대 초에 이미 한국사 개설서나 고려시대사 등에서는 충선왕 즉위년의 정치가 '혁신정치' 또는 '중흥정치'로 묘사되었다. 그러나 이런 설명은 충선왕 정치의 전체적인 내용을 분석하고 그것이 갖는 역사적 의미를 규명하기보다, 반대세력에 대한 충선왕의 대대적인 숙청이나 관제개편 등 가시적인 변화와 『고려사』 등 기록에 나타난 개혁의 분위기에 주목하고 있었다.

충선왕 즉위년의 개혁정치에 대한 최초의 본격적인 연구는 1971년 이기남李起男의 논문이다. 이기남은 『고려사』의 세가와 여러 지에 흩어져 있는 충선왕 즉위교서를 한데 모아 내용을 분석하고, 개혁 추진기관으로서 사림원詞林院의 존재에 주목하여 그 구성원들의 성향을 분석하는 두 가지 방법을 통해 개혁의 의미를 밝히고자 했다. 그 결과 충선왕의 개혁은 원 간섭기에 들어 원과 관련을 맺고 출세한 신흥 권력층을 몰아내기 위한 것으로서, 여기에는 원나라의 간섭에 저항하려는 의지가 내포되어 있었다는 사실을 밝혀냈다. 그리고 사림원을 중심으로 개혁에 참여한 사람들은 선비 기질을 가진 청렴한 인물이었고 귀족 아닌 지방 출신(향리 출신)이었으며, 과거에 급제하여 자신의 능력으로 관리가 되는 등 사대부士大夫의 속성을 가지고 있었다는 결론을 제시했다. 즉 이기남의 주장은 충선왕 즉위년의 개혁정치가 '사대부에 의한 반원개혁'이었다는 것으로 요약될 수 있는데, 이 가운데 반원개혁 부분은 충선왕이 즉위한 지 8개월 만에 원나라에 의해 퇴위당했다는 점 때문에 강한 인상을 남겼다.

이기남이 충선왕의 개혁정치를 사대부정치라 부르고, 비록 그것이 실패로 끝났지만 사대부사회 성립의 중요한 과정이 되었다고 평가한 데서도 알 수 있듯이, 이 연구는 당시 진행되던 사대부 연구와 관련이 있었다. 고려 후기의 새로운 정치사회세력으로서 사대부 개념이 처음 제시된 것은 1960년대 초 이우성에 의해서였다. 그는 무신집권기에 들어 문학적 소양과 행정실무능력을 고루 갖춘, 즉 '능문능리能文能吏'한 새로운 관인층이 형성되었는데, 이들이 곧 '학자적 관료이자 관료적 학자'로서 사대부라고 했다. 사대부는 지방 중소지주이자 향리 출신으로 과거에 급제하여 관인으로 진출했으며, 고려 말에 이르러 정치사회적 기반을 확대하여 조선 건국을 주동했다고 한다.

이우성의 사대부 연구는 1960년대 초부터 역사학계에서 활발하게 진행된 식민사학 청산과 밀접하게 연결되어 있었다. 조선 후기 자본주의 맹아론 등 한국사의 내재적 발전이 강조되는 가운데 고려의 사회발전에도 관심이 모아졌고, 고려 후기에 새롭게 등장하여 사회발전을 주도한 세력으로 사대부의 존재가 부각되었던 것이다. 이우성의 사대부 연구가 정체성론의 주요 근거였던 토지국유제론 비판과 함께 이루어진 것도 그 때문이었다.

사대부 개념이 제시된 뒤 고려 후기 정치사 연구는 활기를 띠었다. 특히 민현구閔賢九는 공민왕 때 신돈辛旽의 개혁을 계기로 신진 문신세력이 정치세력을 형성했다는 사실을 구체적으로 밝혀냈다. 그런 가운데 충선왕 즉위년의 개혁정치가 사대부에 의한 반원개혁이었다는 이기남의 주장은 사대부 개념을 더욱 분명히 하는 계기가 되었다.

사대부와 관련된 원 간섭기 개혁정치 연구는 민현구의 정치도감 연구로 이어졌다. 민현구는 공민왕 때 신돈의 개혁을 거치면서 사대부가 정치세력화했음을 밝힌 바 있었는데, 한 걸음 더 나아가 13세기 후반부터 14세기 전반에 이르는 시기를 정치적으로는 원의 부마국駙馬國으로, 사회경제부문에서는 녹과전祿科田을 근간으로 하는 체제로 정의하고, 지배세력으로서 권문세족權門世族의 개념을 제시함으로써 원 간섭기를 앞뒤 시기와 구별되는 독자적인 단계로 설정하려는 인식을 처음으로 보여주었다.

원 간섭기 개혁정치와 관련해서, 민현구는 충목왕 대 정치도감의 설치 경위와 활동상황을 면밀하게 검토하여 그것이 "원의 부마국으로 떨어져버린 고려의 제모순을 극복하려는 적극적인 것이었고, 이 같은 목표 아래 상당히 배원적排元的인 성격"을 지녔다고 평가했다. 그리고 정치도감의 개혁활동을 이끌어간 정치관들에 대해서는 "대개 가문의 배경이 없이 과거를 통해 진출한 사람들이었고, 유교적 소양을 바탕으로 상당한 식견과 기개, 그리고 합리주의적 공정성公正性을 지닌" 사람들이었다고 하여, 비록 사대부임을 명시하지는 않았지만 정치도감의 활동 역시 사대부에 의한 반원개혁으로 설명했다. 그리고 정치도감의 개혁활동이 뒷날 1356년(공민왕 5)의 반원운동으로 이어졌다는 점을 덧붙임으로써 충선왕 즉위년의 개혁정치와 정치도감의 개혁활동, 공민왕의 반원운동을 하나의 흐름 속에서 이해하는 토대를 마련했다.

이기남과 민현구의 연구는 곧 원 간섭기 개혁정치에 대한 통설이 되었다. 이후의 연구논문들과 개설서들은 대부분 원 간섭기 개혁정치가 사대부에 의해 주도되었다고 보았고, 각자 표현의 차이는 있지만 개혁의 성격을 반원적인 것으로 보거나 적어도 반원적 요소가 있었다고 서술했다. 이런 견해는 고려 후기사회 발전상을 구축하는 데도 커다란 영향을 끼쳤다. 예를 들어 이태진은 여말선초 사회변화의 경제적 동인으로 농업생산력의 발달을 거론하면서 사회변화의 시점을 이기남과 민현구의 연구를 인용하여 14세기 초로 설정했다. 이는 무인집권기에 출현한 '능문능리의 새로운 관인층'과 고려 말 사대부의 연결을 부정한다는 점에서 사대부 연구에서 대단히 중요한 관점의 변화였다.

한편 1980년대에 들어서도 원 간섭기 개혁정치에 대한 관심은 여전했다. 먼저 노용필盧鏞弼은 충선왕 즉위년의 개혁에 앞서 홍자번洪子藩이 건의한 편민십팔사便民十八事가 충선왕의 개혁과 연결된다는 사실을 밝힘으로써 원 간섭기 개혁정치의 범위를 더욱 확대시켰다. 또 박종진과 권영국은 경제사의 관점에서 충선왕 복위년의 개혁정치를 당시 고려사회가 안고 있던 경제 문제를 해결하기 위해 시도된 재정財政개혁으로 보아 그 내용을 분석하고 역사적 의미를 추구했다. 그런데 박종진은 충선왕 복위년의 개혁을 원의 침략과 수탈로 인한 모순을 극복하려 했던 것으로 평가하여 그 앞뒤의 개혁정치들과 같은 흐름에서 파악하면서도, 충선왕이 원의 후원에 의지하여 개혁을 추진했으며 개혁 추진세력을 형성하지 못했다는 점을 개혁의 한계로 지적함으로써 원 간섭기 개혁을 사대부에 의한 반원개혁으로 보던 종전의 시각과는 다른 모습을 보여주었다.

측근정치의 폐단을 바로잡는 정치개혁

원 간섭기의 개혁정치를 사대부에 의한 반원개혁으로 설명하는 통설에 대해 본격적인 비판이 제기된 것은 1980년대 말부터였다. 그 비판은 대략 두 가지 방향에서 제기되었다. 하나는 원 간섭기 정치사 연구에서 치밀한 개념검토와 구체적 실증을 통해 고려 후기 사대부의 존재 자체를 부정하는 관점이었고, 또 하나는 고려 후기사회의 계급모순을 중시하는 관점이었다. 이 둘은 모두 이전까지 한국사 연구를 규정해온 민족주의 역사학에 대한 비판을 바탕으로 원 간섭기 개혁정치에 대한 새로운 연구시각을 제시했다. 즉 전자는 철저한 실증 없이 우리 역사의 발전적 측면을 부각시키는 경향에 대한 비판이었고, 후자는 민족주의 역사학의 몰계급성에 대한 비판이었다.

권문세족과 사대부의 개념을 면밀하게 재검토할 필요가 있다는 견해는 원 간섭기 정치사 연구가 심화되는 과정에서 자연스럽게 나타났다. 이런 관점에서 김광철金光哲과 이익주李益柱는 충렬왕 대의 정치사를 정리하면서 국왕 측근세력의 존재와 측근정치 경향을 발견하고, 원 간섭기의 정치를 측근정치로 규정했다. 이들에 따르면, 원 간섭기 개혁정치는 원의 간섭에 대한 저항이 아니라 측근정치의 구조 속에서 국왕 측근세력의 불법행위로 인해 발생한 여러 가지 문제를 해결하기 위한 것으로 이해되었다.

김광철은 원 간섭기 개혁정치들이 모두 왕위교체나 정치세력 변동과 동시에 나타났다는 점에 주목하여 그 정치적 배경을 밝히는 데 주력했다. 이를 위해 개혁정치가 실시된 시기의 정치상황을 검토하고, 새로 즉위한 국왕과 그 측근세력이 기존의 권력집단을 제거하기 위한 정치적 목적에서 개혁을 앞세웠다는 결론을 내렸다. 즉 원 간섭기의 개혁을 권력집단 내부의 문제로 의미를 축소시켜 이해한 것인데, 그의 관점은 원 간섭기 개혁정치는 물론 여말선초 사회변화와 조선 건국의 역사적 의미에 대한 부정적 평가를 바탕에 깔고 있다.

김광철은 여말선초의 사회변동을 인정하지 않았다. 사회변동의 실체를 증명할 수 없다는 이유에서였다. 그에 의하면, 고려의 멸망과 조선 건국은 단순한 권력집단의 교체를 의미할 뿐이다. 그렇다면 고려 후기에 출현한 새로운 사회세력이자 조선 건국의 주체로 주목되던 사대부는 어떻게 설명할 것인가? 김광철은 고려시대의 각종 사료 가운데 사대부라는 용어가 쓰인 사례들을 찾아 분석하고, 그것이 그저 일반관료를 가리키는 말이었다고 결론지었다. 또 사대부, 즉 일반관료가 가문이 번성하여 일정한 수준에 오르면 세족이 되는 것이므로, 사대부와 권문세족을 구분하고 대립관계에 놓는 기존 연구들은 잘못된 것이라고 주장했다. 김당택 역시 사대부를 사족士族 출신의 관리로 정의하여 대체로 김광철과 같은 견해를 보였다.

이우성이 무인집권기에 등장한 '학자적 관료이자 관료적 학자'를 사대부라 부른 것은 조선 후기에 쓰여진 박지원朴趾源의 『양반전』 가운데 "독서를 하면 사士이고, 정치에 나아가면 대부大夫가 된다(讀書曰士 從政爲大夫)"라는 구절에 근거한 것이었다. 때문에 사대부가 과연 고려 후기에 새로 등장한 계층을 가리키는 용어로서 적절한가 하는 의문은 일찍부터 제기되고 있었고, 사대부 대신 신흥유신新興儒臣 또는 신진사류新進士類 등의 용어를 사용해야 한다고 제안하는 이들도 있었다. 그러나 이 경우에도 고려 후기의 사회변동과 그 과정에서 출현한 새로운 세력의 존재를 부정한 것은 아니었으며, 다만 그 세력을 무엇이라고 부르는가 하는 점에 차이가 있었다. 따라서 김광철과 김당택의 관점은 이우성 이래 축적된 사대부에 대한 설명을 부정한다는 점에서 획기적이었지만, 고려 후기 사대부의 역사적 실체와 용어의 적절성을 구분하지 못하는 오류를 범한 것이라고 하겠다.

이들의 연구에서 정작 쟁점이 되어야 할 것은 사대부 개념이 아니라, 고려 후기 사회변동에 대한 부정적 시각에서 드러나듯 역사발전의 전망에 관한 것이었다. 정치사 연구가 권력을 둘러싼 정치세력 간의 대립을 정리해서 서술하는 데 그친다면 이는 결국 권력투쟁사로 전락할 수밖에 없고, 그런 정치사는 역사의 발전을 보여줄 수 없다. 정치권력을 둘러싼 갈등과 대립은 동서고금을 막론하고 존재하는 것이기 때문이다. 따라서 권력투쟁의 본질을 시간과 공간 속에서 가려내 역사적 의미를 설명하는 일이야말로 정치사 연구의 본령일 것이다. 원 간섭기 개혁정치는 물론 조선 건국까지도 권력집단 내부투쟁의 산물로 볼 경우, 그것은 다른 시기의 권력투쟁과 본질적으로 어떻게 다르며, 그 역사적 의미는 어떻게 설명될 수 있을 것인가?

이우성의 사대부 연구는 고려 후기 사회의 변화와 발전을 해명하고자 한 것이었다. 그 결과 지방 향리=중소지주 출신들이 과거를 통해 중앙관료로 진출하여 권문세족과 대결하면서 성장했고, 결국 고려왕조를 무너뜨리고 조선을 건국하여 새로운 사회를 열었다고 설명했다. 이 논리는 고려 후기 농업생산력의 발달이나 성리학의 수용, 원 간섭기 개혁정치 등에 대한 연구를 통해 보강되었다. 그런데 사대부 개념을 비롯하여 고려 후기 사대부가 향리 출신이고 중소지주였다는 사실이 실증되지 않는다는 이유만으로 고려 후기의 사회변화 자체를 부정하는 것은 지나친 일이 아닌가 한다.

계급갈등의 폭발과 개혁정치

원 간섭기 개혁정치를 반원개혁으로 보는 통설에 대한 두 번째 비판으로서, 원 간섭기 개혁정치의 계기를 고려-원의 관계가 아니라 고려사회 내부 계급갈등에서 찾는 견해가 있다. 한국역사연구회의 '14세기고려사회성격연구반'(이하 14세기연구반)에서는 그때까지 연구된 충선왕 즉위년과 복위년의 개혁정치, 정치도감의 활동, 홍자번의 '편민십팔사' 외에 충숙왕 5년과 12년에도 이와 유사한 개혁이 실시되었음을 확인하고, 이들을 모두 묶어 원 간섭기 개혁정치로 범주화했다. 그리고 각 개혁정치의 개별적 분석보다 원 간섭기 개혁정치의 일반적 성격을 밝히고자 했는데, '원 간섭기 개혁정치'라는 개념도 이 연구반의 공동연구를 통해 처음 만들어진 것이었다.

14세기연구반의 원 간섭기 개혁정치 연구는 먼저 개혁의 계기를 밝히는 데 집중되었다. 이들은 원 간섭기 사료에 자주 보이는 민의 유망현상에 주목하고, 그것을 사회경제적 모순에 대응하는 민의 저항형태로 적극 평가함으로써 원 간섭기 계급갈등의 실체를 확인한 다음, 그로부터 개혁정치의 동기를 구했다. 즉 12세기부터 고려사회에서는 지배층의 토지탈점과 과중한 수취 때문에 사회경제적 모순이 심화되고 전국적으로 민란이 발생하는 등 계급갈등이 확대되었는데, 이런 상황은 원 간섭기에도 여전해 민의 유망이 요양·심양·쌍성 등 국외까지 미칠 정도로 더욱 확대되자 그 대책으로 개혁정치가 실시되었다는 것이었다.

이렇게 개혁의 계기를 계급갈등에서 구함에 따라, 개혁을 평가하는 기준도 달라졌다. 민의 유망을 유발한 사회경제적 모순의 해결 가능성이 개혁의 의미를 평가하는 기준이 되었다. 개혁 내용을 분석한 결과, 당시 지배층은 토지탈점과 과중한 수취를 유망의 원인으로 인식하고 모든 개혁안에 공통적으로 탈점과 수탈에 대한 언급을 빼놓지 않았지만, 개혁의 수위는 토지제도와 수취제도의 개혁을 통한 근본적인 해결에 미치지 못한 채 언제나 현상적·제한적인 미봉책에 그쳤다는 결론을 내렸다. 개혁을 추진한 정치세력의 미성숙이 중요한 원인으로 꼽혔다. 또한 대부분의 개혁정치가 새 국왕이 즉위하거나 왕권에 중대한 변동이 있을 때 추진되었다는 점에서 정치적 목적을 띠고 있었고, 이 점이 또한 개혁의 한계로 작용했음이 지적되었다.

14세기연구반의 연구에서 두드러진 또 하나의 특징은 원 간섭기 고려사회를 보는 관점의 변화였다. 종전의 이 시기 연구들이 고려와 원의 관계를 중심축으로 진행되었다면, 14세기연구반은 12~13세기 농민항쟁에서 나타났던 계급모순과 갈등이 이때도 여전히 사회모순의 중심축이었다고 파악했다. 그럼으로써 원 간섭기의 역사를 12세기 이후 연속성을 가진 것으로 이해할 수 있었고, 원 간섭기의 개혁정치를 반원개혁으로 보던 통설을 극복하고 새로운 관점을 제시할 수 있었다. 이런 관점은 지배층과 피지배층의 대립을 중심축으로 정치사를 설명함으로써 자칫 지배층 내부 권력집단 간의 정쟁을 정리하는 데 그칠 위험이 있었던 정치사 연구의 지평을 넓힌 것으로 평가된다.

원 간섭기 개혁정치의 역사적 의미

14세기연구반의 연구결과, 12세기 이후의 커다란 흐름 속에서 원 간섭기의 개혁정치를 이해할 수 있는 토대가 마련되었다. 그렇다면 원 간섭기 개혁정치의 역사적 의미를 어떻게 설명할 수 있을까? 이 물음에 제대로 답하기 위해서는 우선 당시 고려와 원의 관계를 구조적으로 이해해야 한다. 원의 간섭이라는 시대상황 속에서 고려사회의 모순이 증폭되었고, 개혁정치는 이런 상황에서 나타난 것이었기 때문이다.

1259년 고려와 몽골이 강화를 맺은 뒤 두 나라 사이에 진행된 외교 과정을 추적해보면 양국관계를 규정하는 일정한 원칙이 존재했음을 알 수 있다. 먼저 1260년에는 몽골이 고려에 대해 토풍土風의 변경을 요구하지 않겠다는 '불개토풍不改土風' 원칙에 대한 합의가 이루어졌다. 이 원칙은 고려의 풍속뿐 아니라 고려국가의 존립을 보장한 것으로 해석되었고, 그에 따라 고려는 오랜 전쟁 끝에 국가를 유지하면서 몽골과 사대관계를 맺게 되었다. 그리고 20년 뒤인 1278년(충렬왕 4)에는 고려에 주둔하고 있던 원의 군대와 다루가치 등 관리들이 모두 철수하고, 원이 고려에 대한 호구조사를 포기함으로써 징세의 위험에서도 벗어나게 되었다. 이를 계기로 고려-원관계의 기본 틀이 완성되었는데, 뒷날 고려와 원은 이것을 원 세조 때 만들어진 제도라는 의미에서 세조구제世祖舊制라고 불렀다.

세조구제 아래서 고려와 원의 관계는 그 형식상 조공朝貢과 책봉冊封을 근간으로 하는 사대관계에서 벗어나지 않았다. 그러나 원은 고려의 정치에 간섭해왔고, 이를 위해 고려 국왕에 대한 책봉의 권한을 행사했다. 즉 고려 전기 송이나 요, 금과의 사대관계에서는 국왕이 즉위한 다음 중국 왕조가 책봉이라는 이름으로 그것을 추인했던 데 비해, 원은 마치 고려 국왕을 임명하듯이 책봉의 권한을 행사하여 국왕이 재위 중에 교체되는 일이 벌어지기도 했다. 이렇게 되자 국왕의 위상이 크게 달라졌고, 충렬왕 이후 고려 국왕들이 왕권을 강화하기 위해 자신의 측근인물을 중용했기 때문에 측근정치의 경향이 나타나게 되었다.

이처럼 고려와 원의 관계에서의 세조구제와 국내 정치에서의 측근정치는 서로 구조적으로 연결된 것이었고, 양자는 원 간섭기 고려의 정치를 특징짓는 두 가지 기본 요소였다. 특히 측근정치는 그 자체로 혼란의 소지를 안고 있었는데, 우선 국왕 측근의 불법행위를 막을 제도적 장치가 없었을뿐더러 국왕이 바뀔 때마다 권력집단이 교체됨으로써 정치적 혼란이 반복되었다. 그 가운데 국왕 측근들의 불법행위는 토지탈점과 과중한 수탈로 나타나 민의 몰락을 재촉하고 민의 저항을 초래함으로써 개혁의 명분이 되었다. 권력집단의 교체가 개혁의 현실적 동기를 제공해준 것이다.

그러나 정치적 목적이 앞선 개혁은 진정한 의미의 개혁이 될 수 없었고, 개혁을 앞세운 권력집단의 교체는 새로운 수탈자의 등장을 의미할 뿐이었다. 유사한 개혁이 반복되었다는 사실 자체가 개혁이 성공하지 못했음을 드러내는 것이다. 이렇게 본다면, 원 간섭기 개혁정치를 권력투쟁의 산물로 본 김광철의 견해나 계급갈등으로부터 개혁의 동기를 구하되 구체적인 내용에서 미봉책에 그쳤음을 지적한 14세기연구반의 견해는 기본적으로 타당하다. 하지만 둘 다 원과의 관계를 충분히 고려하지 않았다는 점에서 일면적이라는 비판을 면하기 어려울 듯하다. 원 간섭기의 개혁정치를 사대부에 의한 반원개혁으로 설명해온 통설에 대한 비판이 가진 또 다른 그림자라고 할 수 있을 것이다.

개혁의 명분과 동기를 제공했던 측근정치는 원의 간섭 아래서 나타난 역사적 산물이었고, 따라서 원 간섭기의 개혁정치는 고려-원의 관계와 무관하지 않다. 개혁의 중요한 한계로 지적되는 개혁세력의 미성숙 역시 원의 간섭에 기인하는 측면이 있었고, 충선왕 즉위년의 개혁이나 충목왕 대 정치도감의 활동이 좌절된 것은 분명 원의 방해 때문이었다. 즉 원 간섭기의 개혁정치가 직접 반원을 목표로 했거나 반원 의지를 갖고 있었다고 할 수는 없지만, 원리적으로 원의 간섭과 긴장관계에 있었던 것은 분명하다. 거듭된 개혁의 실패를 보면서 당시 사람들은 원의 간섭과 고려의 개혁이 모순관계에 있음을 자각했을 것이다.

실제로 1356년(공민왕 5)의 반원운동은 충목왕 대 정치도감의 개혁활동이 원의 간섭으로 좌절된 뒤 원 및 부원세력과의 긴장이 계속되는 가운데 단행되었다. 그리고 원의 정치적 간섭을 물리친 뒤에야 비로소 진정한 개혁이 가능했고, 개혁 추진세력의 성장도 가능했던 것인데, 이 점에서 1366년(공민왕 15) 신돈을 앞세운 공민왕의 개혁을 높이 평가하고, 그 과정에서 새로운 정치세력이 출현했음을 밝힌 민현구의 연구는 재음미할 필요가 있다. 이런 과정을 거치면서 이우성이 말하는 사대부가 점차 성장하여 1388년(우왕 14) 위화도 회군 이후 이성계와 손을 잡고 권력을 장악한 뒤 전제개혁을 추진하고, 더 나아가 조선을 건국함으로써 개혁을 완수했던 것이다.

원 간섭기의 개혁정치는 분명히 원의 정치적 간섭이라는 시대적 조건에서 비롯된 여러 한계를 가지고 있었다. 따라서 이를 사대부의 반원개혁으로 설명한 종래의 통설은 반드시 극복되어야 한다. 다만 그것이 1960~70년대의 민족주의 역사학과 관련된 것이라는 점에서 그 극복방향이 문제가 될 것이다. 원 간섭기의 개혁정치를 원과 무관한 고려 내부의 문제로 보고 권력투쟁의 산물로 파악한 견해는 고려 후기 사회발전을 전면 부정한다는 점에서 받아들이기 어렵다. 고려 후기의 사회경제적 모순과 계급갈등에서 개혁의 동기를 구하는 견해는 연구의 시야를 넓혔다는 점에서 커다란 의미가 있지만, 원의 간섭과 개혁정치의 관계를 충분히 설명하지 못했다는 한계가 있다.

원 간섭기 개혁정치의 역사적 의미를 제대로 이해하기 위해서는 고려-원의 관계와 고려 내부의 계급갈등을 모두 포괄하는 당시 사회구조에 대한 연구가 선행되어야 하며, 그 안에서 각 개혁정치의 배경과 내용, 성과와 한계 등을 검토해야 한다. 원 간섭기 고려와 원의 관계를 구조화하여 세조구제로 정의하고, 고려의 측근정치를 그에 짝하는 정치형태로 파악하여 대내외적 관계 속에서

원 간섭기 고려의 정치사 및 개혁정치를 연구하는 것은 그런 시도이다.

또 한 가지 원 간섭기 개혁정치를 연구할 때 고려해야 할 것은, 12세기 말 전국적인 민의 항쟁에서 14세기 말 전제개혁까지 이르는 고려 후기 전기간의 모순과 개혁의 흐름 속에서 원 간섭기 개혁정치의 의미와 한계를 밝혀내야 한다는 점이다. 그래야 원 간섭기 개혁정치의 역사적 성격을 더 분명하게 인식할 수 있으며, 고려 후기 사회발전상도 저절로 드러날 것이다.

이익주

서울시립대 국사학과 교수로 재직 중이다. 고려시대사를 전공했다. 대표논저로 『지방 지식인 원천석의 삶과 생각』(공저), 『한일 교류의 역사—선사부터 현대까지』(공저), 『전쟁과 동북아의 국제질서』(공저), 『정치가 정도전의 재조명』(공저) 등이 있다.

고려·조선의 친족제도

가족·친족제도 연구의 배경

오늘날 전통적인 친족관념과 이에 근거한 친족제도는 급변하고 있다. 우리나라 민법상의 친족범위는 1989년까지 '8촌寸 이내의 부계父系혈족, 4촌 이내의 모계혈족, 남편의 8촌 이내 부계혈족, 남편의 4촌 이내 모계혈족, 처의 부모와 배우자'였다. 이는 조선 후기 이래 전통적 관념인 부계 중심의 가부장적 친족관념이 반영된 것이었다. 이런 규정이 남녀평등에 배치된다는 여론에 따라 1990년 개정 민법에서는 부계와 모계의 차별 없이 '8촌 이내의 혈족, 4촌 이내의 인척姻戚, 배우자'로 조정되었다. 그런데 개정된 법규 역시 문제가 없는 것은 아니다. 생래적인 인간관계가 축소되고 선택적이고 계약적인 관계가 확대되는 현실의 사정에 비추어, 아버지 쪽의 혈족범위를 8촌으로 그대로 둔 채 어머니 쪽을 그만큼 확대시킨 것은 여전히 현실과 괴리되어 있다. 따라서 현대사회는 기존의 친족관념이 급변하는 한편 새로운 친족제도는 아직 정형화되지 못한 과도기라고 할 수 있다.

1970년대 이래 친족관계 연구가 활발하게 진행된 것도 이런 현실 문제에 기인한다. 농업사회에서 산업사회로 전환하며 도시화·핵가족화가 진전됨에 따라 전통사회의 뿌리를 이루었던 친족제도에 대해 의문이 제기되었고, 그에 따라 친족제도가 중요한 연구주제로 부각된 것이다.

친족제도 연구는 크게 두 분야로 나누어 살펴볼 수 있다. 첫째는 친족제도와 관련된 현상들을 실증적으로 규명하는 연구이다. 이 분야의 연구는 매우 다양하여 주제를 한정하기 어렵지만 대표적으로 부처夫妻형태, 상속제도, 가족·친족 규모 등에 관한 연구를 꼽을 수 있다. 둘째는 친족의 조직원리를 규명하는 연구로 친족형태에 대한 연구라고도 할 수 있다. 이는 당시 사회상을 거시적으로 규명하는 연구로 귀결된다.

친족제도 관련 분야의 연구

부처의 형태: 일부다처제 혹은 일부일처제

조선시대의 부처夫妻형태는 일부일처제에 기반한 일처다첩一妻多妾제였다. 조선 태종 때 처첩을 분간하고 적서嫡庶를 구별한 이래 처는 한 명만 인정되었고, 첩 소생인 서얼庶孽은 처 소생인 적자에 비해 사회적으로 현격한 차대를 받았다. 그런데 고려시대의 부처형태에 대한 연구에서 첩제도는 매우 적은 비중으로 다루어지고 있다. 첩을 얻는 것은 산발적이고 예외적인 행위로서, 첩제도를 보편적 부처형태로 설정하기 어렵다는 점에 견해가 일치하는 듯하다.

고려시대의 부처형태에 대한 주요쟁점은 일부다처제설과 일부일처제설이다. 한 왕이 여러 왕후를 둔 왕실의 사례로서 "부유한 집은 서너 명의 처를 얻는다"라고 한 고려 전기 중국 사신의 기록과, "고려 말에 두세 명의 처를 거느리는 것이 풍속이 되었다"라는 『태종실록』의 기록은 다처제설의 중요한 논거가 된다. 이에 반해 일부일처제설에서는 왕실이라는 특수한 경우를 예외로 하면 고려의 전형적인 부처형태는 일부일처제였다고 파악한다. 다처제는 고려 후기에 원나라의 영향으로 확산되어 조선 태종 때 처첩제로 이행하기 전까지 한시적으로 지배층에서 유행했다고 본다. 고려 후기부터 조선 초기까지 작성된 호구자료에 나타나는 부처형태가 대부분 일부일처라는 점, "두 집(妻·妾)을 두지 못하여 호구가 줄어드니 첩제도를 두자"라고 했다가 여자들에게 봉변을 당했다는 박유朴楡의 일화 등은 이 주장을 뒷받침하는 자료이다. 한편 사료에 나타나는 '후취後娶'라는 표현을 일부일처제설에서는 전처가 죽은 뒤 새로 혼인한 것으로 파악하는 반면, 일부다처제설에서는 전처가 생존한 상태에서 후처를 맞아들인 것으로 보아 동일한 자료를 다르게 해석하기도 했다.

따라서 고려시대 부처형태의 규명은 직접적인 자료만 분석하는 것으로는 한계가 있고, 거주관행, 상속제도 등 부처형태에 영향을 끼칠 수 있는 요소와 함께 종합적으로 검토해야 한다. 예를 들면 사위의 처가거주나 자녀균분상속이 관행이었던 사회에서 다처제가 보편적인 부처형태가 될 수 있었는지 고려해볼 수 있을 것이다.

상속제도: 자녀균분상속 혹은 적장자우대상속

조선시대의 분재문서에서 남녀차등이나 장차남 차별은 17세기 이후 비로소 나타나며, 그 이전에는 자녀균분상속이 관행이었다는 사실이 밝혀졌다. 현재는 분재의 내용 및 형식과 사회적 의미를 밝히는 데 관심이 집중되고 있다. 친족제도와 관련이 깊은 제사상속의 경우, 초기에는 윤회봉사輪回奉祀가 일반적이었고 아들이 없는 경우 외손봉사外孫奉祀가 행해졌지만, 17세기 이후에는 장자가 단독으로 봉사하게 되었고 외손봉사 대신 양자제養子制가 일반화된다는 사실이 밝혀졌다. 이런 연구는 조선 후기 종법제의 정착, 문중조직의 성립, 동족촌의 형성 등에 대한 연구와 결합되어 조선시대의 사회상을 규명하는 데 큰 도움을 주고 있다. 특히 영남 지역의 유수한 동족촌의 입향조入鄕祖는 대부분 처가나 외가의 연고를 따라 그 지역에 거주했으며, 처가나 외가로부터 물려받은 재산이 중요한 경제기반이 되었음을 규명한 연구가 주목된다(이수건).

조선시대 상속제 연구가 이처럼 큰 진전을 보인 데 반해 고려시대 연구는 선행연구의 오류를 극복하고 상속의 원칙을 규명하는 단계였다. 고려시대 상속제도에 대한 본격적인 연구는 일본인 학자로부터 비롯되었다. 이 연구에서 노비는 자녀 간에 균분상속되었으나 토지는 적장자가 단독으로 상속했고, 고려 말에 이르러 균분상속으로 이행했다고 보았다(旗田巍). '족族'의 미분화와 토지의 개인소유 미발달이라는 두 요인이 작용하여 토지를 단체적으로 소유하는 형태를 띠었고, 국가에서는 이에 대응하여 적장자단독상속제를 제정했다고 파악한 것이다.

적장자단독상속설에 대한 반론은 여러 방면에서 진행되었다. 우선 자유로운 토지매매·탈점·소송 등에 대한 기록과 균분상속을 시사하는 기록에 근거하여, 고려시대에는 노비뿐만 아니라 토지도 균분했다는 견해가 제기되었다(최재석). 이후 토지의 적장자단독상속설과 자녀균분상속을 모두 비판하는 연구가 제출되었다(신호철). 이 연구는 토지에 관한 한 적자들 간에 균등하게 상속되었으나, 여자는 기본적으로 상속권이나 소유권이 없었다고 보고, 고려시대의 토지상속 형태를 '적장자 우선의 직자간直子間 분할상속제'로 제시했다.

이런 견해에 대해 다시 고려시대의 토지상속은 국가와의 관계 속에서 설정되는 '전정田丁'의 상속과 사유지인 '민전民田'의 상속으로 나누어서 봐야 하며, 사유지의 상속은 자녀균분상속이 원칙이었다는 주장이 제기되었다(노명호). 이에 따르면 전정은 최소단위 이하로는 분할이 금지되었으나, 민전은 사적인 결정과 친족제도적 관습을 토대로 자녀균분이 이루어졌다.

한편 위의 여러 견해를 절충하여 사유토지인 경우 자녀균분상속과 적장자우대상속이 모두 가능했으나, 가난한 사람들 사이에서는 적장자우대상속이 일반적이었으며, 국가는 자영농을 보호할 필요 때문에 적장자우대상속을 표방했다고 보는 견해도 제기되었다(홍승기). 이 연구에서 적장자단독상속은 역을 지는 사람에게 국가가 수조권收租權을 주는 경우 나타나는 형태로 향리, 군인 등이 이에 해당한다고 보았다.

고려시대의 상속제에 대한 현재까지의 연구성과를 종합하면 노비의 자녀균분상속에 대해서는 이견이 없고, 사유지인 민전의 경우도 자녀균분상속이 일반적이었다는 견해가 유력하다. 다만 '공전公田'의 상속원칙에 대해서는 아직 일치된 견해를 보이지 못하고 있다. 이렇듯 고려시대 상속제에 대한 견해가 다양한 것은 자료부족에 기인하는 바가 크다. 고려시대 상속제와 관계된 자료는 사서나 묘지명 등에서 간혹 확인되는 몇몇 사례에 지나지 않으므로 연구자의 시각에 따라 달리 해석될 소지가 크다. 따라서 상속제도에만 한정하지 말고 가족·친족제도와 관련된 여러 요소들을 종합적으로 검토해야 고려시대 상속제도의 실제 모습에 접근할 수 있을 것이다.

가족·친족 규모: 대가족제설과 소가족제설

그간의 연구를 통해 조선 전기의 가족은 결혼 후 거주지가 일정치 않은 상태에서 소가족형태를 이루었음이 규명되었다. 17세기 이후의 가족형태를 분석한 연구에서는 전시기에 걸쳐 부부와 미성년 자녀로 이루어진 부부가족이 가장-결혼한 장남-장손 등 가계의 계승자로 이루어지는 직계가족보다 훨씬 많이 나타나며, 친족이나 가계를 계승치 않는 자손까지 모여 사는 방계가족은 대단히 적다는 점을 통계적으로 확인했다. 그리고 시간이 흐를수록 직계가족과 방계가족의 비중이 늘어나는 경향을 보이는데, 특히 양반신분에서 이런 경향이 뚜렷하게 나타난다는 점도 밝혀졌다. 비록 적장자 위주의 가계계승 원리에 입각한 파악이지만 조선시대의 가족 규모가 소가족이었음을 분명히 한 것이다. 이후 조선 전기에는 결혼 후에 사위가 처가로 가는 '서류부가혼婿留婦家婚'이 성행했음을 규명함으로써 조선 전기 가족의 규모와 구성에 대한 기초적 파악이 완결되었다(최재석).

이에 반해 고려시대의 가족 규모에 대한 견해는 대가족제설과 소가족제설이 대립하고 있다. 대가족제를 주장하는 견해는 기본적으로 고려시대의 호구자료에 근거했다. 호구자료 중에는 호주의 여러 자녀 및 그들의 배우자와 소생이 기록된 경우가 확인된다. 호주의 소생들만 기록된 경우에도 자녀의 나이가 지나치게 많아 혼인했을 가능성이 높다고 판단되는 경우가 적지 않다. 따라서 호구자료에 기재된 인물들이 동거한 것으로 보면 고려시대의 가족 규모는 대가족이라고 판단할 수 있다(허흥식). 한편 "부모 생전에 호적을 달리하고 재산을 분할하는 것(別籍異財)"을 금하는 고려의 법률조항에 착안하여 부모 생전에 자식들이 동거하는 형태를 국가에서 권장했다는 견해도 제시되었다(권두규). 대가족제를 유지하게 되는 원인으로는 경제 규모의 확대나 노동력 확보 같은 요인이 제시되었다.

소가족제설의 주요 논거는 혼인 후의 거주율이다. 신랑이 신부를 데려오는 친영제親迎制는 조선 후기에 정착되었고, 고려에서 조선 전기에 걸쳐 남편이 처가로 가거나 부인이 시가로 가는 것이 모두 가능했으므로 대가족제는 성립하기 어려웠다고 판단한다. 직역의 대가로 준 전정을 회수할 경우 처와 딸들의 생계를 위해 구분전口分田을 지급하는 규정도 소가족제에 부합하는 사례로 간주된다. 직역을 승계할 자손이 있으면 구분전을 지급하지 않았는데, 친자나 친손뿐 아니라 외손자도 승계대상이 되므로 고려시대의 가족구성은 부부와 미혼 자녀를 기본 단위로 하고, 노부모나 내외조부모를 부양가족으로 하는 소가족이었다고 보았다. 그리고 대가족제설의 주요근거인 호구자료의 기재형태는 혈연관계를 표시하는 것으로서 거주형태를 반영하는 것이 아니라고 해석했다(노명호).

한편 거주율과 호구자료에 나타나는 가족형태의 괴리로 말미암아 현존하는 호구자료로부터 고려시대 가족의 기본적 유형을 파악하는 것은 불가능하다는 견해도 제시되었다(최재석).

따라서 대가족제설의 논지를 확고히 하려면 고려시대의 대가족이 조선 전기의 소가족으로 이행하게 된 원인과 그 과정을 규명해야 할 것이다. 또한 법률의 명분과 구속력을 구분하여 파악할 필요가 있다. 중국의 경우 이미 당률唐律부터 부모가 동의하면 '재산 나누는 것(異財)'을 허용했고, 명률明律에서는 '호적을 달리하는 것(別籍)'까지 허용했다. 한편 소가족제설은 고려시대 호구자료의 기재형태가 동거상황을 반영하지 않는다고 볼 수 있는 타당한 근거를 제시하고 호구자료의 작성목적 및 사회적 효용을 밝힐 필요가 있다.

다음으로 친족 규모에 대한 연구를 살피면, 대규모 문중조직이 조선 후기에 형성된다는 데 대해서는 이론의 여지가 없다. 그러나 고려시대에도 부계父系를 다른 계보보다 중시했는지, 친족의 범위는 몇 촌을 경계로 했는지 등의 문제는 아직 본격적으로 연구되지 않았다.

다만 고려의 친족범위를 신분에 따라 다르게 보는 견해가 제기되었다. 그에 따르면 왕족은 내외 자손 모두에 해당하고, 관인층은 '나'의 자녀와 6대조(증조의 증조까지 기록하는 8세 호적의 기록범위인 7대 조손七代祖孫의 범위이며, 잡류층 이하는 3대 조손까지였다고 본다. 친족 확인범위는 부계가 모계보다 중시된 것으로 파악했다(권두규). 그러나 이 연구는 고려의 친족을 "집단으로 조직화한 것이 아니라 단순히 혈연을 확인하는 것"이라고 규정하여, 유대감을 갖는 실질적인 친족범위를 한정하지 못한 점이 한계이다. 친족범위에 대한 연구는 친족의 조직원리에 대한 연구와도 밀접한 관계가 있다.

친족의 조직원리와 형태

민법상의 친족규정에서 보듯 친족은 혈연을 매개로 하는 혈족과 혼인을 매개로 하는 인척으로 구성된다. 인척은 후천적으로 맺어지는 관계인 반면 혈족은 생래적으로 결정되는 관계이므로 친족의 조직원리와 형태에 대한 연구는 주로 혈족 중심으로 이루어진다. 그리고 이런 연구는 불가피하게 인류학계에서 사용하는 개념과 용어를 차용하게 된다. 현재 적용되는 개념들을 소개하면 다음과 같다.

친족의 조직원리는 기준점(focus)에 따라 '조상'을 중심으로 하는 원리와 '나'를 중심으로 하는 원리로 나뉜다. 조상 중심의 원리에 의거한 친족조직은 특정 인물(시조)의 후손들이 결합하는 친족집단(lineage, clan)의 형태를 띤다. 이 경우 계보의 형태에 따라 단계單系(unilineal)와 비단계로 나뉘고, 단계는 다시 부계와 모계로 나뉜다.

단계의 원리로 조직되는 집단은 다른 집단과 명확히 구분되어 상호 중첩되지 않으며, 성원은 강한 소속감과 의무감을 공유한다〈그림 1〉. 일단 성립된 집단은 조직원리가 소멸하지 않는 한 유지된다. 조선 후기에는 고조高祖를 공동 조상으로

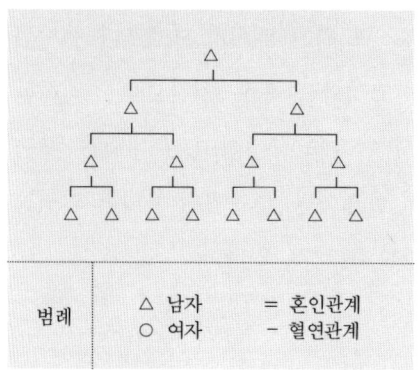

〈그림 1〉 부계 친족집단

하는 동성同姓 8촌 내의 인물들이 핵심 친족집단을 이루고, 이것이 확대된 형태로서 특정 인물을 시조로 하는 동성 인물들이 대규모 문중조직을 형성했다. 이것은 부계 단계의 원리로 조직된 친족집단이다.

비단계집단으로는 양측적(bilateral) 계보로 구성되는 친족집단을 한 예로 들 수 있다('총계적cogantic'이라고도 한다.〈그림 2〉). 이는 시조가 되는 인물의 내외 자손들이 결합하는 형태로서 부계나 모계뿐 아니라 '아들→딸→아들', '딸→딸→아들' 등과 같이 남성과 여성이 다양한 순서로 이어지는 모든 계보들을 포괄한다. 따라서 집단은 상호 중첩되고 개인은 동시에 복수의 집단에 소속되므로 특별한 유인력이 없는 한 친족집단으로 기능하기 어렵다. 대부분의 경우 특정 인물로부터 이어 내려가는 모든 계보의 혈족관계로 설정될 뿐 실질적인 집단으로는 기능하지 않는다.

〈그림 2〉 양측적(총계적) 친족집단

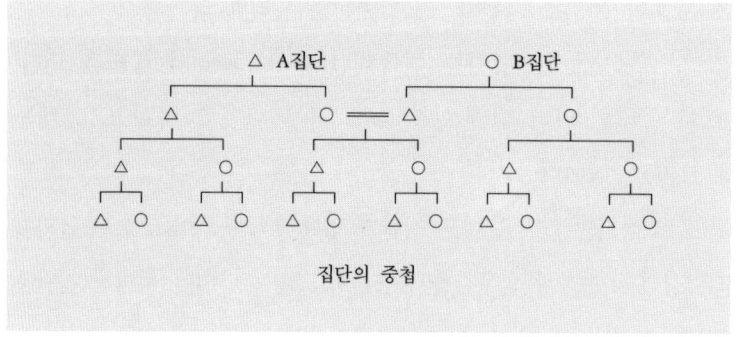

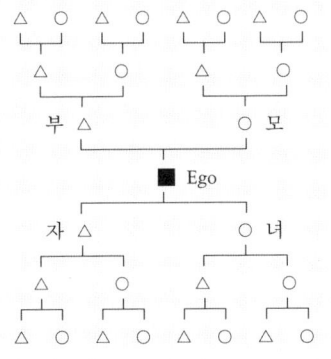

〈그림 3〉 양측적 친속

이상의 조직원리와 대별되는 게 '나(Ego)'를 중심으로 한 친족조직원리이다. 이로 말미암아 형성되는 친족조직(친속, kindred)은 양측적(총계적) 계보관계에 입각해 '나'를 정점으로 방사형으로 뻗어나가는 형태를 띤다〈그림 3〉. 이 안에는 '나'의 부모→부모의 부모, '나'의 자녀→자녀의 자녀 등과 같은 직계 인물과 직계 인물의 형제자매 및 그들의 근친으로 이루어지는 방계 인물이 포함된다. 다만 특정 계보(흔히 부계)가 중시되는 사회일 경우 그 계보의 인물이 다수를 차지하여 한쪽으로 치우친 비대칭형이 되며, 친밀도도 다른 계보보다 더 강화된다.

이런 '친속'은 '나'를 매개로 성립하고 '나'의 관점에서만 일정한 범위를 형성하며, 대개 '나'의 사망과 더불어 의미를 잃는다. 예를 들어 '나'의 결혼에 친4촌과 외4촌이 참석한다. 이들은 '나'와 혈연관계를 갖지만 서로는 혈연적으로 무관하다. 따라서 '나'와 관계된 경우 이해를 같이할 수 있지만 그렇지 않은 경우 각자의 이해에 따라 자유롭게 행동하게 된다. 이렇듯 친족조직은 전혀 다른 두 원리의 작용에 의해 형성된다. 그리고 어느 원리가 우월한가에 따라 친족조직의 형태가 달라지며, 이는 사회상의 변화로 이어진다. 동족촌과 문중조직의 출현, 자녀균분상속 관행의 쇠퇴, 처가거주의 소멸 등 조선 후기의 현상이 종법제宗法制로 대표되는 부계 친족조직원리의 강화와 밀접한 관련이 있다는 사실은 이미 기존 연구에서 충분히 지적되었다.

부계 친족집단 연구

1970년대 이전에는 대개 부계 친족집단의 존재를 전제하고 고려사회를 연구했다. 이는 우리 사회의 친족조직은 통시적으로 성씨집단이 핵심을 이루었다는 일제강점기 이래의 선입견에 기인한 것이었다.

일제는 식민통치를 위한 기초조사의 일환으로 조선의 상속관행, 취락형태 등을 광범하게 조사하여 조선 후기 이래의 전형을 파악하는 성과를 거두었다. 그러나 이런 조사는 조선 후기의 친족형태를 조선 전기나 고려시대까지 소급적용하는 경향 속에서 진행되었다. 조선 전기에는 자녀균분상속이 관행이었고, '손孫'에는 딸의 자녀까지 포함된다는 사실을 확인하여 당시의 사회상에 접근하면서도, 외손이 외조부모의 제사를 계승하는 외손봉사는 예외적인 것으로 간주하여 부계 친족집단의 존재를 당연시했다.

취락형태 조사에서는 동성동본이 모여 사는 현상을 전국적으로 확인했고, 이는 동성동본이 25% 이상을 차지할 경우 '동족부락'으로 인정된다는 연구로 이어졌다. 이 역시 부계 혈연집단을 전제하고 다른 계보의 존재나 역할을 무시한 것이었다. 이런 경향은 해방 이후에도 지속되어 나말여초의 호족세력, 고려의 지방제도, 성씨제도, 상속제도, 정치세력 등에 대한 연구는 국내외를 막론하고 대개 부계 친족집단을 전제하고 진행되었다.

앞에서 살핀 '적장자단독상속제설'도 이에 해당하거니와, 대표적 예로 나말여초의 지방사회가 동일 성씨를 칭하는 혈족집단으로 구성되었다는 견해를 들 수 있다. 이 연구는 주성主城에는 후대까지 존속한 대성大姓인 대규모 족단이 있었고 휘하의 촌村에도 별도의 족단이 있었다고 전제했다. 나아가 조선 후기의 동족부락이 고려시대 촌의 양상과 일치한다고 보아 조선 후기의 혈연양상을 나말여초 이래의 것으로 파악했다(旗田巍). 이런 견해는 고려를 혈족집단이 사회편제의 기초를 이루는 고대사회 단계로 간주하는 선입견이 개입된 것이었지만, 국내 학자들의 연구에 많은 영향을 끼쳤다. 이에 해당하는 것으로 토성土姓의 주체를 족장세력의 기반이 된 친족공동체로 보거나, 한 성단姓團이 한 촌락을 구성했다고 보는 견해를 들 수 있다.

다음으로, 성씨의 사용은 곧 부계 친족집단의 존재를 반영한다는 전제하에서 부계 계보를 집중 추적한 연구를 들 수 있다. '귀족가문 연구'라 할 수 있는 이 연구들은 부계 인물들의 관력官歷과 통혼관계를 밝혀 그 '가문'이 정계에서 차지했던 비중과 성쇠를 규명하는 방식으로 진행되었다. 일제강점기에 인주이씨仁州 李氏 연구에 이 방법이 적용된 이래, 해방 후 수주 최씨水州 崔氏, 파평 윤씨坡平 尹氏 등 고려 중앙정계에서 활약한 인물들의 성씨에 대해서도 동일한 방법으로 연구가 진행되었다. 이런 방식에 대해서는 고려의 친족조직형태가 규명되지 않은 상태에서 다양한 계보 중 부계로 이어지는 계보만을 추적하여 부계 친족집단에 근거한 정치세력으로 상정했다는 취약점을 지적할 수 있다.

친족조직원리 및 친족형태에 대한 실증적 연구

부계 친족집단의 부인

조선 전기의 친족조직에 대한 실증적 연구는 최재석에서 비롯되었다. 그는 먼저 1600년대 전반의 산음장적을 분석하여 이 지역에는 동족집단 내지 동족부락이 존재하지 않았으며, 가족형태는 부부가족이 대부분이었고 직계와 방계가족은 10% 미만이었음을 밝혔다. 통계에 부분적으로 오류가 있고 부계계승원리에 입각하여 분석했다는 문제점이 있으나, 부계 친족집단의 존재를 의심하는 단서를 열었다는 점에서 의미를 지닌다.

이후 최재석은 본격적으로 분재기分財記를 분석하여 1600년대 중엽을 경계로 그 이전과 이후는 대단히 큰 차이를 보인다는 사실을 밝혔다. 제사상속도 장자봉사와 자녀 간에 돌려가며 지내는 윤회봉사 두 형태를 취하다가 1700년대 초 장자봉사로 굳어짐을 규명했다. 그리고 이런 남녀차별, 장남우대의 원인으로 조상숭배 기풍과 동족관념의 강화를 들었다.

한편 족보와 동족조직의 관계를 살펴 이른 시기의 족보일수록 친손과 외손을 차별하지 않고 다양한 계보를 끝까지 기재했고, 17세기까지는 자녀를 출생 순서대로 기재했다는 사실을 확인했다. 나아가 종가宗家사상을 대변하는 양자제의 정착 시기, 친족 규모를 보여주는 항렬자의 사용양태 등 친족조직과 관련된 여러 요소를 살펴 조선 전기의 족보편찬이 씨족의 성립을 반영하는 것이 아니었다는 결론에 이르렀다. 결합의 범위도 부계에 국한되지 않는 가족적 규모의 단결에서 점차 부계 8촌범위로 확대되고, 조선 후기에 이르러 동성동본의 문중조직이 성립한다고 보았다. 또한 '족族', '문족門族' 등의 친족 호칭이 동성친뿐만 아니라 이성친異姓親과 인척에도 적용되었음을 확인했다. 그리고 이상의 사실에 근거하여 17세기를 양계 존중에서 부계 한쪽만의 존중으로 기울어간, 친족의 성격이 전환된 시기로 규정했다.

최재석은 친족과 관련된 여러 요소들을 살펴, 고려시대에도 부계 친족집단의 존재 여부를 판단하는 연구방법을 적용했다.

우선 고려 말의 호적을 분석하여 고려시대의 가족은 기혼녀, 사위, 장인, 장모 등이 동거하는 유형이 다수라고 파악했다. 이에 근거하여 '쌍변적 방계가족'이라는 새로운 유형을 설정하고, 이런 형태의 가족유형으로 미루어 '족' 단위의 단체적 소유는 성립할 수 없다고 주장했다. 나아가 친족용어, 족보,

양자, 항렬 등의 요소를 살펴 부계 친족집단의 존재를 부정했으며 종宗, 종자宗子와 같이 동성 친족조직에 입각한 용어가 소수 확인되는 것은 중국의 영향을 받은 법제상의 쓰임일 뿐, 실제로 그런 집단이나 차별이 있었던 것은 아니라고 보았다.

부계 친족집단의 존재에 대한 부정은 고려의 혼인제도에 대한 고찰을 통해서도 이루어졌다. 여기서는 사위가 처가에 머무는 서류부가혼(솔서혼), 동성 5·6촌간의 혼인 등과 같은 현상에 근거하여 고려시대 동성씨족의 형성은 불가능하다고 판단했다.

이상의 연구를 통해 17세기 이전에는 집단이나 조직을 이루는 부계 혈연의 강한 결합은 있을 수 없었다고 밝히고, 고려의 친족조직 형태를 '부계 우위의 비단계非單系'로 규정했다. 최재석의 연구에 대해 부계 친족집단을 부인하는 데 근거로 사용된 지표의 타당성, 고려시대 제도에 대한 이해의 부족 등과 같은 측면에서 비판이 제기되었다. 그러나 최재석의 연구는 부계 친족집단을 전제하는 기존 통념을 교정하고 혼인·상속·거주 등에 대한 실증적 연구를 활성화시킴으로써 17세기 이전, 특히 조선 전기의 사회상을 규명하는 데 선구적 역할을 했다고 평가할 수 있다.

양측적 친속

최재석이 부계 친족집단의 존재를 의심케 하는 여러 현상들을 지적하고 있던 1970년대 말부터, 노명호는 고려시대의 친족조직형태를 양측적 친속(bilateral kindred)으로 파악하고 이를 증명하는 일련의 연구를 발표했다. 이는 17세기 무렵 지방사회의 혈연양상을 분석하는 작업으로부터 시작되었다. 이 연구에서는 동일 성관姓貫의 통계치에 근거하여 동족부락을 판정하는 연구방식을 비판하고 산음현 촌락 거주자들의 혈연관계를 추적하여 다음과 같은 사실을 규명했다.

17세기 초 산음현 촌락 내의 혈연관계망은 부계에 편중되지 않고 본족本族, 외족外族, 처족妻族으로 뒤얽혀 있었다. 거주자들은 대개 내외 8촌범위의 친속관계를 갖는 소혈연군을 형성했고, 소혈연군들은 서로 중첩되며 연결되었다. 따라서 같은 성씨(동성동본)라도 폐쇄적 집단을 이루지 못하고 소혈연군들로 나뉘어 섞여 있었다. 이런 혈족관계망이 성립한 근본원인은 혼인 후의 거주율이 남편 쪽으로 고정되지 않은 데 있었다. 다른 지방에서 이동해온 인물들은 대개 그 마을에 친가, 외가, 처가 쪽으로 연고가 있었는데, 이는 다양한 연고 중에서 임의로 거주처를 선택한 데 따른 현상이었다.

노명호는 이상의 고찰을 통해 17세기 초 산음현의 혈연양상은 부계 친족집단을 토대로 한 동족부락 개념으로는 이해할 수 없으며, 산음현의 친족조직 형태는 '나'를 기준으로 개인들이 관계를 맺는 양측적 친속이라고 판단했다. 그리고 산음현의 혈연양상은 고려 이래의 친족조직 형태를 반영하는 것이라 보고, 고려시대의 친족제도와 관련된 여러 요소를 살펴 양측적 친속을 확인하는 방식으로 연구를 진행했다.

그는 우선 부계 친족조직원리에 근거한 중국의 법제나 예제禮制가 고려에 수용되는 양상을 살폈다. 오복제五服制와 상피제相避制에 대한 고찰이 여기 해당된다. 고려의 오복제는 외조부모의 복服을 친조부모와 같은 등급으로 하는 등 외가 쪽의 비중을 중국에 비해 크게 높였다. 그러나 전체적으로 보면 부계 인물들이 다른 계보에 비해 다수를 차지하여 부계로 치우친 모습을 보인다. 그런데 상피제는 오복제와 크게 다른 모습이었다. 상피제는 혈연관념으로 말미암은 유대감이 공무수행의 공정성을 저해하는 것을 방지하고자 만들어졌다. 따라서 오복제보다 상피제가 상호간에 친족의식을 공유하는 실질적 유대관계를 나타낸다고 볼 수 있다. 중국의 상피제는 대개 오복제와 유사한 모습을 띠는 반면, 고려의 상피제는 오복제에 포함되는 부계 인물들이 대거 탈락하고 모든 계보를 포괄하는 4촌범위에서 부측·모측으로 대칭을 이룬다.

다음으로 음서蔭敍제도를 살폈다. 음서는 관직자의 자손에게 관인 자격을 주는 제도로, 이로부터 해당 사회의 계보관념 및 친족조직형태를 파악할 수 있다. 중국의 음서제도는 거의 부계 후손에 국한되었지만, 고려의 음서 사례 중에는 외조, 외삼촌, 외고조 등으로 말미암아 음서를 받은 경우가 적지 않다. 음서대상에 대한 판문判文을 보아도 아들→내외손→질姪(형제의 아들)과 생甥(누이의 아들)의 순으로 확대되어 계보의 차별이 보이지 않는다. 특히 공신功臣이나 왕의 후손에게 1세대마다 지속적으로 내리는 음서의 경우 음서의 대상을 '내현손內玄孫의 현손', '외현손의 증손曾孫, 협오녀挾五女' 등의 표현으로 지정한 것을 볼 수 있다. '내현손의 현손'은 특정 인물의 부계 8세손을 말하고, '외현손의 증손, 협오녀'는 여자가 1명이라도 들어 있는 모든 계보로서 여자가 5명까지 개재되는 것을 의미한다. 따라서 '외현손의 증손, 협오녀'와 같은 표현은 양측적(총계적) 계보관념을 반영한다고 판단할 수 있다.

제도적인 면을 살피는 이상의 연구에 이어, 정치세력의 형성과 활동에 혈연이 개입하는 양상을 살펴 친족의 형태를 확인한 연구도 있다. 그에 따르면 중앙정계의 정치세력에 가담한 혈족들은 중심 인물과 혈연으로 이어지는 다양한 계보상에 대등하게 분포하고, 촌수寸數가 가까운 곳에 밀집되어 있었다. 그리고 처벌은 정치세력에 가담한 경우에 국한되어, 계보상 같은 위치에 있는 사람들이 중앙정계에서 계속 활동했다.

촌락의 혈연관계망, 계보관념을 보여주는 제도들, 정치세력의 조직방식 등을 고찰하여 고려시대의 친족조직형태가 양측적 친속임을 확인한 노명호의 연구는 친족관계 연구에 큰 영향을 끼쳤다. 현재 고려시대에는 부계 이외의 다른 계보들도 중시되었다는 점에 대해 이론의 여지가 없다. 다만 계보를 달리하는 동일 촌수의 근친 인물들이 '나'와의 친족관계에서 실질적으로 대등한 친밀도를 갖는지에 대해서는 논란의 여지가 있다. 음서규정에서 부계를 다른 계보들보다 약간 더 강조하고, 사조호구식四祖戶口式에 부·조·증조·외조를 기재하여 부계를 1대 더 확인하는 등 남자로만 이어지는 계보를 법제에서 우대하는 현상을 확인할 수 있기 때문이다. 따라서 음서의 범위나 호구식과 같은 법제상의 계보파악형태와 상호간에 유대감을 갖는 실생활상의 친족형태가 일치하는지를 구체적으로 규명할 필요가 있다.

다음으로 고려시대 성씨의 의미에 대한 파악이 미흡하다는 점을 지적할 수 있다. 성씨는 원칙적으로 부계로 이어지므로 부계 계보관념 및 그에 근거한 친족집단을 반영하는 요소로도 판단될 소지가 있다. 비록 노명호는 고려시대 성씨 운용의 비부계적인 모습을 지적했지만, 칭성稱姓의 동인, 성씨의 기능, 당시 사람들의 성씨에 대한 관념 등을 더욱 구체적으로 파악해야 할 것이다.

친족제도 연구의 현실적 의미

현대사회의 친족관행은 이미 조선 후기에 형성된 '전통적'인 모습과 크게 괴리되어 있다. 가계계승을 위한 양자제가 거의 소멸했고 자녀균분상속, 사위의 처가거주 등도 예외적이거나 특별한 일로 여겨지지 않게 되었다. 그에 따라 조선 후기의 친족제도에 근거한 관행은 많은 경우 현대인에게 부담이 되고, 심지어 악습으로까지 여겨지고 있다.

조선 후기에 형성된 부계 중심의 계서적 인간관계와 현대사회의 자유롭고 평등한 인간관계를 대비시키면서 '전통적'인 친족제도를 극복대상으로 여기는 풍조가 적지 않게 감지된다. 친족관계 법률이나 제도를 변경하기 위해 공청회나 토론회를 열면, 거의 예외 없이 유학자가 기존 제도나 법률을 옹호하는 측으로 선정되는 것을 볼 수 있다. 이런 현상은 친족제도의 역사적 변천에 대한 몰이해에 기인하는 것으로, 자칫 '전통'에 대한 극단적 부정으로 귀결될 위험이 있다.

이런 점에서 고려·조선의 친족제도에 대한 그간의 연구성과는 현대사회에 맞는 친족형태를 창출하는 데 도움을 줄 수 있고, 나아가 '전통'에 대한 이해를 정립하는 데도 기여할 수 있을 것이다.

이종서

현재 울산대학교 역사문화학과 교수로 재직 중이다. 사회사를 전공했다. 대표논저로 『모반의 역사—역사는 그들을 역모자라 불렀다』(공저), 『제국 속의 왕국, 14세기 고려와 고려인』 등이 있다.

조선왕조 성립을 어떻게 볼 것인가

정체에서 발전으로

1392년 조선의 성립을 단순히 고려왕조가 새 왕조로 교체된 사건으로 축소시켜 이해할 수는 없다. 지배집단 내부 권력투쟁의 결과라는 정치사적 기록의 배후에는 고려 후기에 격화된 사회적 갈등과 경제구조의 모순을 극복하여 새로운 이상사회를 구현하려는 사대부의 사회세력화와 견고한 이념지향이 작용하고 있었다.

조선왕조 성립에 관한 평가는 일제강점기 이래 여러 측면에서 시도되어 왔다. 이성계李成桂 일파가 사대주의를 지향한 결과 조선이라는 왕조가 성립되었다는 식민사관부터, 여말선초의 정치·경제·사회·문화 각 분야의 내재적 변동의 결과 역사적 전환이 일어났다는 발전사관에 이르기까지 다양하다. 이런 연구결과의 차이는 이 시기의 변화에 대한 사료해석상의 차이와 사대부라는 변동주체가 지향한 이념의 성격에 대한 이해의 차이에서 비롯되었다. 그러나 그 이면에는 역사상과 역사인식의 차이가 작용하고 있다.

근대적 방법에 의한 한국사 연구가 일제강점기 일본인 학자들에 의해 시작되었듯이, 조선왕조에 대한 '근대적' 연구도 일본인에 의해 본격화되었다. 그런데 일본인의 조선시대 연구는 한국사를 부정적으로 파악하여 한국지배를 합리화하려는 식민사관 속에서 진행된 것이었다. 그들이 조선왕조를 '이씨 왕조'라고 폄하하는 데서 드러나듯, 고려에서 조선으로의 왕조교체는 왕씨의 고려에서 이씨의 조선으로 이어지는 단순한 왕조의 교대일 뿐이다. 그러므로 그들은 그 과정의 역사적 발전을 증명할 인식 틀이나 사료발굴 의지를 가지고 있지 않았다. 당연히 그들은 한국사의 중요한 특성의 하나로 사대주의를 지적했고, 그 특성은 이성계의 위화도 회군에서 비롯되어 마침내 건국이념에까지 뿌리내린 것으로 보았다. 다시 말하면 조선 건국은 원·명이 교체되는 동양의 정세변화에 힘입은 것으로서, 친명 사대파가 친원 사대파를 대신하여 정권을 탈취한 사건에 불과하다는 것이었다. 이런 관점을 통해 강조하고자 했던 것은 한국사회의 정체성이었고, 그것이야말로 일본의 한국지배를 합리화하는 강력한 이데올로기였다. 그러나 이런 관점으로는 조선왕조 건국기의 내재적인 사회경제적 변화를 정당하게 읽어낼 수 없었다.

  이에 반해 일제강점기 한국인 연구자들은 조선 건국을 둘러싼 정치·사상·경제의 변화를 분석하는 데 초점을 맞추었다. 이들 연구는 조선 건국의 근본적 계기를 신세력과 구세력 간의 경제적 이해관계 갈등이라는 민족 내부의 사회경제적 발전 과정에서 찾았다. 신구 세력의 갈등이 정치적으로 표면화된 것은 전제개혁田制改革운동에서였는데, 고려 말의 정치적·사상적 갈등은 기본적으로 이 문제를 둘러싼 이해의 대립에서 촉발되었다고 본다. 이때 전제개혁운동은 이성계를 비롯한 신진 관리와 휘하 군사들의 녹봉과 군량미를 충족시키기 위해 전개된 것으로서, 사회혁명 또는 사회정책적인 것으로 이해하기보다는 재정정책 차원으로 이해해야 한다. 또 사상사 연구에서 불교를 대신해 성리학이

지배이념으로 등장하는 사실에 주목하여, 그 의미를 사원경제와 승려집단의 말폐를 시정하려는 경제적 동기, 곧 국가재정의 문제와 관련시켜 설명했다. 그러므로 유학자들 가운데 적극적 배불론자와 소극적 배불론자가 병존했던 이유를 유교에 대한 학문적 조예의 차이가 아니라 개혁에 대한 열의의 차이로 해석한다.

조선왕조의 성립을 본격적으로 주체적·발전적인 관점에서 인식하기 시작한 것은 1960년대로서, 이때 비로소 고려에서 조선으로의 전환이 정치·사상의 측면뿐 아니라 사회와 경제의 측면에서도 다차원적으로 분석되고 그 역사적 의의를 조명받기에 이르렀다. 신흥사대부라는 정치세력의 발견을 통해 역사발전을 주도하는 새로운 계층의 성장을 확인할 수 있었고, 양반과 중인 연구로 신분변화양상을 검토함으로써 지배층의 폭이 확대되고 있음을 실증적으로 밝혀냈다. 그리고 사회변화와 변동을 수렴하여 새로운 사회를 전망하는 사상사 연구, 토지제도와 토지소유관계 분석을 통해 농민층의 사회경제적 성장을 밝혀내는 연구 등은 조선왕조의 성립에 따른 발전적 역사상을 제시한 것이었다. 물론 논자에 따라 그 변화의 내용이나 성격에 대한 평가에서 차이가 드러나고 있지만, 조선왕조의 성립을 단순한 왕조교체가 아니라 한국사의 계기적 역사발전 과정의 일환으로 파악하는 데는 동의하고 있다.

조선왕조 성립을 바라보는 세 가지 관점

고려 말에서 조선 초에 이르는 시기는 정치는 물론 경제·사회·문화 전분야가 변화의 기운으로 충만했다. 신흥세력으로 성장한 사대부들은 현실의 변화·변동을 수렴하면서 농민의 의견도 반영하여 제도개혁을 추진했다.

여말선초에 해당되는 14, 15세기를 사회발전기로 이해하는 연구로서 가장 먼저 행해진 것은, 발전을 주도한 신흥사대부라는 정치세력의 정체를 확인하는 작업이었다. 신흥사대부는 무인집권기 이래 신분적으로는 향리에 기반을 두고 경제적으로는 중소지주의 기반을 가지고 있었는데, 과거나 군공軍功 등 주로 후천적 능력을 통해 성장한 정치세력이었다. 이들은 당시로서는 선진적인 정치사상이었던 성리학을 바탕으로 사회의 변화·발전에 대응하는 개혁정치를 추구했다. 최근에는 신흥사대부라는 정치세력의 실존 여부에 대한 근본적인 이의제기와 그 범주의 다기성에 대한 문제제기가 있었고, 사대부의 연원을 공민왕 대로 봐야 한다는 부분적인 논의가 있었다. 하지만 이 시기에 변화를 주도한 정치세력이 신흥사대부라는 사실은 역사의 계기적 발전이라는 시각에서 보았을 때 의문의 여지가 없다.

  조선왕조의 성립에 대한 발전적 인식은 신흥사대부라는 정치주도세력의 확인결과를 토대로 고려 후기 사회경제체제의 변동과 조선왕조의 성립을 통해 달라진 변화의 내용을 살펴보는 데 집중되었다. 한국사의 역사상과 관련하여 대표적인 연구경향을 살펴보면 다음 세 가지로 구분할 수 있다.

신사회 건설과 양천제의 성립

  첫 번째는 조선 건국을 통해 나타난 여러 양상들에 주목하여, 조선의 성립은 고려와 질적으로 다른 새로운 사회의 성립을 의미한다고 보았던 경향이다. 이 연구는 건국의 핵심이론가인 정도전의 사상분석을 통해 왕조의 통치이념을 명확히 하고, 농민의 처지와 밀접한 신분·토지 문제를 궁구하여 변화된 양상들을 밝혀냈다. 특히 신분변화에 주목하여 양천제良賤制설을 제기했다. 이에 의하면 조선왕조는 향리나 백성층에서 성장한 사대부와 광범한 하층농민군사의 지지와 참여로 형성된 민본국가로서, 사대부나 한량閑良과 아울러 하층민의 이익을 조정하면서 양자를 동질화하는 정책을 추진했다. 따라서 조선 초기의 신분구성은 양良신분과 천賤신분으로 이루어졌고, 천인을 제외한 양인들은 능력만 있으면 누구나 관리가 될 수 있었다. 양인에는 백성이나 공상인工商人·간척지도干尺之徒와 같은 신량역천身良役賤, 그리고 향리가 포함되는데, 이들은 법제적으로 권리와 의무에 차등이 있었지만 기본적으로 자유민이며, 세습신분이 아닌 성취신분이었다. 그런 점에서 세습신분이며 비자유민인 천인과 엄격히 구별되었다고 한다.

이 연구의 특징은 양반=특권·세습신분설을 비판하는 데 있다. 양반은 조선 후기처럼 지배신분층을 의미하는 것이 아니라 문무관료집단을 총칭하는 대명사로서 교육·입사·군역 등의 특혜가 주어지지 않았다. 또 성중관成衆官과 같은 서리는 유품조사流品朝士·생원·진사 등의 사류士類들과 동등한 위치였다. 즉 조선 초기는 양반이 지배계층으로서 사회를 지배하는 것이 아니라 모든 양인계층이 다 같이 참여하는 개방된 사회였다는 것이다.

이런 신분적 개방성을 뒷받침하는 것이 부국강병이념과 중앙집권론이라고 한다. 정도전의 사상 연구에서 드러나듯이, 조선왕조는 중앙집권적 정치체제를 지향하면서 공적 영역을 확대하여 공권력을 강화하고자 했다. 즉 국가주의이념이 담긴 『주례周禮』를 통해 농업을 비롯한 상업·수공업·수산업 등 모든 산업에 공개념을 도입하여 권세가의 사유와 사영을 축소시키고 공익 우선주의를 내세웠다. 특히 산업에서 근본이 되는 것이 토지이므로 토지에 공개념을 도입하여 국전제國田制를 실현하고자 했는데, 차경借耕제도를 없애고 계민수전計民授田의 실현을 목표로 자영농을 창출하려는 데 목적이 있었다. 이는 곧 양인확대정책이나 관장官匠·관상官商제, 공교육제 확립, 공적 인재등용제도의 정비 등과 서로 표리관계를 이루는 것으로서, 그 이전 시기와 달리 사적 지배를 배제함으로써 토호·향리의 중간수탈을 금지시키고, 양인의 공공이익을 증진시키려는 사회정책적 차원에서 이루어진 것이라고 했다. 요컨대 조선의 성립은 단순한 왕조교체가 아니라 시대를 달리하는 새로운 사회로의 획기적 전환을 의미한다고 보는 것이다.

생산력 발전과 사회변동

조선왕조 성립을 바라보는 두 번째 견해는 14~15세기의 연속성을 전제로 농업생산력 발전과 그 바탕 위에서 전개되는 여러 사회변동을 파악하는 연구이다. 이는 신흥사대부의 성장배경을 사회경제적 변동에서 찾고, 그 변화·변동을 성리학이 제시하는 정치사회이념을 통해 수렴되는 것으로 이해한다.

이 연구에 의하면 14~15세기에는 시비법施肥法과 수차水車·천방川防의 수리시설 발달 등 농업기술의 개선으로 휴한법休閑法이 극복되고 조방농업에서 연작상경連作常耕의 집약농업으로 바뀌게 되는데, 이는 중국 강남농법의 영향, 곧 성리학의 영향으로서, 이를 주도한 것이 신흥사대부였다고 한다. 신흥사대부는 부재대지주不在大地主였던 문벌귀족과 달리 지방의 중소지주라는 출신 조건에서 농업 문제에 훨씬 깊은 관심을 가지고 성리학을 수용함으로써 새로운 역사의 주도층으로 자리잡게 되었다는 것이다.

한편 농업생산력의 발전은 향촌사회관계에도 변화를 주어 종래 향도香徒 중심의 지역촌이 붕괴되면서 자연촌 단위인 리里의 성장이 두드러졌다. 향촌사회 사회구성 조건의 변화에 대해 훈신·척신 계열이 관권官權을 매개로 중앙집권화를 통해 대응했다면, 품관 중심의 사림파는 각 지방단위의 사회에 자치적 기능을 부여하면서 성리학의 사회제도인 사창제社倉制·향약鄕約 등을 통해 대응했다.

여기서 주목되는 것은 14~15세기의 성리학을 이끈 주도세력인 신흥사족과 사림파를 같은 계통으로 파악하는 점이다. 즉 사림파의 연원을 조선 건국에 반대했던 정몽주鄭夢周·길재吉再 등 이른바 절의론자節義論者에서 찾는데, 이런 관점에서는 조선왕조의 건국 주도세력에게 역사적 의미를 크게 부여하기 어렵다. 결국 이 연구는 조선의 성립을 일정하게 평가하면서도 14~15세기를 연속적 발전 과정으로 이해하는 데 특징이 있다.

정치구조의 재편과 지배층의 교체

세 번째는 조선왕조가 귀족관료에서 사대부관료로의 지배층교체와 그에 조응하는 정치체제의 합리적 재편성에 따라 성립되었다는 연구경향이다. 연구자마다 혹은 연구주제에 따라 내용파악이 다른 점이 있지만, 조선과 고려를 동질의 사회로 파악하는 점에서는 일치한다.

이 연구는 첫 번째의 양천제설과 달리 조선 초기의 신분·계층구조를 지배신분과 피지배신분으로 양분하고 양반을 상급 지배신분, 중인(기술관·향리·서리)을 하급 지배신분, 양인과 노비를 피지배신분으로 보면서 각 신분의 세습성이 강하다고 본다. 즉 양인은 법제상으로 과거에 응시할 수 있었지만 경제적 능력이나 교육환경을 볼 때 과거합격이 거의 불가능했고, 향리나 기술관 같은 중인은 양반과 구별되었으며, 또 상민과도 차이가 있었다고 한다.

이런 관점은 경제의 핵심인 농업, 곧 토지 문제를 설명하는 방식에도 적용되었다. 논자에 따라 다양한 견해가 있지만, 대체로 전제개혁운동의 귀결인 과전법에는 1/10의 조세공정이나 농민보호규정, 그리고 경기사전京畿私田의 원칙 등이 제시되었는데, 이는 종래의 토지제도보다 더 진전된 것으로 평가된다. 토지소유관계에 대해서 과전법은 토지국유의 원칙을 표방하면서 사적소유권이라는 현실을 반영한 것으로 이해된다. 과전법을 비롯한 일련의 전제개혁운동에서 구 귀족의 토지가 몰수되고 많은 자작농이 창출된 것은 사실이지만, 병작제가 보편화됨에 따라 양인 자작농은 양반 농장의 소작인으로 전락하거나 양반의 노비가 되어 양반과 양인의 빈부차가 커진 것으로 보고 있다.

또 다른 연구는 과전법이 전주전객제와 지주전호제라는 중세 경제체제의 두 가지 틀 속에서 수조권收租權이 강화·팽창하는 것을 저지함으로써 소유권이 안정·성장할 수 있도록 보장했고, 국왕·국가는 사대부 양반에게 과전을 분급한 대가로 충성스러운 직역봉공職役奉供을 요구했다고 한다. 이런 연구는 과전법을 비롯한 일련의 전제개혁운동이 사대부의 이해관계를 반영한 제한적인 의미를 가지며, 결국 중세사회의 경제제도를 새롭게 재편성하는 근거가 되는 것으로 이해한다.

또한 조선왕조 성립의 정치이념에는 송의 성리학이 크게 반영된 것으로 본다. 지배이념이 고려의 불교·유교 병존에서 조선의 유교로 대치되어 성리학시대를 열었다는 것이다. 그리고 최근의 연구에서는 여말의 사대부가 성리학의 정치사상을 기초로 고려의 정치체제를 변혁하여 지배질서를 재편하려 했다고 보고 있다. 그 과정에서 농민의 요구를 수렴했지만, 이는 어디까지나 중소지주의 입장에서였다는 것이다. 여기서 성리학은 신분제와 지주전호제를 옹호하는 사상체계라는 사실이 전제되어 있고, 때문에 조선왕조는 성리학적 지배질서를 지향하여 탄생한 봉건국가라고 이해하는 입장이다. 이 연구는 앞의 두 가지 경향과 달리 조선의 성립을 봉건적 지배질서의 재조정 혹은 중세사회 내부의 발전 과정으로 파악하고 있다.

조선왕조 성립의 역사상

　이상의 세 가지 관점은 조선왕조 성립에 대한 주체적·발전적인 연구경향의 일단을 보여주는데, 여기에는 상이한 역사인식과 역사상이 내포되어 있다.
　우선 조선의 성립을 사회정책적 차원에서 파악한 연구에서는 왕조의 성립이 근세사회의 성립을 의미한다고 이해한다. 민생과 직접 관련된 토지와 신분에 대한 개혁을 지향했고, 결국 공적 권력과 공적 질서를 최우선하는 중앙집권의 공공국가로서 면모를 높였다고 보는 것이다. 이런 평가는 백성의 지지에 의한 왕조의 성패와 권력변동을 통한 발전 가능성, 그리고 중앙집권국가의 공공성을 긍정적으로 보는 역사인식에 바탕한 것이다.
　이 연구는 1960년대 이후 긍정적이고 발전적인 시각이 극대화된 연구경향을 보여주지만, 발전적 측면을 지나치게 강조하여 그것이 가지는 시대적 한계를 등한시했다. 신분제 연구에서는 능력 중심의 개방된 사회를 강조함으로써 조선 초기의 신분제사회가 갖는 특성을 도외시했고, 사상사 연구에서는 개인 사상의 이상적 측면을 실제 현실과 동일시한다는 인상을 주었다. 개혁사상이 갖는 역사성과 그 사상 형성의 시대적 배경을 깊이 있게 고려하지 않으면서 독자적이고 발전적인 면만 부각시켰다. 역사연구에는 주체적이고 발전적인 연구시각이 필요하지만, 그렇지 못한 면을 함께 밝혀내는 것도 필요하다.
　한편 14~15세기의 연속성을 중시하면서 조선사회의 발전 과정을 밝혀내는 연구경향은 사회구성의 기본토대인 농업, 예컨대 생산력과 생산 제관계, 지배세력인 신흥사대부, 그리고 성리학의 역사적 기능에 초점을 맞추었다. 이 연구는 16세기 사림파의 연원을 정몽주와 같은 고려 말의 절의론자에게서 찾고 조선왕조의 지배사상인 성리학의 당시 사회적 순기능을 발견하고자 했다. 여기에는 사림파와 성리학에 대한 긍정적 인식이 전제되어 있고, 500년 조선왕조의 존립근거·존립의의를 찾아보려는 의도가 담겨 있다.

이 연구는 사림파와 그 사상인 성리학이 당시 상황에서 가졌던 긍정적 측면을 부각시켰다. 단 사림파를 중심축으로 사림파의 주관적 이해를 그대로 사실로 인정하면서 훈구파를 비판적으로 바라봄으로써 사림파의 역사성, 곧 지배층으로서의 계층적 성격을 등한시했고, 사림파의 연원을 고려 말 절의론자와 연결시킴으로써 정도전 등 건국주도 사대부들의 개혁성향을 약화시키는 연구결과를 보여주었다. 이런 관점은 앞의 연구경향과 같이 조선 양반사회가 갖는 긍정적 측면과 500년 조선왕조의 역사적 의의를 크게 부여한다는 데 공통점이 있다.

마지막으로 세 번째 견해는 보편적 역사발전론과 밀접하게 연관되어 조선의 성립을 중세사회의 합리적 재편성 과정, 혹은 중세사회 내부의 발전 과정으로 파악하는 것이다. 이는 식민사관에서 말하는 정체성론을 비판할 뿐만 아니라, 논자에 따라서 근대화론을 전제하기도 하고 사회구성체적 시각이 전제되기도 한다. 특히 후자의 경우 한국사의 발전 과정을 세계사의 보편적 발전 과정에 입각해서 체계화하려고 한다. 조선왕조의 성립 과정으로 생산력 발전과 이에 기초한 농민층의 성장, 그리고 제도개혁으로 이어지는 사회발전이 제시되는데, 그 지향하는 바는 지주의 농민지배를 옹호하는 봉건적 사유인 주자학을 기초로 확립된 봉건적 지배체제·봉건국가라는 것이다. 말하자면 조선왕조를 양반 사대부를 중심으로 한 봉건국가의 재편성, 집권체제의 단계적 강화 과정의 산물이라고 보는 것이다.

조선왕조 성립에 관한 역사적 평가는 한국사 상像에 대한 견해차이를 내포하고 있고, 또한 시대구분론과도 밀접하게 연관되어 있다. 작게는 중앙집권과 지방자치, 계층과 계급, 지식계층과 기층백성의 역할 문제 등과 관련되어 있고, 크게는 조선의 성립을 근세사회의 성립으로 볼 것인가 아니면 중세사회 내부의 발전으로 볼 것인가 하는 문제와 관련되어 있다.

  조선왕조의 성립을 정체적 시각에서 바라보는 것도 문제이지만, 지나치게 발전의 시각에서 바라보는 것도 올바른 역사상을 확립하는 데 방해가 될 수 있다. 왜냐하면 역사 연구에서는 과학적이고 객관적인 사실검증이 최우선적으로 이루어져야 하기 때문이다.

도현철

현재 연세대학교 사학과 교수로 재직 중이다. 고려시대사를 전공했다. 대표논저로 『고려의 황도 개경』(공저), 『한국 실학의 새로운 모색』(공저), 『고려 말 사대부의 정치사상 연구』 등이 있다.

훈구와 사림

훈구勳舊와 사림士林에 대해서는 이미 16세기 후반 간행된 『해동야언海東野言』에서 언급하고 있을 만큼 빠른 시기에 그 대립상과 역사성에 대한 인식이 정리되었다. 그러나 이런 대립이 선조 대에 들어서 사림의 승리로 귀결되고, 이후의 정치적 관심이 붕당의 전개양상에 집중되면서 이에 대한 관심은 멀어졌다. 조선 후기 당대 정치에 대한 이해는 당론서黨論書라는 양식의 정치사를 통해 정리되었는데, 여기에서도 붕당정치의 변화 과정에 초점을 맞추어 정리한 것이 대부분으로 훈구와 사림의 대립에 대한 관심은 적었다.

사화에 대한 학문적 관심은 20세기에 들어 다시 나타난다. 그러나 불행하게도 이는 일본인들에 의해, 그것도 부정적인 관점에서 시작되었다. 조선을 병탄한 일본인들은 조선을 식민지로 영속화하기 위해 한민족이 가진 능력을 부정하는 입장에서 한국사를 서술하면서, 경제적으로 발전이 없이 정체되어 있는 역사로, 정치적으로 분열과 정쟁만을 일삼아온 혼란한 역사로 규정했다. 그들은 한민족의 정치적 무능을 증명하기 위해 사화와 당쟁을 그 사례로 제시했다. 즉 일본인들은 조선 중기 훈구와 사림 대립의 소산인 사화와 조선 중후기 사림집권 이후 나타나는 새로운 정치운영형태인 붕당정치를 분열과 정쟁이라는 부정적 측면에서만 주목한 것이다.

이런 일본인 학자들의 주장은 근대적 학문을 표방하면서도 역사학의 가장 기본적인 조건인 사실실증조차 제대로 갖추지 못한 것이었고, 더욱이 역사학을 정치적 도구로 전락시킨 것이었으므로 일고의 가치도 없었지만, 그 파장은 매우 컸다. 즉 국권을 상실한 식민지상황에서, 그리고 해방 이후 분단과 군사독재 하의 왜곡된 정치현실에서 이들의 주장은 많은 사람들에게 민족의 정치능력에 대한 회의를 심어주는 심각한 해악을 끼친 것이다.

붕당정치론의 제기와 사화에 대한 관심

이런 상황에서 한국 민족의 정치적 능력에 대한 역사적 검토는 선결되어야 할 연구의 주요과제였다. 이는 쉽게 진행되지 않다가, 뒤늦게 1970년대 들어 '붕당정치론'이 제기되면서 그 방향을 잡아갔다. 이태진은 조선 중기의 정치를 붕당정치로 명명하고, 그 내용을 학문적 이념을 기반으로 하는 정치, 상호비판을 원리로 하는 정치, 공도실현을 위한 정치라고 설명했다. 그리고 조선 중후기의 정치변화와 발전 과정을 붕당정치, 탕평정치, 세도정치로 나누어 그 역사상을 설명해야 할 것이라고 제시했다. 이전에도 붕당정치론과 유사한 견해의 표명이 없지 않았으나, 이태진에 의해 체계적으로 정리된 붕당정치론은 조선시대 정치사에 본격적으로 접근할 수 있는 좋은 발판이 되었다. 이후 조선 중후기 정치사 연구는 붕당정치론의 검증과 비판을 통해 그 양과 질을 살찌우면서 당쟁론의 해악을 해소해나갔다.

당쟁에 대한 부정적 인식을 극복하는 과정에서 당연히 사림과 훈구의 갈등으로 나타났던 사화에 대해서도 새로운 설명이 모색되었다. 기왕에는 사화를 붕당의 일부로 이해하는 것이 대부분이었지만, 붕당정치에 대한 이해가 축적되고 붕당의 내용과 구조 등이 밝혀지면서 사화는 붕당정치와 전혀 다른 정치구조에서 나온 현상으로 이해되었다. 그러므로 훈구와 사림의 갈등을 이해하기 위해서는 새로운 접근이 필요했고, 연구자들은 붕당 연구의 연장선에서 붕당정치 형성 과정에 관심을 두면서 별도의 정치구조 변동 과정으로서 사화를 바라보게 되었다.

사화에 대한 연구는 크게 두 방향으로 나뉘어 진행되었다. 하나는 사화의 사회경제적 배경을 밝히는 것이었다. 일본인들은 당쟁을 "극한적인 빈곤상황에서 나타난 사욕을 동인으로 하는 분열된 정쟁"이라고 보았기 때문에 그 경제적 배경을 해명하는 일은 매우 중요했다. 다른 하나의 과제는 사화에 대한 정치적 이해를 확대하는 것이었다. 이는 사림이 어떻게 정치주도세력으로 자리잡아갔는가, 그들이 어떻게 사림이 주도하는 정치구조를 만들어갔는가의 문제였다.

사림과 훈구 대립의 경제적 배경

먼저 사화 발생의 경제적 배경을 살펴보자. 주지하다시피 조선 후기 경제사 연구는 일본인들이 주장한 정체성론을 비판하면서 시작되었고, 내재적 발전론이 제기되면서 본격화되었다. 일본인들이 한국 경제의 정체성을 주장하면서 농업과 상업의 미발달과 수공업의 영세성 등을 제시했던 만큼, 그 극복을 위한 연구 역시 이런 점을 중심으로 전개되었다.

농업 영역에서는 토지사유의 실제에 대한 실증적 연구와 농업생산력 발전에 대한 연구가 진전되면서 일본인들의 연구가 극복되었다. 먼저 상품유통경제의 발전이 연구되면서 다양한 상인들의 존재형태, 상품유통시장과 유통권, 나아가 국제적 교역체제 등이 밝혀졌다. 또한 도고행위가 보편적 상행위로 정착되면서 상업자본의 축적, 상인자본의 수공업 지배, 생산부문에 대한 상인자본의 투자 등이 확인되었다.

이런 조선 후기 농업·상업 연구의 성과 위에서 사화의 배경에 관심을 기울였던 연구자들은 16세기의 경제적 변화에 주목했다. 그 결과 조선 후기에 완숙한 모습을 보여주는 경제적 변화가 이 시기에 시작되었거나 발전적으로 진행되고 있었음이 밝혀졌다.

토지사유화의 결정적 지표로 인식되는 수조권적 지배가 이 시기에 해소되었고, 생산력 발전의 주요지표로서 조선 후기에 성숙된다고 이해되어왔던 이앙법도 이때 이미 보급되고 있었다. 방천防川이나 보洑 등 적극적인 수리방법이 확대되었고, 적극적인 경지확대책으로 해안이나 저습지의 개간이 적극적으로 논의되고 있었다. 상업에서도 활발한 변화가 일어나고 있었다. 농민이 주축이 되는 장시場市가 16세기에 걸쳐 확대되고 있었고, 장시를 묶는 유통망도 형성되었으며, 이를 바탕으로 대중국·대일무역도 활성화되었다.

이런 연구성과들은 16세기가 경제적으로 적극적인 변동기였고, 일본인들이 주장하던 것처럼 사화가 극빈상황에서 일어난 정쟁이 아니었음을 분명히 보여주었다.

훈구의 비리

연구자들은 이런 경제적 변화가 사림과 훈구의 정치적 갈등에 중요한 계기가 되었음을 밝혔다. 주지하다시피 사림이 훈구를 비판했던 중요한 이유 중 하나가 정경유착에 의한 경제적 비리였다. 훈구의 권력형 비리는 다양하게 노정되었는데, 가장 쉽게는 수취체제의 운영에서 출발했다. 이들은 부세체제에서 빠져나가고 그 부담을 양인들에게 지웠다. 이로 인해 양인들의 부세부담이 늘어나면서, 이들 중 일부는 도산했고 일부는 훈구에 투탁함으로써 부세체제의 그늘에서 벗어나고자 했다. 이런 상황에서 훈구들은 불법적으로 많은 투탁인을 거느리게 되었고, 그들을 자신의 농장경영에 이용했다.

당시의 권력형 비리는 토지확보 과정에서도 잘 드러났다. 가장 손쉬운 것은 민이 토지와 함께 투탁해온 경우였다. 이런 현상은 공민의 사민화가 일반화되듯이 빈번했다. 토지점탈도 많았다. 훈구들은 지방 수령과 결탁하여 둔전이나 주인이 있는 민전을 진황지로 보고하고 이를 입안하는 방식으로 양인들의 토지를 점탈했다. 불법으로 공민을 동원하여 해안가를 막아 간석지를 조성하는 방법으로 토지를 확대하기도 했다.

훈구는 축적된 부를 확대하는 과정에서도 비리를 저질렀다. 가장 쉬운 것이 고리대의 이식이었다. 그 과정에서 수령들이 권세가의 개인적 사채 관리자를 자임했던 상황을 고려한다면, 비리는 매우 빈번했다고 여겨진다. 훈구들은 부의 재생산을 위해 새롭게 형성되고 있었던 유통체제를 적극 이용했다. 이들은 권력을 바탕으로 부상대고들과 결탁하여 미곡운송이나 방납 등에 관여하거나 중국무역 등 대외무역에도 참여했다.

훈구의 탄핵과 언론기능의 강화

사화의 경제적 배경과 함께 경제적 변화에 연루되어 비리를 행했던 훈구의 실체가 드러나면서, 이를 제어하고자 했던 사림의 동향에 대한 연구도 추진되었다. 사림은 향촌의 주도층으로서 훈구의 비리가 결국 향촌사회에 부담으로 전가되는 상황을 목도했다. 또한 사림 자신들의 노비가 권문에 투탁함으로써 실제적인 피해도 입고 있었다. 그러므로 사림은 자신들의 재생산 기반인 향촌의 건강한 운영을 위해, 또 직접적으로는 자신들에게 미치는 피해를 줄이기 위해 훈구의 비리를 견제해야 했다.

이를 위해 사림은 중앙정치에 적극 진출했고, 중앙정치에서 서민의 어려움과 몰락상황을 제시하면서 훈구에 대한 비판을 전개했다. 당시의 기록을 보면 사림은 매년 수백 건에 달하는 언론활동을 통해 문제되는 훈구를 탄핵하여 이들을 정치에서 배제하려 노력하고 있었다.

훈구의 비리를 탄핵하면서 사림은 당시 비리를 행했음이 드러난 소수 훈구들에게만 문제가 있는 것이 아니라, 훈구라는 정치세력 자체가 한계를 지니고 있다고 인식하게 되었다. 그리고 그 한계는 당시의 권력구조와 긴밀하게 연결되어 있다고 생각했다.

당시의 정치는 권력에 참여하는 고위관료들에 의해 장악될 수 있는 중앙집권적 구조였다. 이 구조는 조선 건국기에는 지난 시대의 문제를 청산하고 새로운 국가를 건설하는 과제에 효율적으로 대응할 수 있어서 의미를 지녔다. 그러나 건국 이후 1세기가 지나면서 개혁이 마무리되고 사회가 안정되자, 과도하게 집중된 권력이 오히려 문제의 근원이 되었다. 특히 자질이 검증되지 못한 집단이 정변을 계기로 공신이 되어 권력을 좌우할 경우 쉽게 문제가 야기될 수 있었다.

사림은 집중된 권력구조의 문제점을 인식하면서 이를 더 분화된 구조로 바꾸려고 노력했다. 즉 더 많은 사람들이 의사결정에 참여할 수 있는 정치구조를 추진했다. 이는 구체적으로 여론을 바탕으로 하는 언론정치의 실현으로 방향을 잡아갔다.

사림은 공론에 의해 정치가 이루어질 때 국가가 바르게 다스려진다고 보았다. 그들은 여론정치를 이상시하여 이를 추진하면서 스스로도 여론을 형성하려고 노력했으나, 곧 여론을 정치에 반영하기 위해서는 먼저 이를 수용할 권력구조가 필요하다는 사실을 인식하게 되었다. 당시 여론을 수렴할 수 있는 기구로는 우선 언론기구인 사헌부와 사간원이 있었다. 조선 초기에는 대간의 지위보장이 취약하여 언론기능이 상당히 제한받고 있었다. 그러나 사림은 권력구조의 변화에 관심을 기울이면서 사헌부와 사간원의 언론활동체제를 보강해나갔다. 특히 성종 중엽부터 홍문관이 언론기능을 하게 되면서 새로운 변화가 나타났다. 홍문관은 경연을 담당하는 기관이었으나, 사림이 장악하면서부터 언론기능을 하기 시작하여 언론 삼사체제가 갖추어졌다. 이를 통해 사림은 공론을 수용하여 정치에 반영하는 언론정치를 할 수 있었고, 훈구를 적극 견제할 수 있었다.

무오사화의 발생

이와 같이 사림들에 의해 정치구조가 변화하고 있었음을 고려할 때, 이전과는 다른 각도에서 사화를 이해할 수 있다. 사림에 의해 추구된 언론기구의 강화는 기득권자인 훈구에게 상당한 위기감을 안겨주었다. 훈구는 여러 가지 방법으로 사림을 견제했고, 정국운영은 파행으로 치달았다. 그 결과 나타난 것이 사화였다. 사화는 훈구세력이 폭력으로 개혁을 막으려 하는 과정에 발생했다. 조선 중기에 이르러 수차례의 사화가 일어났는데, 이는 사림의 개혁추진 고비마다 발생하여 사림이 추구했던 권력구조의 변화를 늦추고 있었다.

가장 먼저 일어난 연산군 대의 무오사화戊午士禍는 사림이 언론권을 강화하여 훈구를 적극 견제하는 와중에 발생했다. 양자의 갈등상황에서 왕의 입장이 중요한 변수로 작용했다. 성종은 어린 나이에 즉위하여 훈구의 위세에 위축되어 있었으므로, 훈구에 대한 견제를 통해 자신의 지위를 강화하려는 현실적 목적으로 사림을 지원했다. 그러나 연산군은 달랐다. 연산군은 사림의 견제로 훈구가 약해진 상황에서 즉위했기에 훈구 견제의 필요성을 느끼지 못했다. 또한 사림이 요청하는 유교적 이념에 따른 규제들을 불편하게 생각하고 있었기 때문에 오히려 사림들과 갈등을 빚었다. 이런 상황에서 사림은 왕과의 갈등 속에서 훈구를 견제해야 하는 이중의 부담을 지게 되었고, 결국 왕과 재상이 결속하여 사화를 일으키자 막대한 피해를 당할 수밖에 없었다.

사화 직후 훈구는 자신들을 견제하는 삼사의 언론활동을 비난하고, 언론기구를 장악하려고 노력했다. 그러나 훈구도 언론정치의 이념적 정당성을 무시할 수 없었으므로 언론 삼사체제는 유지될 수밖에 없었고, 이를 바탕으로 하는 공론정치 역시 유지되었다.

낭관의 정치적 지위 강화

중종반정 이후 전개되는 중종대의 정치 과정에 대한 연구도 심화되었다. 사림은 중종반정을 계기로 정치에 재등장하면서 언론기관을 바탕으로 활동했다. 그러나 무오사화를 겪으면서 언관기구만으로는 훈구를 견제하는 데 한계가 있다고 반성하게 되었다. 언론은 정책이 결정된 뒤에 이를 견제하는 것이 일반적인 역할이다. 훈구를 더 적절하게 견제하기 위해서는 정책결정 과정에서 공론을 반영할 수 있는 정치구조가 필요했다.

이런 모색의 결과 낭관郎官의 정치적 지위를 강화하는 일이 추진되었다. 낭관은 각 행정부서장관인 당상관堂上官을 보좌하는 중급관료였는데, 사림들은 낭관의 지위를 강화함으로써 당상관을 견제하고자 했다. 사림들은 자신들이 장악하고 있는 언론기관을 통해 낭관을 지원함으로써 그들의 지위를 높여갔다. 특히 낭관들이 직접 후임을 천거하는 자천제自薦制가 시행되면서 그 지위는 한층 높아졌다. 이런 변화를 기반으로 낭관들은 각 부서 장관인 훈구를 견제하는 영향력을 행사하게 되었다.

낭관들은 여론을 수렴하고 이에 입각해서 각 부서의 일을 처리하고자 노력했다. 이들은 공론을 수용하면서 기존의 언론기관인 삼사와 협조하여 함께 공론정치를 활성화해나갔다.

기묘사화의 극복과 붕당정치의 정립

중종 대에는 낭관권의 형성으로 언론기관과 긴밀한 관계를 유지하게 되고 권력구조가 새롭게 재편되면서 사림의 정치진출 및 활동이 확대되었다. 주지하듯이 조광조趙光祖를 비롯한 기묘사림의 진출은 이런 변화에 기반한 것이었다. 이들은 언론 삼사와 낭관직을 장악하고 훈구를 적극 견제하면서 개혁을 추진할 수 있었다. 이런 상황에서 훈구와 사림의 갈등과 긴장이 크게 고조되었고, 사림의 개혁을 지원하던 중종이 자신의 주도권에 위기의식을 느끼고 훈신들과 결탁하자, 기묘년에 사림은 다시 사화를 당하게 되었다.

사화 이후에도 왕과 훈구세력은 계속 결속을 유지하면서 사림을 견제하기 위해 노력했고, 그 과정에서 왕의 외척이 중재자로 등장했다. 이들은 왕의 신임을 등에 업고 훈구세력의 이해관계를 대변하면서 권력을 집중하는 권신權臣으로 부각되었다. 중종 말기의 김안로金安老, 명종 전반의 윤원형尹元衡, 명종 후반의 이양李樑 등이 그런 상황에서 나타난 권신들이다. 권신과 그를 추종하는 세력의 권한은 실로 막강했고, 이들의 부정과 비리 역시 심각했다.

그러나 중앙정치에서는 언관과 낭관층이 중심이 되어 이들을 견제하고, 재야의 사림들 역시 공론을 형성하여 권신의 등장으로 왜곡된 정치를 비판하는 등 계속적으로 저항했다. 권신들의 권력형 부정이 민에게까지 많은 피해를 미치게 되면서 민의 무력적 저항이 나타나자, 권신을 중심으로 하는 운영체제는 더 이상 유지될 수 없었다.

명종 말기에 다시 정치가 정상화되고 사림이 정치주도권을 잡게 되면서 공론정치가 본격화되었다. 공론정치가 정립되면서 이를 수용하여 정치에 반영하는 새로운 정치운영방식이 필요하게 되었는데, 이는 붕당정치라는 새로운 정치운영체제로 귀결되었다.

이런 일련의 변화에서 볼 때, 훈구와 사림의 대립은 새롭게 변화하는 경제사회적 환경 위에서 더 발전적인 정치형태를 추구해가는 정치발전 과정의 소산이었다. 그 과정에서 참혹한 정치적 박해인 사화가 발생했지만, 이는 당시 사림이 추진했던 개혁의 강도를 짐작하게 해주는 지표이기도 하다. 또한 이를 극복하고 공론정치와 붕당정치라는 새로운 정치를 열어간 것은 우리 민족의 정치적 역량을 보여주는 징표라고 생각된다.

최이돈

한남대학교 역사교육과 교수로 재직 중이다. 조선 전기사를 전공했다. 대표논저로『조선시대 사람들은 어떻게 살았을까』(공저), 『조선 중기 사림정치구조 연구』, 『조선 정치사』(공저) 등이 있다.

인조반정과 서인 정권

　인조반정仁祖反正, 1623년 일군의 인물들이 무력을 동원하여 국왕 광해군을 내쫓고 새 임금 인조를 즉위하게 한 이 사건은 조선 후기 역사를 이해하고 평가하는 데 중요한 쟁점이다. 일어나서는 안 될 사건이 일어나서 역사를 그르쳤다는 평가로부터, 그 과정과 집권세력에 나타난 부정적 면모들을 비판하는 견해, 잘못된 상태를 바로잡아 옳은 방향으로 사회를 운영하게 되었다는 견해, 그 사건이 일어날 수밖에 없었던 정황과 그 후의 결과를 설명하고자 하는 견해에 이르기까지 다양한 논의들이 엇갈리고 있다.
　'반정'은 잘못된 정치를 바로잡아 올바른 상태로 돌이킨다는 뜻에서 당시 사람들이 붙인 명칭이다. 반면 '반정이란 정권을 탈취한 쿠데타를 호도하는 용어'라든가, 그 사건은 '역적모의'였을 뿐이라는 견해도 있다. 때로는 '인조정변'이라는 용어가 사용되기도 했다. 하지만 어떤 사건의 명칭이 그 사건의 성격을 정확히 반영할 수 있는가 하는 점도 의문이거니와, 평가가 달라질 때마다 역사적 사건의 명칭을 꼭 바꿔야 한다고는 생각하지 않는다. 인조의 즉위를 역적모의에 의한 것이라고 규정한 학자가 '반정'이라는 용어를 그대로 사용한 것도 이런 생각 때문이었을 것이라고 생각한다. 이 글에서는 '인조반정'

이라는 단어에 내포된 중세적 가치평가에 매몰되지 않고, 그것을 하나의 역사용어로 인정하고자 한다.

인조반정에 대한 해석과 평가는 광해군 대나 인조 대 이후의 역사에 대한 수많은 논의들과 연관되어 있다. 그 견해들은 같은 수준에서 비교하거나 시비를 가릴 수 없는 경우가 많다. 예를 들어 잘잘못을 가리는 설명과 인과관계를 해명하고자 하는 설명은 문제의식과 설명 틀이 전혀 다르다. 여기서는 시각과 주장들 사이의 작은 차이들을 일일이 구분하기보다, 인조반정과 그 결과를 부정적으로 평가하는 시각과 그 사건의 불가피성이나 역사적 의미를 인정하는 시각으로 나누어 논쟁의 전체적인 맥락을 정리하고자 한다.

정리의 대상은 인조반정을 직접 논의한 연구성과로 한정하는 동시에, 엄밀한 학문적 논리와 내용을 갖추지 못했다 해도 그 사건을 보는 나름의 시각이 제시된 논저들은 포함시켰다. 인조반정을 설명하는 시각들을 이해하고 논의의 방향을 잡는 데 글의 목적을 두었기 때문이다.

인조반정의 전말

1623년 3월 12일 밤, 서울 서북쪽 홍제원에 집결한 한 무리의 인사들이 약 1,500명의 병력을 거느리고 창덕궁으로 진격해 들어갔다. 궁궐 문은 훈련대장의 내응으로 저항 없이 열렸다. 국왕 광해군의 조카이자 선왕 선조의 손자가 되는 능양군綾陽君과 총대장을 맡은 김류金瑬가 반란군을 지휘하여 궁궐을 점령했다. 광해군은 북문을 빠져나가 상복으로 변장하고 도피하다가 즉시 궁궐로 잡혀왔다. 반정세력의 의도는 서궁(경운궁)에 유폐되어 있던 선조비 인목대비仁穆大妃의 권위를 빌려 능양군을 왕위에 올리는 것이었다. 그러나 친아들 영창대군永

君大君을 살해당하고 대비의 호칭마저 빼앗겼던 인목대비는 광해군과 대북 인사들에 대한 복수를 요구하며 쉽게 협력하지 않았다. 13일 저녁때가 되어 능양군이 직접 인목대비를 찾아갔지만, 밀고 당기는 오랜 승강이 끝에 밤이 깊어서야 겨우 어보御寶(국왕의 도장)를 넘겨받을 수 있었다. 다른 왕자들의 출입을 막을 정도로 급박한 상황 속에서 대비의 승인을 받아낸 능양군은 옆의 별당에서 급히 즉위식을 올려 할아버지 선조의 왕통을 잇는 국왕이 되었다.

하루아침에 왕위에서 쫓겨난 광해군은 무능하기만 한 왕은 결코 아니었다. 그는 일찍이 임진왜란 때 국경으로 피신한 부왕 선조를 대신하여 군사와 군량을 모집하고 민심을 안정시키는 데 탁월한 공적을 세운 바 있었다. 즉위 후에는 전란의 피해를 복구하는 데 많은 성과를 올렸다. 토지와 호구를 조사하여 산업과 국방의 기반을 강화했고, 궁궐 재건을 비롯한 많은 사업을 통해 국왕으로 대표되는 사회체제를 강화했다. 광해군 대의 정치를 주도한 북인들도 국가재정 과 민생을 위한 은광개발이나 시장개설, 대외무역 등을 통한 상업진흥정책 등 특색 있는 정책들을 추진했다. 후금後金의 성장이 국제질서를 흔드는 가운데 신형 화포를 개발하는 등 방어력 증강에도 힘썼다.

그렇다면 반정의 명분은 무엇이었을까? 인조가 즉위 직후 발표한 교서는 거사가 불가피했던 광해군 대의 잘못을 크게 두 방향으로 강조했다. 역적 이이첨李爾瞻이 광해군을 현혹하여 인목대비와의 틈을 벌려 인륜을 해치는 사건을 일으켰고, 명明이 베풀어준 '부모의 은혜'를 배반하여 예의풍속과 삼강을 쓸어버렸다는 것이다. 교서가 지적하는 사건과 상황은 다음과 같다.

1613년(광해군 5) 유명 가문(名家)의 서자들이 무리를 지어 어울리다가 조령에서 은銀을 거래하는 상인을 살해한 혐의로 체포되었는데, 이들을 취조하던 중 인목대비의 아버지인 김제남金悌男과 결탁하여 영창대군을 임금으로 세우려

했다는 자백이 나왔다. 이는 후대의 연구자들에 의해 북인의 지도자 이이첨의 조작이라고 설명되기도 하는데, 어쨌든 당시 사태는 걷잡을 수 없이 번져갔다. 광해군과 북인들은 결국 김제남을 사사했고, 8세 어린이인 영창대군마저 평민으로 강등하여 강화도에 감금했다가 불법적으로 살해했다. 사건은 인목대비 폐비론으로 이어졌다. 대비는 모역에 관계되었으므로 국왕과의 모자관계가 저절로 끊어졌다는 논리였다. 광해군 9년 조정 안팎의 신하들에게 모후를 폐하는 데 대한 의견을 구하는 절차를 거쳐, 이듬해 정월에는 이이첨의 조종을 받은 우의정 한효순韓孝純이 780여 명의 조정 신하들을 이끌고 궁궐에 나아가 인목대비를 축출할 것을 주장하는 '정청庭請'을 감행했고, 마침내 광해군은 대비의 위호를 빼앗고 '서궁'이라 칭하게 했다. 다만 명 황제로부터 평민으로 폐하라는 허락을 받지 못했으므로 대비를 폐하는 절차가 완결된 것은 아니었다. 이 과정에서 북인 정권에 반대하는 서인과 남인의 인사들은 일찍이 광해군의 즉위를 막으려 하거나 역적을 편들었다는 죄명으로 조정에서 대거 축출되었다.

한편 광해군은 중국의 명과 새로 일어나고 있던 후금 사이에서 등거리외교를 행했다고 평가된다. 만주에 거주하던 여진족은 누르하치의 주도하에 부족통일을 이루어 1616년(광해군 8)에 후금을 세웠다. 1618년에 이르러 후금이 명에 선전포고를 단행하고 그 변방을 위협하자 명은 대규모 병력을 일으켰고, 조선에도 원군 파병을 요구했다. 광해군은 일찍부터 후금의 동태를 면밀히 살피고 있었으므로 출병하지 않으려는 입장이었으나, 조정은 오랫동안 명을 사대해온 데다가 임진왜란 때 도움을 받았다는 이유로 대개 원군을 파견해야 한다는 쪽으로 의견을 모았다. 결국 광해군은 강홍립姜弘立을 도원수로 삼아 1만여 병력을 파견했는데, 조선과 명의 연합군은 1619년 심하의 전투에서 패배하고 강홍립 등은 항복하여 후금에 억류되었다. 광해군이 강홍립에게 은밀하게 항복을 지시했다는 설명도 전해온다.

후금과의 첫 대결을 무난하게 가라앉히고 평화를 유지할 수 있었던 것은 명에 대한 일방적인 사대를 거부했던 광해군의 정책 때문에 가능했던 일임이 틀림 없다. 그 뒤로도 명의 원군 요구는 계속되었고 조정 신하들은 파병을 주장했지만, 광해군은 더 이상의 파병을 완강히 거부했다. 반정세력은 이런 점들을 들어 당시 사회의 기초적 윤리와 질서를 깼다고 광해군을 비난했다.

즉위교서는 이밖에도 광해군 대에 "사치와 욕심이 도를 넘고 정치와 형벌이 문란했다"라는 점을 강조했지만, 곧이어 '그것은 오히려 작은 일'이라고 덧붙였을 만큼 큰 비중을 차지하는 내용이 아니었다. 또 광해군 대의 토목건축공사를 중지하고 무질서한 부세행정과 왕실 및 권세가의 전답탈취 등을 바로잡으라는 명령이 내려졌다. 그러나 전결세에 대한 명령은 두 달도 안 되어 취소되었다고 비판되거니와, 인조반정에서 사회경제적 개혁은 크게 두드러지지 않았다고 판단된다.

거사가 성공한 뒤 인조와 공신세력은 대대적인 정계개편을 단행했다. 이이첨, 정인홍鄭仁弘 등 대북의 중심인물 수십 명이 거사 당일부터 처형되기 시작했으며, 인목대비를 보호하려 노력했던 소북 인사들까지 오래지 않아 반역사건 등에 연루됨으로써 많이 죽임을 당했다. 광해군 대의 관인을 평가하는 가장 중요한 기준은 '폐모론'에 어떤 입장을 취했는가 하는 것이었다. 광해군 재위 16년간 삼사와 이조의 종6품 이상 관직(감찰 제외)을 거친 것으로 확인되는 321명의 정치 엘리트 중 40%가 처벌받았으며, 약 25%만이 계속 관직을 맡았던 것으로 확인된다. 특히 정치적 비중이 높은 관직을 계속 보유한 인물은 15%에 불과했다.

결국 광해군 대의 정치를 주도한 북인은 붕당으로서 존재가 소멸되었고, 몇몇 인물들만이 서인, 남인세력과의 협력 속에서 개인적으로 정치에 참여할 수 있을 따름이었다. 남인은 반정에 직접 참여하지 않았음에도 원로 이원익李元翼

이 영의정에 등용되는 등 어느 정도 정부에 참여했다. 인조 즉위 이후 2년 6개월이면 정국개편이 일단락되는 것으로 판단되는데, 그동안 중앙의 6품 이상 관직과 부윤 및 관찰사로 임명된 인물을 실록에서 확인하면 164명에 달한다. 그중 당색을 밝힐 수 있는 129명 가운데 서인은 64%, 남인은 27%의 점유율을 보였으며, 북인 잔존인물은 9%였다. 물론 이 수치가 실제 권력의 비율을 보여주는 것은 아니다.

인조는 많은 변란과 외침을 겪으면서 27년간 재위했다. 반정주체세력은 정사공신定社功臣으로 녹훈되었으며, 그 인원은 1등 10명, 2등 15명, 3등 28명으로 모두 53명이었다. 이들은 이례적인 승진을 거듭하면서 정국을 주도했다. 그중 김류와 이귀李貴가 인조 대 전반기의 최고 권력자였으며, 이후로는 최명길崔鳴吉, 심기원沈器遠, 김자점金自點, 원두표元斗杓 등으로 핵심 권력이 이전되었다. 이들을 비롯한 공신들은 정치적 특권의 향유, 개인적 군사력의 운영, 경제적 비리행위, 후금·청에 대한 주화적 입장 등으로 인해 서인과 남인을 막론한 일반 사류들의 비판을 받았다. 거기에 더해 공신들 상호간에도 치열한 권력투쟁과 자기도태가 지속되었다. 결국 인조반정으로 인해 형성된 특권 공신집단은 효종 즉위 이후 김자점이 반역죄로 처단되면서 와해되었다.

쿠데타로 시작된 인조 대에는 국가적 변란도 많이 일어났다. 1627년의 정묘호란에서 정부가 서울을 버리고 강화도로 피난해 들어간 끝에 강화를 맺었지만, 1636년에 다시 일어난 병자호란에서 국왕은 청태종에게 무릎을 꿇고 머리를 조아려 항복했다. 국내적으로도 반정 이듬해에는 공신 이괄李适이 반란을 일으켜 서울을 점령하고 종실 흥안군興安君을 밀어 새로운 왕을 세우기까지 했다.

소소한 사건들을 제외하더라도 1627년에는 이인거李仁居, 그 이듬해에는 유효립柳孝立이 반란을 일으켰다가 처형당했다. 1644년에는 반정의 일등공신이자 좌의정을 역임한 심기원의 모역사건이 일어났다. 이것은 김자점의 조작으로 만들어진 것이라고 설명될 정도로 당시의 복잡한 정국상황이 얽힌 사건이었으며, 당사자 외에도 많은 사람들이 연루되어 죽임을 당했다.

반정공신인 김자점이 조선의 반청 분위기 등 국가기밀을 청에 밀고하여 국가를 위기에 빠뜨렸다가 반역죄로 처벌당한 것은 효종 초년의 일이지만, 그것 역시 인조 대 정치의 연장선에 있었다. 한편 인조의 삼촌인 인성군仁城君은 선조의 여러 아들 중에서 광해군 다음으로 서열이 높았으며 평소에 인망이 높아서 서인들이 반정을 모의할 때도 추대논의가 있었던 인물인데, 반정 후 여러 역모에 연루되었다는 혐의를 받다가 결국 인조와 집권세력에 의해 죽임을 당하고 말았다.

1645년에는 청에 인질로 잡혀갔던 소현세자昭顯世子가 귀국한 지 얼마 안 되어 의문의 죽음을 당했다. 정황을 볼 때 공신 김자점의 권력욕, 인조의 후궁인 조귀인과 연관된 궁중 내의 반목 등이 복합적으로 작용하여 독살된 것으로 판단된다. 심지어 인조가 아들의 독살을 사주했다는 주장도 있다. 적어도 인조가 서둘러 사건을 마무리함으로써 세자의 사망을 둘러싼 의혹을 덮어버린 것은 사실이다. 세자가 청에 유착함으로써 자신의 지위를 위협할지도 모른다고 우려한 것으로 보인다. 원칙대로라면 소현세자의 아들에게 왕통이 이어져야 했음에도, 신하들 대부분의 반대를 무릅쓰고 둘째아들인 봉림대군鳳林大君을 세자로 책봉한 것도 그런 정황을 시사한다. 인조와 그 측근세력은 일반 관인들의 강한 반대에도 불구하고 세자빈마저 역모를 꾀했다는 이유로 사사했고, 원손을 포함한 세 아들을 제주에 유배했다.

이런 사건들에도 불구하고 인조반정으로 재편된 정국과 정치세력은 오랜 세월 지속되었다. 반정을 주도한 서인세력이 인조 대에 중심권력을 장악했음은 말할 나위가 없거니와, 19세기 세도정치에 이르도록 그들의 후계세력이 대개 정치를 주도했다. 북인은 명맥이 끊어져버렸고, 남인 역시 숙종 대의 일부 시기를 제외하고는 정권을 잡을 수 없었다. 특히 영남의 남인세력은 이후 중앙에서 정치적으로 세력을 발휘하지 못했다. 당연히 인조반정의 정당성은 적어도 국가적 차원에서는 조선이 멸망할 때까지 흔들림 없이 받아들여졌다.

인조반정에 대한 부정적 평가

과거와 현재를 막론하고 적지 않은 사람들이 인조와 반정세력의 명분을 전적으로 부정했다. 그중 명료한 표현을 든다면, 광해군과 북인의 결정적인 약점으로 거론된 "모후를 폐하고 동생을 죽인 것"은, 왕위와 관련된 문제였기 때문에 반정의 명분이 될 수 없다는 주장이다. 왕위와 관련되어 있으면 숙부와 조카는 물론 형제들 사이에서도 목숨이 보장되지 않는다는 것이다.

사실 이런 설명은 나름의 설득력을 지니고 있다. 예를 들어 영조는 친히 낳은 세자를 죽이고서도 왕위를 위협받지 않고 후대로 왕통을 계승시켰다. 누구보다도 인조 스스로가 반역 의도가 확인되지 않았음에도 자신의 삼촌인 인성군을 죽였으며, 아들인 소현세자의 죽음에 어떻게든 관여했고, 며느리를 사사하도록 직접 명령했다. 따라서 광해군이 어머니와 동생에게 패륜을 범했으므로 국왕의 자격을 잃었다는 것은, 오늘날의 시각에서는 물론 조선시대 사람들의 눈으로 보더라도 자명한 사실이었다고 하기 어렵다.

하물며 광해군이 명에 대한 의리를 저버렸으므로 폐출되어야 했다는 설명은 더 말할 나위가 없다. 광해군은 맹목적인 사대의식에서 벗어나 격동하는 국제정세에 능동적으로 대처한 인물이라는 것이 오늘날의 일반적인 인식이다. 거기에 비하면 인조와 서인세력은 쿠데타를 합리화하기 위해 일방적으로 명을 추종할 수밖에 없었고, 결국 청의 침략을 불러들여 일방적으로 유린당하고 끝내 항복함으로써 민생에 참혹한 고통을 가하고 국가의 명운命運에 지울 수 없는 오점을 남겼다고 평가되곤 한다.

구태여 명분 문제까지 따지지 않아도, 인조를 비롯한 반정주도세력의 거사에 대해서는 고금을 막론하고 지극히 비판적인 시각이 이어졌다. 사실 자신들이 모시던 국왕을 내쫓고 새 임금을 세웠다는 사실은 어떤 논리를 동원하더라도 완전히 떨쳐버릴 수 없는 근원적인 약점을 내포하고 있다. 이는 반정 당사자들도 부정할 수 없었다. 예컨대 반정공신 장유張維는 거사 직후에 "종묘사직이 망하는 것을 그냥 앉아서 볼 수가 없어 이 의거를 하지 않을 수 없었다"라고 쿠데타를 합리화하면서도 "하늘과 땅이 부끄러워 낯을 들 수 없다"라며 눈물을 흘렸다고 한다.

더욱이 인조로 즉위한 능양군은 직접 사람들을 찾아다니거나 불러모아 적극적으로 거사를 준비했고, 군사를 모을 비용도 부담했다. 나아가 거사 당일에는 친히 군사를 지휘하여 궁궐로 쳐들어갔다. 이는 연산군 폐위로 반정세력의 추대에 의해 중종이 왕이 된 것과도 크게 달라서, 엄밀히 말하면 인조는 추대된 게 아니라 '스스로 역모를 꾸며 국왕이 되었다'고 할 수 있는 상황이었다.

반정공신세력에 대해서는 국왕보다 더욱 노골적인 비판이 행해졌다. 우선 그들이 보편성을 지니지 못했다는 점을 강조하는 시각이 있다. 당시에도 반정세력은 이항복李恒福 문하에 출입하던 사람들이 매우 많았다고 지적된 바 있지만, 어떤 연구자는 그들이 강한 폐쇄적 집단성을 지녔다고 강조했다. 즉 "인조정변 주도세력은 인조와 인척관계에 있는 무신세력이었으며, 이들과 친분이 있어

정변에 가담한 문신들도 대개 무관직 경력이 풍부한 무신적 성향의 인사들이었다"는 것이다. 그리하여 '인조정변'은 혈연과 학연을 바탕으로 인조의 친인척과 무신 또는 무신 성향의 인사들이 주도한 '무신정변'이었다고 규정한다. 이런 설명은 그 자체만으로도 인조반정에 대한 강한 비판이 되었다.

1960년대에서 1990년 초반에 이르도록 우리 사회의 정치적 과제는 현실적으로 군사정권의 극복에 있었으며, 역사를 논하는 대다수 지식인들은 우리 현대사의 온갖 모순과 불의가 군사쿠데타를 계기로 발생·심화되었다고 이해했다. 따라서 무신들이 폭력으로 왕을 내쫓고 정권을 장악한 사실에 대해서는 거의 조건반사적인 거부감을 가질 수밖에 없었다. 이런 점에서 인조반정을 비판적으로 보는 입장에는 강력한 현실비판의식이 내포되어 있었다.

반정공신의 행적도 많은 시빗거리를 만들어냈다. 거사의 명분을 인정하더라도, 정치의 잘못을 바로잡았으면 됐지 왜 주저앉아 권력을 잡았는가 하는 문제가 있다. 반정주도세력 안에서도 장유, 최명길 등은 "우리들의 거사가 윤리를 밝히기 위한 것이라는 평가를 받고 있는데, 그대로 정권을 잡으면 공을 바라는 사람들과 다를 것이 없다"라면서 물러가려 했다고 한다. 하물며 일반 선비와 관인들 사이에서는 그들의 정권장악에 대한 비판이 더욱 강할 수밖에 없었다. 인조 초년에 남인 정경세鄭經世가 "공이 있는 이에게는 상을 주고 덕이 있는 이에게는 벼슬을 주라"라고 한 서경의 구절을 내세우고, 조성립趙誠立이란 인물이 국왕에게 "훈신은 훈신이요, 사류는 사류"라고 하여 큰 논란을 일으켰는데, 이런 사례를 통해서도 반정 당시부터 공신들의 특권세력화 과정을 매우 비판적으로 바라보았던 여론을 읽을 수 있다.

공신세력은 거사가 성공한 뒤에도 각자의 군관을 중심으로 개인적 군사력을 유지하고 있었다. 그것은 사적 정보수집과 사찰, 경제적 모리행위에 활용되었다.

또한 공식적으로 주어진 경제적 혜택에 만족하지 않고 토지와 백성을 불법적으로 침탈하여 많은 문제를 야기했다. 백성들 사이에서는 "아, 너희 훈신들아 그렇게 스스로 으스대지 말지어다 / 그 집에 거처하고 그 토지를 그대로 차지하고 / 또 그 말을 타고 그 일을 다시 행하니 / 너희들과 그 사람들이 무엇이 다를 것인가"라는 노래가 유행했다고 한다. 인조반정 공신들을 향해 광해군 대의 집권세력과 다를 바 없다고 나무라는 내용이었다.

조선 후기 노론의 '일당전제'는 후대의 비판이 집중된 사항이다. 일부 정치집단이 절대권력을 장악하여 사상과 이념을 주자학 일변도로 경색시키고 반대파 인사들을 혹심하게 탄압했으며, 민생과 국가이익을 위한 정책을 실행하지 못했다는 것이다. 그리고 인조반정이야말로 이런 왜곡된 정치로 접어든 결정적 계기였다고 지적하곤 한다. 특히 이건창李建昌은 『당의통략黨議通略』에서 서인 공신세력이 "왕비를 다른 세력에게 잃지 말고 재야의 지도자인 산림을 높여 쓰자"고 맹약했다는 점을 강조했다. 오직 명분의 외형을 확보하고 왕비를 자파에서 배출하여 정권을 영구적으로 장악함으로써 경제적 이익도 취하려 했다고 해석한 것이다.

크게 보면 선조 초 사림파 득세 이후 비교적 훈척의 분위기가 농후한 서인보다 신진사류의 기풍을 지녔던 동인의 공도론公道論이 우세한 듯했으나, 쿠데타로 인해 서인의 훈척화가 가속화되었다. 결국 조선이 망하는 지경에 이르러 노론 훈척파는 일왕에게 은사금과 작위를 받고 나라와 민중에게 씻을 수 없는 죄악을 저지른, 나라를 팔아먹은 '매국노'의 대부분을 차지했다고 한다.

인조 대에 서인과 남인이 공존했다는 설명에 대해서도 냉소적인 설명이 많다. "인조 대 이후도 상호공존의 시대가 아니라 서인 정권의 시대였다. 남인은 조금 참여했을 뿐이다. 남인들이 견제해서 서인들이 수용하고, 견제하고 견제당한 사건들로 어떤 것이 있는가"라는 물음이 그 솔직한 표현이다. 반정 이후 서인과 남인의 관인 비율이 6 : 4였다는 수치에 대해서도, "서인의 전권을 우려한 왕과 그 측근세력의 견제책 및 정권안정을 위한 집권 서인세력의 고차원적인 일종의 기미책이 서로 복합되어 나타난 결과로 해석해야지 정치운영상의 어떤 논리에서 유래하는 것이라고 보기는 곤란하다"고 설명한다.

권력의 향배뿐만 아니라 정치의 실제 내용에서도, 인조반정의 결과는 아주 부정적이었다고 설명되곤 한다. 사실 인조 대의 서인 정권은 경직된 외교정책을 펴다가 오랑캐의 침략을 받아 국가자존은 물론 재정과 민생에 크나큰 해를 입혔다. 그 잘못에 비한다면 '폐모살제'라는 광해군의 죄목은 새털처럼 가볍다고 평가할 만도 하다. 또한 인조 대에는 이괄의 난을 비롯한 수많은 모역사건이 일어났다. 더욱이 그중에는 역모 사실이 없었음에도 공신들에 의해 조작된 것도 있었다고 판단된다. 공신들이 대북의 나머지 무리를 비롯하여 반공신세력을 철저히 분쇄하는 통로로 이를 활용했다는 것이다. 이런 사건들을 겪는 과정에서 국왕과 공신세력은 민중의 지지를 받지 못하고 그 정권은 지극히 허약한 상태에 처했다고 설명되기도 한다.

인조반정의 역사적 의미를 인정하는 주장

현대의 논자들이 인조반정에 긍정적 의미를 두는 경우는 흔하지 않다. 우리 사회가 겪은 쿠데타에 대한 비판의식으로 인해 그 사건이 지닌 정변으로서의 성격을 주목하게 되었기 때문이다. 하지만 역사학에서 현실비판은 과거에서 현재로 이어지는 인과관계의 논리를 파악하고 의당 이루어졌어야 할 현실과 실제 현실 사이의 괴리를 비판하는 것이지, 현재와 과거 사건의 외형적 유사성을 단선적으로 연결시켜 그 성격을 동일시하는 것은 설득력을 지닐 수 없다.

그리하여 인조반정이 조선 후기 역사의 진전방향 속에서 엄연한 자기 자리를 잡고 있었다고 보는 견해가 하나의 흐름을 형성하게 되었다. 그리고 그 설명들은 조선시대 사람들의 주장과는 인식의 틀이 많이 달랐다. 성리학적 명분이 역사이해의 기반이 될 수 없는 오늘날, 이는 당연한 일이다.

인조반정의 의미를 부정하는 논자들은 흔히 반정세력이 그 사건을 일으킨 것은 '권력욕' 때문이었다고 비판하지만, 정치가들의 권력욕 자체를 부정하는 것은 중세적 시각이다. 문제는 개인의 권력욕이 어떤 논리로 발현되고 어떤 결과를 낳았는가 하는 것이다. 비판론자들은 또한 반정세력이 내세운 명분, 즉 광해군과 북인들의 '폐모살제' 및 '명에 대한 배신'을 바로잡는다는 주장이 헛된 것이라고 주장한다. 일리가 있는 설명이다. 하지만 '폐모살제' 및 '명에 대한 배신'은 유교적 명분을 내세우던 당시 사회에서 정변을 합리화하는 구실로 모자람이 없었으며, 현실정치를 이끌어가던 광해군과 대북세력이 그 사실에 대해 책임을 면할 수는 없었다. 조선시대 사람들이 내세운 명분 자체의 정당성을 따져 인조반정을 평가하는 것은 중세적 시각을 벗어나지 못하는 것이다.

그렇다면 반정의 근본적인 원인은 무엇이었는가? 그것은 광해군과 집권 북인이 정치운영에서 당시 정치세력들 간의 역학관계나 정치운영논리를 정면으로 어기고 있었다는 것이다. 인조반정과 그 뒤에 이어진 정치를 비판하는 논자들은 집권세력의 권력독점과 반대당 탄압을 비판하지만, 광해군 대 정권의 전제성이야말로 매우 극심했다.

광해군 즉위와 함께 정국을 주도하게 된 정인홍 등 일군의 북인세력은 경상우도 지역을 중심으로 한 향촌기반, 임진왜란 중 의병장으로서 거둔 공로와 화의를 배척했던 명분, 남명南冥 조식曺植의 학통을 이어받은 강한 학연 등의 정치적 자산을 지니고 있었지만, 정치력에는 한계가 있었다. 북인 내부에서도 전체를 아우르기는커녕 대북·소북으로 나뉘어 선조 말년에는 생사를 건 권력투쟁을 벌였다. 광해군 대 초기에는 서인, 남인과 함께 공동으로 정국을 운영하는 모습을 보이기도 했지만, 1611년에 정인홍이 이언적李彦迪과 이황李滉을 극렬히 비판하고 조식의 학통을 강화하려 한 이른바 '회퇴변척晦退辨斥'에 실패한 뒤 권력독점의 길을 가게 되었다. 김제남의 옥사나 영창대군 살해, 인목대비 폐비론으로 이어지는 무리한 정국운영은 여기서 비롯된 것이었다.

집권 북인세력은 '역적토벌'의 명분을 앞세워 반대의견을 지닌 남인과 서인을 중앙정부에서 거의 축출했고, 지방사류들이 공론을 표방하여 정치에 관여하는 것도 철저히 배격했다. 최고 지도자 정인홍마저 그 상황에 제동을 걸지 못하여 자기 세력 내부에서 강한 비판을 받았고 지지자들은 그를 떠났다. 북인 상호간의 갈등과 대립도 더욱 깊어졌다. 국왕인 광해군도 권력기반을 넓히지 못하고 북인의 등에 업혀 있을 뿐이었다. 그가 추진한 중립적 외교정책은 이후로 계속될 수 있는 것이었나 하는 문제도 있거니와, 집권 북인에게조차 지지받지 못한 외로운 정책이었다.

이런 상황은 현실적 역학관계뿐 아니라 당시의 정치논리에서도 정권유지에 치명적 약점이 되었다. 먼저 권간權奸이라 불리는 독점권세가의 문제를 들 수 있다. 북인을 포함한 사림파는 16세기에 기득권세력과의 지난한 대립을 뚫고 나라를 주도하게 되었다. 그 과정에서 명종 대 윤원형 같은 권력을 독점한 권세가의 폐해를 뼈저리게 경험하여 그런 존재를 배격하기로 합의가 이루어진 상태였다. 그럼에도 광해군 대의 정치를 주도한 이이첨은 스스로 권간이 되고 말았다. 이이첨은 북인의 다른 지도자 박승종朴承宗, 유희분柳希奮과 함께 광해군과 혼인관계를 맺고 있었다. 반정 후 서인들이 '왕비를 잃지 말자'고 한 것은 오히려 광해군 대의 상황에서 그 연원을 찾을 수 있다. 대북의 최고 지도자였던 정인홍은 권간이라고 할 수는 없지만, 자신을 등에 업은 이이첨의 전횡을 제어하기는커녕 오히려 그에게 이용당한 책임을 면할 수 없다.

이때는 이미 선조 대에 성립된 각 붕당이 학통을 중심으로 상당한 정체감과 기반을 갖춘 실체로서 존재하고 있었으며, 각 붕당에는 정치에 참여할 자격과 능력을 가진 인물들이 많이 있었다. 어떻게 이들 붕당의 경쟁과 대립을 조절해 가능한 한 다수의 기반 위에서 국가를 운영하는가는 당시 정치의 일차적 과제였다. 이런 상황에서 소수세력인 북인의 독주가 빚어낸 정치적 위기는 "서인이 이를 갈고 남인이 원한을 품으며 소북이 비웃고 있다"라는 당시 사람들의 지적에 잘 나타난다.

집권 북인이 드러낸 정치적 파행성은 본래 그들이 지닌 한계에서 유래한다고 설명되기도 한다. 북인은 조식의 학통을 이은 사람이었지만, 순수 성리학적 입장에서 본다면 이단적 요소를 내포하고 있었다고 설명된다. 따라서 서인이 주도하고 남인이 협찬하여 일으킨 인조반정의 쿠데타는 성리학적 명분을 살린 정변으로서, 전기의 중종반정과 함께 주자 성리학을 국학으로 채택한 조선왕조의 특수성이 반영된 사건이라고 해석할 수 있다는 것이다.

인조반정 부정론자들은 광해군 대의 정치가 국리민복을 위한 것이었으며, 인조 대 이후의 정치에 비해 큰 의미를 지닌다고 주장하기도 한다. 어떤 논자들은 조식이나 그 제자 정인홍 등의 이념을 부정한 인조반정이 보수집단의 정변이었다고 설명하기도 한다. 여기서 북인 지도자들의 사상을 따져볼 겨를은 없으나, 설령 그 이념들이 선진적인 것이었다 해도 광해군 대 정치에 실제로 구현되었다고 볼 수는 없다. 그 점은 광해군 대 집권 북인세력의 정치행위가 북인 지도자 정인홍의 뜻과 괴리되었던 사실에서도 드러난다.

논자에 따라서는 광해군 대의 정치가 민중을 위한 것이었다고 주장하면서 그 근거로 대동법 시행을 비롯하여 궁궐중건과 문화사업을 들기도 한다. 이는 본격적인 학문적 탐구에 기반한 주장으로 보기 어렵지만, 광해군 대의 정치와 인조반정을 평가하는 중요한 근거가 되고 있다. 하지만 광해군 초년 방납의 폐단을 막기 위한 대동법 시행, 군적 정리를 위한 호패법 시행, 전란의 피해에 대한 각종 복구사업은 북인들보다는 당시 비주류였던 서인과 남인을 중심으로 추진되었다. 그런 연구성과에 대한 해명 없이 대동법 시행으로 타격을 받은 세력이 인조반정을 일으켰다고 주장하는 것은 받아들이기 힘들다.

한편 광해군 대 정부는 재정을 확충하기 위해 각 지방에 '조도사'를 파견하여 궁궐재건비용 등을 조달했다. 이들이 초래한 갖가지 폐단에 대한 기록을 모두 인조반정 이후의 왜곡으로 치부할 수는 없을 것이다.

광해군이 추진한 대후금외교도 좀 더 따져볼 필요가 있다. 광해군은 후금에 매우 현명하게 대처했다. 하지만 그것은 광해군 개인의 판단에 의해 추진된 것으로서, 집권 북인세력의 지지조차 받지 못해 기반이 매우 미약했다. 또한 동아시아 국제질서를 근본적으로 변화시킬 만한 전망을 지니지도 못했다. 광해군 대의 후금은 세력을 불려나가는 단계에 있었으므로 중국 전체에 대한 지배력을 확장하는 뒷시기의 청과는 비교가 되지 못했다. 물론 이것이 병자호란과 그 패전에 대해 인조 대 집권세력이 책임을 면할 수 있는 이유가 되지는 못하겠지만, 광해군의 등거리외교정책을 궁극적인 해결책이었던 것처럼 평가하는 것은 국제적 역학관계의 변화를 고려할 때 설득력이 없다.

인조반정으로 인해 당시 여러 정치세력들의 경쟁과 갈등을 조정하던 붕당정치의 질서가 회복되었다. 이때의 붕당정치란 향촌사회의 중소지주층 일반이 정치에 참여할 수 있게 된 사회적 발전 위에서 조선시대 역사가 이룩한 발전된 정치형태였다고 설명된다.

그러나 이렇게 주장하려면 인조반정이 무신정변이었다는 평가를 먼저 따져봐야 한다. 반정군의 최고 사령관을 비롯해 주도적 역할을 담당한 사람들이 모두 문신이었고, 문신인 김류와 이귀가 으뜸가는 공신으로 녹훈되었다. 이후 독자적으로 정국을 주도한 최명길, 심기원, 김자점, 원두표 등도 모두 문신이거나 유생 출신이었다. 별다른 근거도 없이 무신들이 반정의 과정을 주도했다고 주장하는 것은 어이없는 자가당착에 이른다. 인조반정이 무신정변이었다면, 왜 그들이 총대장을 내지 못했으며 이후의 정국도 주도할 수 없었는지 해명해야 할 것이다.

서인 반정세력은 남인 이원익에게 영의정을 맡겼다. 또 북인은 거의 배제했지만 남인은 정치적으로 의미 있는 관직에 대거 기용했다. 영남 사림의 대표자격인 정경세鄭經世와 장현광張顯光도 관직에 나왔다. 이런 조치가 집권세력의 권력기반을 강화하기 위한 것이었음은 사실이다. 어느 학자의 표현대로 이원익은 '얼굴마담'으로 등용되었을 뿐, 병권이나 인사권 등 핵심권력은 대개 반정공신들이 갖고 있었던 것이다. 비판론자들은 그런 의도와 권력관계를 두고, 인조 초년의 반대당 등용은 집권세력의 권력기반을 합리화하기 위한 것이었기 때문에 붕당정치론자들이 내세우는 복수 붕당 공존논리에 해당하지 않는다고 주장한다. 인조 대 역시 실질적으로 서인 정권의 시대였으므로 서인·남인의 공존은 의미가 없었다고도 한다. 하지만 순수한 동기로 완전한 권력분할을 이루었을 때만 복수 붕당이 공존했다고 할 수 있다면, 그것은 이미 정치현실에 대한 합리적 접근이 아니다.

집권세력이 원하는 바가 아님에도 권력을 유지하기 위해 반대당을 등용해야 했다면, 그 상황이 바로 복수 붕당의 공존이다. 스스로 원하지 않는 행위였기 때문에 역사적 의미가 없는 것이 아니라, 원하지 않는데도 그렇게 해야 하는 상황, 바로 그것이 힘과 의미를 지닌 그 시대의 정치질서이다. 게다가 당시의 정치가들은 각 정치세력들의 견해가 같아야 하는 것은 아니라고 인정했으며, 동시에 각기 자기 의견을 주장할 수 있어야 한다고 하는 서인·남인 공존의 논리까지 갖추고 있었다.

그렇다면 인조반정 후 겪어야 했던 참혹한 전란이나 치열한 권력투쟁은 어떻게 설명할 것인가? 전란은 기본적으로 청의 대륙장악 과정의 일부였기 때문에, 조선 내부상황만으로 설명할 수는 없다. 그런 점에서 "인조 대 집권세력의 잘못된 정책으로 청의 침입을 자초했다"라고 단언하는 것은 냉정한 분석이 아니다. 외침에 대한 대처나 신하들 간의 갈등에 부정적인 면모가 많이 나타났지만, 그중 많은 부분은 '반정'이라는 비상수단을 통해 극복해야 했던 광해군대의 정치방식에 따른 대가였다고 봐야 할 것이다.

물론 인조반정으로 붕당정치질서를 회복했다고 해서 그 시대 정치의 모든 과제를 실현할 수 있었던 것은 결코 아니었다. 정치질서 자체도 오늘날의 민주주의적 기준에서 본다면 중세정치로서 한계가 엄연했으며, 결국 조선시대의 지배체제와 더불어 소멸될 운명이었다. 하지만 좀 더 많은 사람들이 정치에 참여할 수 있게 된 사회발전을 복수 붕당의 공존과 비판이라는 형태로 소화해낸 붕당정치질서는 분명 우리 역사가 이룩한 발전의 한 봉우리였다.

나아가 일각에서는 인조반정의 의미를 훨씬 더 적극적으로 평가하기도 한다. 어떤 학자는 조선 후기가 성리학을 기반으로 임진·병자 양란을 극복하고 '번영을 누리던 시기'였다고 평가한다. 이런 시각에서는 인조반정이 율곡학파의 주도와 퇴계학파의 묵인으로 이상사회, 즉 대동사회를 건설하려 일으킨 사건이며, 그로 인해 조선은 조선 성리학 이념이 주도하는 혁신사회로 돌입하게 되었다고 평가된다. 그 사건은 현실적으로도 선진적인 사회경제정책을 추진하는 동력이 되었다고 한다. 예를 들면, 대동법에 반대하던 북인세력을 인조반정으로 물리치고 율곡이 주장한 대동법을 율곡학파가 시행하게 되었다는 것이다. 하지만 이런 주장은 폭넓은 지지를 받지는 못하고 있다.

맺음말

지금까지 인조반정의 역사적 의미를 부정하는 입장과 그 역사적 위치를 당시 정황 속에서 이해하려는 입장으로 나누어 견해들을 정리해보았다. 논자들마다 시각과 문제의식이 다르므로 이런 분류는 지나친 단순화의 위험을 안고 있다. 그러나 인조반정을 둘러싼 논란은 기본적으로 부정적 평가와 전후 인과관계 해명이라는 두 시각의 대립이라고 생각한다.

인조반정에 대한 평가, 특히 부정적 평가에서는 지연과 학맥의 기반이 강하게 드러나지만, 오늘날의 부정론에 수긍할 만한 의미가 없는 것은 아니다. 망국으로 귀결된 조선 후기 지배체제에 대한 비판의식과 근현대 역사 속에서 우리가 겪은 파행성에 대한 강렬한 비판의식에 연결되어 있기 때문이다. 군사쿠데타와 그로 인한 현대사 왜곡에 대한 비판적 시각에서, 무력을 동원해 국왕을 축출한 인조반정의 의미를 부정하는 것은 일면 이해가 간다.

하지만 인조반정을 당시 역사발전의 수준이나 정치상황 속에서 객관적으로 분석하지 않고, 표면의 부분적 유사성을 바탕으로 현대의 정변들과 묶어 성급하게 일반화하는 것은 옳지 않다. 더구나 정치가들의 동기나 목적, 지나간 시대의 가치관을 가지고 정치적 사건의 의미를 평가하는 것은 객관적 역사학의 방법이라고 하기 힘들다.

심한 경우 인조반정으로 집권한 세력의 후예들이 조선왕조 멸망 당시 '매국노'의 다수를 차지했다는 사실을 들어 인조반정의 의미를 부정하는 논자도 있다. 그렇게 귀결되는 역사의 논리는 분명 냉정하게 따져보아야 할 문제이다. 그러나 250년이나 떨어진 사건들을 단선적인 인과관계로 직결시킬 수는 없다. 그런 논리라면 망국을 초래한 세력을 형성시킨 조선의 건국 자체, 그리고 그것을 초래한 이전의 역사 모두가 잘못된 것이라는 극단적 허무주의도 가능할 것이다. 인조반정에 대한 설명은 그것이 빚어진 상황을 냉정하게 분석하여 그 속에 들어 있는 변화의 논리를 파악하는 일이 되어야 한다.

인조반정은 당시 정치주도층의 질서와 논리에 맞지 않았던 광해군 대의 정치를 극복하기 위해 동원된 비상수단이었다. 당연히 비상수단 동원의 후유증이 이어졌고, 그 때문에 큰 사회적 비용을 부담해야 했다. 하지만 인조반정 자체는 불가피한 것이었다고 생각된다. 광해군 대의 집권세력은 비판을 용납하지 않았고, 당시 정치담당세력인 대다수 사대부를 적으로 돌렸다. 그렇다고 그들이 역사발전에 기여할 수 있는 획기적인 힘과 논리를 보여준 것도 아니었.

일부 세력, 그것도 소수집단이 권력을 독점하느냐 아니면 정치에 참여할 자격을 갖춘 다른 집단도 어느 정도 권력에 참여시킬 것인가 하는 것은 그 자체로 사회발전의 지표가 될 수 있다. 인조반정의 의미는 일차적으로 정치질서의 재확립에 있었다고 생각된다. 당시 정치의 주인은 국왕과 사대부들이었다는 점에서 한계가 있었지만, 인조반정은 소수 집권세력의 전횡을 물리치고 좀더 많은 사람들이 참여하는 붕당정치의 질서를 회복하고자 했다. 인조반정 이후 진보적 정책이 가능했다는 주장도 나오고 있지만, 그것은 당시 정치의 성격을 볼 때 부차적인 문제일 것이다.

인조반정의 의미를 인정하는 견해는 승리자의 입장을 합리화하는 데 그칠 뿐, 역사에 대한 전망을 상실하고 있지는 않은가 하는 점을 늘 반성해야 한다. 반면 전체적인 전후맥락을 고려하지 않은 채 한 시대의 큰 흐름을 부정하는 것도 역사에 대한 무책임한 투정에 불과할 것이다.

오수창

서울대학교 사학과 교수로 재직 중이다. 조선 후기사를 전공했다. 대표논저로 『역사, 길을 품다』(공저), 『17세기 한국 지식인의 삶과 사상』(공저), 『조선 중기 정치와 정책: 인조~현종 시기』(공저) 등이 있다.

실학, 환상인가 실체인가

　우리가 현재 쓰고 있는 '실학'이라는 역사용어는 1930년대 우리나라의 민족운동과 함께 만들어졌다. 1930년대 민족운동 과정에서 비타협적 민족주의 계열의 민족주의자들이 민족운동의 한 돌파구로 조선학운동을 추진했고, 조선학운동의 핵심내용이 바로 실학이었다. 따라서 실학 연구와 논쟁 과정을 추적하면 곧 한국 근대 역사학의 궤도가 된다. 1930~40년대에 민족운동의 일환으로 실학 연구가 이루어졌다면, 1950년대 이후는 실학 연구가 민족운동을 계승하면서 식민사학의 극복이라는 시대적 과제와 학문적 차원의 연구로 발전하고 개별화되는 시기였다. 21세기의 실학 연구는 어디로 나아가야 할까? 최근 한국학의 원형을 실학에서 찾으려는 시도도 보이는데, 21세기 국제화시대에 한국인의 정체성을 확립하기 위해 민족운동 시기의 조선학운동과 마찬가지로 국제화시대 한국학 연구의 출발점을 실학에서 열어야 할지도 모르겠다.

민족운동으로서의 실학—조선학운동

　일제당국은 식민지하 1930년대의 민족운동을 최좌익·좌익·우익·최우익으로 분류했는데, 최좌익은 사회주의 계열의 민족운동, 좌익은 비타협적 민족주의 계열, 우익은 타협적 민족주의 계열, 최우익은 친일파를 지칭했다. 이 시기의 문화운동은 주로 비타협적 민족주의 계열을 중심으로 타협적 민족주의자까지 망라된 민족운동의 한 형태였다.

민족주의자와 사회주의자들 사이의 민족협동전선으로 1927년 3월에 조직된 신간회는 일제당국에 의해 합법적으로 공인된 민족운동단체였다. 그러나 신간회는 일제의 방해공작, 사회주의 진영의 노선전환, 공인된 활동으로서 민족운동의 한계 등을 자각하여 1931년 5월 발전적으로 해체했다. 당시 신간회의 해체를 반대하던 비타협적 민족주의자들은 그들의 운동방향을 문화운동으로 전환했다.

비타협적 민족주의자들은 신간회 창립 이후 민중으로부터 유리되어 있던 타협적 민족주의자들과 함께 새로운 민족운동의 방향을 모색했다. 1930~35년 사이 『조선일보』, 『동아일보』 등에서 전개한 농촌계몽운동, 브나로드운동, 충무공 현창운동 등이 그것이다. 비타협적 민족주의자들이 벌인 문화운동의 주요내용은 '조선 문화 부흥운동' 또는 '조선학운동'이었다. 『동아일보』 등 일간지와 『신조선』 등 월간지를 통해 전개된 조선학운동은 문화적으로나마 민족의 주체성을 유지하려는 부르주아 민족운동이었다. 이들은 조선의 사상, 조선의 문화 속에서 조선의 고유한 특색을 찾아내려 애썼고, 세계문화 속에서 조선 문화의 독자성을 견지하려고 했다.

1930년대에 발표된 실학 관계 논문이나 기사를 보면, 우리가 지금 '실학'이라고 부르는 조선 후기의 새로운 학문경향에 대한 이해체계는 이때 정립되었다고 생각된다. 사실상 일제당국에 의해 관찬사료들이 대부분 독점된 상황에서 조선 사람들이 바로 전 시대인 조선시대를 이해할 수 있는 유일한 사료는 개인이 편찬한 역사서나 개인문집 등이었다. 최남선崔南善이 '조선광문회'를 통해 우리 고전을 간행한 것도 이런 상황에서 나왔을 것으로 생각된다. 1930년대 조선학운동에 참여한 주요필진에는 정인보鄭寅普, 안재홍安在鴻, 문일평文一平 등 민족주의자뿐만 아니라 백남운, 최익한崔益翰 같은 사회주의자도 포함되어 있었다. 이들은 『동아일보』· 『조선일보』 등 일간지나 『신조선』 등 월간지를 통해 다산茶山 또는 실학, 조선학에 대한 견해를 피력했다.

위당 정인보는 한학자로서 중국 망명생활을 거쳐(1910~13) 1923년부터 연희전문학교 전임으로서 한문학과 조선 문학, 조선사를 가르쳤으며, 주로 『동아일보』에 기고하여 조선학운동을 전개했다. 그는 당시 사회운동의 표면에 나서서 활동한 적은 없지만, 비타협적 민족주의자의 입장을 해방 후까지 지속했다. 그에게서 특기할 만한 것은 실학 연구 이외에 충무공 유적 보호운동에 앞장선 것을 들 수 있다.

충무공 유적 보호운동은 충무공의 종손이 개인적 채무로 인해 충무공의 위토를 은행에 저당 잡혔다가 부채를 갚을 길이 없게 되어 담보로 잡힌 위토와 부속유물들을 경매에 붙인 일을 계기로 일어났다. 경매공고가 나가자 민족주의자들은 충무공 후손들의 처사에 분개하며 대대적인 유적보존사업을 전개하여 곧바로 조선교육협회 내에 충무공유적보존회를 창립하고 성금 1만 원을 모아 유적을 보존했을 뿐만 아니라 충무공 현창사업까지 벌였다. 이 운동은 『동아일보』 주도로 전개되었으며, 관련된 주요 사설이나 논설은 대개 위당이 집필했다. 위당은 『성호사설星湖僿說』, 『여유당전서與猶堂全書』 등을 교열·간행하는 가운데 '실학'의 체계를 세웠으며, 조선학 연구의 불길을 당겼다.

민세 안재홍은 비타협적 민족주의자로서, 1927년 신간회 창립 당시 『조선일보』 주필로서 적극 참여했고, 신간회 해소 때는 해소를 적극 반대하는 입장이었다. 그는 자신이 깊이 관여했던 '신조선사'를 통해 위당 정인보와 함께 『여유당전서』를 교열·간행하는 등, 조선학운동 및 실학 연구에서 중추적 역할을 했다.

호암 문일평은 주로 『동아일보』, 『조선일보』를 통해 조선학 연구에 참여했다. 그는 특히 실학을 '실사구시학實事求是學'이라고 규정하여 실학의 고증학적 성격을 부각시켰다.

이처럼 민족주의 계열 사학자들은 '5천 년간 조선의 얼' 또는 '조선심朝鮮心'이라는 조선의 고유한 특징과 성격을 파악하려 애썼다. 이들은 1910년대 초기에는 중국 상하이에서 백암白巖 박은식朴殷植, 단재丹齋 신채호申采浩, 벽초碧初 홍명희洪命熹 등과 함께 동제사同濟社를 조직해 민족운동 진로를 모색하기도 했다.

사회주의 계열에서는 백남운, 최익한崔益翰 등이 실학 연구에 관심을 보였다. 백남운은 일본 도쿄상업대학을 졸업하고 『조선사회경제사』(1933), 『조선봉건사회경제사(상)』(1937)을 저술하여 유물사관에 입각한 보편적 세계사의 발전법칙을 한국사에 적용했다. 그는 "근세 조선사상에 있어서 유형원·이익·이수광李睟光·정약용·서유구徐有榘·박지원 등, 말하자면 '현실학파'라고나 칭해야 할 우수한 학자가 배출되어 우리 경제학적 영역에 대한 선물로서 끼친 업적은 결코 적지 않을 것"이라고 하면서 실학파를 '현실학파'라고 불렀고, 우리나라 학술발전사에서 귀중한 유산이라고 했다. 그는 다산 서거 100주년 기념강연회에서 다산을 '경세학적 형안炯眼의 소유자'로 높이 평가했다. 그러나 조선학이라는 말 자체에 대해서는 조선특수사정론을 반대하는 입장에서 역시 반대했다. 즉 일제 식민통치자들의 조선특수사정론과 통하는 일제 관학자들의 조선특수사관이나 최남선·신채호 같은 류의 한국사의 우월성을 강조하는 조선특수사관에 모두 반대하는 입장이었다.

최익한 역시 사회주의 진영의 인사로서, 와세다대학을 졸업하고 3·1운동에 관련되어 3년, 조선공산당 일본총국사건과 관련되어 6년을 복역한 일월회-月會의 중진이었으며, 해방 후에는 장안파 공산당에 참여했다. 그는 『동아일보』에 60여 회에 걸쳐 「여유당전서를 독讀함」이라고 하는 비교적 학구적인 장편의 논문을 게재했다.

한편 같은 사회주의자 중에서도 백남운, 최익한과 달리 이청원李淸源은 이런 관념적인 조선학운동 분위기를 신랄하게 비판했다. 그는 단군·화랑·정다산 등의 연구를 전환적 과도기의 낭만적 사대주의로 비판하면서, 제도와 사상을 논할 때는 먼저 당시 생산관계의 제약성을 파악해야 한다고 주장했다. 특히 정다산론에 대해서 정다산의 장점·특점만을 왜곡하여 논하고 있다고 비판하면서, 당시 농민의 활동이 놓여 있는 모순에 찬 현실의 진실된 사회적 거울로서 19세기의 정다산을 봐야 한다고 주장했다.

이상과 같이 1930·40년대의 실학 연구는 당시 제약된 영역의 운동만 용인되는 식민지 상황 속에서 비타협적 민족주의자들과 일부 사회주의자들이 민족운동의 한 방편으로 선택한 조선 문화운동, 조선학운동으로 전개되었으며, 실학이라는 역사용어는 그런 상황에서 만들어졌다. 일본인들은 조선학운동에 전혀 관심이 없었고, 실학과 관련된 몇 편의 연구들도 주로 조선 문화에 대한 중국 문화 또는 서양문화의 영향이라는 관점에서 이루어진 것이었다.

반식민사학으로서의 실학

해방 후의 실학 연구는 해방 전의 업적을 계승했다. 천관우는 「반계 유형원 연구—실학 발생에서 본 이조사회의 일 단면」에서 실학의 비조鼻祖인 유형원柳馨遠의 『반계수록磻溪隨錄』을 통해 조선 후기 사회성격을 분석하고 토지소유관계,

세세稅·역역役·공제貢制, 과거제도, 학제, 국방체제 개혁안 등을 검토한 뒤, 조선 후기 실학파의 계보와 반계의 위치를 논했다.

천관우는 실학의 발전 과정을 준비기(16세기 중엽~17세기 중엽), 맹아기(17세기 중엽~18세기 중엽), 전성기(18세기 중엽~19세기 중엽)로 나누고, 실학의 성격을 자유성·현실성·과학성(이를 실정實正·실용實用·실증實證이라는 이른바 삼실론三實論이라고 명명했다)으로 규정했다. 그는 실학이란 "고증학을 학문의 방법으로 하고 사회정책·자연과학·국학·훈고학·농학을 학문의 대상으로 한—그 수단의 하나로서 북학과 그 결과의 하나로서 백과사전파를 거느린—학문의 일파"라고 정의했다.

천관우는 자신의 학문 역정에서 반계 유형원과 실학으로 연구를 시작하게 된 것을 회고하면서 "최남선 선생은 나에게 학문적 개안의 길을 터준 분이고, 정인보 선생은 후일 나의 실학 공부에 지침이 되어주신 분"이라고 했다. 해방 직전 대학 예과 시절에는 도피 중이던 안재홍으로부터 뒤에 그가 『신민족주의와 신민주주의』로 정리한 내용과 같은 우리나라의 철학체계에 대해 개인지도를 받은 바 있고, 실학에 대해 단편적으로나마 얻어들었기 때문에 그런 주제로 한국사를 시작한 것이라고 했다.

최익한은 해방 전 『동아일보』에 연재했던 「여유당전서를 독함」이라는 글을 기초로 1955년에 『실학파와 정다산』이라는 저술을 간행했다. 여기에서 그는 지봉芝峰 이수광, 반계磻溪 유형원, 성호星湖 이익, 담헌湛軒 홍대용洪大容, 연암燕巖 박지원, 초정楚亭 박제가朴齊家 등 실학파 주요인물의 생애와 사상을 검토하여 실학의 체계를 정리하고(상편), 이어 다산 정약용의 생애와 계보, 사상 등을 정리했다(하편).

홍이섭洪以燮도 1959년 『정약용의 정치경제사상 연구』를 출판했는데, 이는 그가 해방 전부터 꾸준히 보여온 실학에 대한 관심의 결과였다. 그는 배재고등보

통학교와 연희전문학교를 다녔는데, 배재고보 시절에는 이윤재李允宰·문일평 등에게 조선사를 배웠으며, 연희전문 시절에는 위당 정인보, 외솔 최현배崔鉉培 등에게 국학을 배웠다. 그는 해방 전(1944)에 『조선과학사』를 일본어로 간행했는데, 거기서 조선 후기의 실학을 '실증학파'라 부르고 실증학파 내에 다시 역사학파·지리학파·언어학파·사회정책적 경제학파·북학파가 있다고 했다. 이는 당시의 실학 연구 수준을 반영한 것이었다. 실학을 실증학파라 부르고 이를 과학사에서 언급한 것은 호암 문일평의 영향으로 생각된다. 해방 후 그는 「다산 선생의 학문과 사상」, 「다산학의 현실성」 등 다산에 관한 글들을 썼는데, 이런 관심의 결과가 『정약용의 정치경제사상 연구』로 정리되었다. 책 말미에 1930년대 다산 관계 연구논저 목록을 망라하여 실은 데서 보이듯이, 그의 다산 연구는 1930년대 다산 연구 붐에서 영향을 받은 것이었다.

한편 한우근韓㳓劤, 김용덕金龍德에 의해 성호 이익, 초정 박제가에 대한 연구가 이루어졌다. 한우근은 조선 후기사회를 이해하는 길잡이로 성호의 저술들을 검토했고, 이를 토대로 실학의 개념에 대한 기존인식에 이의를 제기하여 논쟁을 유발했다. 한우근은 실학이라는 용어는 유교나 성리학이 불교나 사장학詞章學 등에 대하여 스스로의 학문영역을 실학이라 지칭한 것이므로, 반드시 조선 후기에만 적용될 수 있는 것은 아니라고 했다. 그는 이른바 '실학'이라고 하는 학문경향은 오히려 '경세학經世學'이라 부르는 것이 좋겠다고 제안했다(「이조후기의 실학의 개념에 대하여」). 전해종全海宗도 실학이라는 용어가 조선 후기에 나타난 새로운 학풍에만 적용될 수 없음을 중국의 사용례를 검색하여 주장하면서 한우근의 제안을 뒷받침했다(「석실학釋實學」). 그러나 이 논쟁은 실학의 개념을 분명히 할 수 있는 계기는 되었으나, 조선 후기의 새로운 학문경향 그 자체에 대한 새로운 해석이 이루어진 것은 아니었다.

1960년대에 들어와 실학 연구는 커다란 진전을 이루어냈다. 조선 후기사회를 정체론적 시각에서 보아왔던 이제까지의 시점에 대한 반성과 함께 내재적 발전론의 입장에서 여러 사회경제사적 연구들이 이루어진 데 힘입은 것이었다. 김용섭, 강만길姜萬吉, 유원동劉元東, 송찬식宋贊植, 김영호金泳鎬 등 여러 연구자들은 농업, 상업, 수공업 등 다양한 측면에서 조선 후기사회의 사회경제적 변화양상들을 연구했다. 이런 연구에 힘입어 조선 후기사회에 대한 인식이 변화했으며, 그런 인식의 변화를 토대로 실학에 대한 인식도 달라지기 시작했다. 즉 사회경제사의 연구성과를 적극 수용하여 사상사에서도 실학의 위치가 재규정되었으며, 반대로 실학자 개개인에 대한 구체적인 연구를 통해 그 시기의 사회경제적인 모습을 이해하려는 시도가 이루어졌다.

그런 시각에서 김용섭은 1950년대의 실학 연구 분위기에 일단 동의를 표하면서도 실학사상을 단순히 서학이나 고증학 같은 외래사조의 영향으로만 볼 것이 아니라, 그 사회의 내재적 변화·발전에 따라 나타난 사상으로서 연구해야 한다고 주장했다(「최근의 실학 연구에 대하여」). 이런 분위기에 호응하여 천관우는 실학의 개념에 대해 새로운 정의를 시도했다. 그는 실학이란 "전근대의식에 대립하는 근대정신을, 몰민족의식에 대립하는 민족정신"을 의미하는 것이라고 주장했다.

1960년대에 들어와서는 실학의 철학적 성격에 대한 연구도 진행되었다. 유물론적 입장에서 철학사를 정리하는 사람들은 실학을 주기론적 성격을 가진 것으로 파악했다. 그들은 유물론과 관념론의 대립으로 철학사를 파악하면서, 주기론은 유물론, 주리론은 관념론이라는 식으로 조선시대의 철학사를 정리했으며, 실학자들을 주기론적 성향을 가진 학자들, 즉 유물론적 성향을 가진 학자로 파악했다.

1970~80년대의 실학 연구는 우선 양적으로 급격히 증가했다는 점이 특징이다. 이 시기 실학 연구로는 『실학연구입문』(1973)과 『실학논총』(1975)이 대표적이다. 『실학연구입문』은 1960년대 사회경제사의 연구성과를 수용한 기반 위에서 중요한 실학자들의 생애와 사상을 정리한 것이었다. 여기에는 「실학연구서설」(이우성)을 비롯하여 유형원, 이익, 이중환李重煥, 유수원柳壽垣, 박지원, 우하영禹夏永, 박제가, 정약용, 최한기崔漢綺 등 주요 실학자들의 생애와 사상을 정리한 글들이 수록되어 있다. 또한 『실학논총』은 「실학의 현대적 이해」, 「실학의 경학관의 특색」, 「실학파의 사회경제사상」, 「한국 실학의 발전사적 연구」, 「실학의 근대적 전회」, 「위민의식과 정책반영」 등 실학사상의 성격을 규명한 몇 편의 논문을 싣고 이수광 등 실학자 30여 명의 생애와 사상을 간단히 고찰했다.

『조선철학사』의 저자 중 한 사람인 정성철鄭聖哲은 그 후 조선 후기의 선진적 사상으로서 실학사상에 천착하여 『실학파의 철학사상과 사회정치적 견해』라는 저서를 간행했다. 이 책에서 그는 실학자들이 진보적 양반계층의 이해를 대변했지만, 자신들의 계급적 제한성과 당시의 생산력 및 과학발전 수준의 제한성을 면할 수 없었다고 지적했다. 또 그들이 의거했던 세계관은 봉건 유교사상인 주자학의 틀을 벗어난 것은 아니었고, 그것 자체가 유물론적일 수 없는 관념론이었으며, 그들이 제기한 사회·정치적 견해도 봉건제도와 양반신분제도를 영구히 보존하려는 기본 입장에서 나온 개혁사상이라고 하여 1960년대의 실학에 대한 이해를 대폭 수정했다.

정치사상사적 관점에서 실학을 검토한 박충석朴忠錫은 한국 정치사상의 주자학→실학→개화사상으로의 변용을 추적했다. 그는 주자학의 보편주의적 성격이 실학단계에 와서 공리주의적 성격으로 변화했다고 하여, 주자학과 실학의 성격차이를 이해했다.

또한 실학을 실학에만 한정하여 이해하지 않고 조선 후기 사상사 전체의 흐름 속에서 이해하려는 연구도 시도되었다. 김용섭은 조선 후기 사상의 흐름을 보수적 사상과 진보적 사상으로 구분하여 실학을 진보적 사상으로 이해했다. 즉 농민층 분해기였던 17~18세기에 지주전호제를 옹호하는 주자학의 새 형태인 송시열 중심의 보수적 사상과, 지주전호제를 부정하고 새로운 토지개혁론을 제시한 진보적 실학파의 사상이 있었다고 주장했다. 농민항쟁기에는 이런 흐름이 더욱 명확해져서 삼정(전정·군정·환곡) 문제에 대해 삼정은 그대로 두고 그 운영방법만 개선하자는 보수파와 삼정의 제도까지 부분적 또는 전면적으로 개선·개혁하자는 보수좌파, 그리고 삼정뿐만 아니라 지주전호제 자체를 전면적으로 개혁하자는 진보파로 나뉘었는데, 실학은 바로 진보적인 개혁론을 대변한 것이었다고 한다. 이런 실학사상은 농민전쟁기에도 그대로 계승되어 예컨대 초정草亭 김성규金星圭, 해학海鶴 이기李沂는 소작지균분, 소작권영정永定 또는 지대감소를 법제화함으로써 지주제를 소멸시키려는 사상을 발전시켰다고 한다. 또한 농민군 지도부에도 다산 정약용의 비결이 전수되어 실학사상이 근대 농민사상으로 발전할 수 있는 가능성도 있었다고 보았다.

실학사상이 근대 변혁사상으로 변용·발전하는 과정은 북학사상과 개화사상과의 관련에서 추구되었다. 강재언姜在彦은 『한국의 개화사상』에서 우리나라의 근대변혁사상과 그 운동을 고찰했다. 여기서 그는 전통 유교=주자학의 형이상학으로의 편중과 교조성에 대항해 18세기에 실사구시에 의한 내재적 비판으로서 형성·전개된 실학사상, 1870년대 실학에서 개화로의 사상적 전환, 그 후 개화사상 및 개화운동의 형성과 전개·좌절의 모든 과정을 고찰했다. 특히 북학파와 개화파의 인적·학문적 연결을 깊이 있게 추적했다.

실학의 개념과 성격

실학이라는 용어가 일반적으로 통용된 것은 해방 후부터였다고 생각된다. 그 이전에는 실사구시학(문일평), 의독구실지학依獨求實之學, 치용학致用學(정인보), 현실학파(백남운), 경제학파(현상윤), 실증학파(홍이섭), 또는 학파로서 성호학파, 북학파 등 다양하게 그 특징을 지적하여 불렀다.

처음으로 조선 후기 실학체계를 세운 사람은 위당 정인보였다. 그는 『성호사설』에서 조선 학술사를 개관하면서 성호 이익을 비롯한 안정복·윤동규尹東奎·신후담愼後聃·이병휴李秉休·이중환 등의 성호학파, 정재두鄭齊斗에서 시작하여 최명길·이이명李頤命 등으로 이어지는 소론 학풍의 흐름 등을 추출했고, 특히 경세학에서는 유형원·이익·정약용으로 이어지는 큰 줄거리를 확인하여 체계를 세웠다. 또한 『동아일보』에 연재한 『조선고서해제朝鮮古書解題』를 통해 이익의 『곽우록藿憂錄』, 홍대용의 『담헌서湛軒書』, 이중환의 『택리지擇里志』 등 실학자의 저술들을 소개했다. 그중에서도 특히 주목할 것은 1934년부터 안재홍과 함께 총 500여 권에 달하는 『여유당전서』를 신조선사에서 교열·간행하고, 그 서문에서 다산의 학문적 근원이 반계 유형원, 성호 이익에 있음을 밝힌 점이다.

다산학에 대한 현대적 평가는 민세 안재홍에 의해 시도되었다. 그는 다산사상에 나타난 중국에 대한 독립적 자존의식을 '근대 국민주의의 선구'라 평가하고, 「향리론鄕吏論」·「통색의通塞議」 등에 나타나는 계급타파사상과 평등론을 '근대 자유주의의 개조'라 할 수 있다고 했다. 또한 원목原牧사상은 루소의 『민약론』이나 『인간불평등기원론』에 비교될 만하다고 했다.

최익한의 『여유당전서』 독후감도 매우 중요한 글이다. 여기에서 그는 다산의 사상적 목표가 "낡은 나라를 혁신하자는 것(新我舊邦)"이었다고 강조하고, 이를 위해 사공적事功的 덕치를 적극 도입해야 한다는 주장을 했다고 요약했다. 최익한은 다산사상을 루소 류의 자유주의사상, 벤담 류의 공리주의사상, 또는 케네 류의 자연법에 입각한 정체 개념과 중농사상에 비교할 수 있다고 했다. 그러나 그는 다산사상이 '종래 계급의 반성적 요구'를 반영한 것이지 '신흥계급의 대표'로서의 사상체계는 아니었다고 그 한계를 지적하는 것을 잊지 않았다. 최익한의 이 독후감은 1930년대 다산 연구를 최종적으로 정리한 것이었다.

천관우는 「반계 유형원 연구」의 결론에서 실학파의 계보와 반계 유형원의 위치를 체계적으로 정리했는데, 조선 후기에 실학과 같은 신사조가 발생할 수밖에 없었던 역사적 조건으로서 양명학, 한학, 훈고 고증학 같은 반주자학의 대두, 위정자·재야를 막론한 사회정책론의 대두, 서학 및 서양문물의 도입, 중국 문화의 영향을 들고, 16세기 중엽에서 19세기 중엽에 걸치는 실학의 시기를 세 시기로 구분하여 정리했다. 그리하여 실학이라고 하는 신사조의 성격은 자유성, 과학성, 현실성을 구비한 것으로 자유성을 의미하는 '실정'의 '실', 과학성을 의미하는 '실증'의 '실', 현실성을 의미하는 '실용'의 '실'의 성격을 가진 것이 실학이라고 하여 "실증·실정·실용의 어느 한 면을 가진 것이면 실학의 범위 내에 들어오는 것"이라고 규정했다. 그는 "실학은 결코 근대의 의식도 아니고 근대의 정신도 아니다. 실학은 그 비판적 입장에서 봉건사회의 본질을 해부하고 노동하지 않는 계급을 비방하고 신분적 세습을 비판하고 대토지사유를 비판했지만, 그 비판의 기조는 당우삼대에 속하는 것이었으며, 그 비판의 입장도 불구적으로 전개한 역사적 특성에서 초탈하여 이를 부감할 만큼 질을 달리하는 것은 아니었던 것"이라고 하여 실학의 한계를 인정했다. 그러나 다른 한편으로 "이런 정체된 봉건사회를 극복하고 근대를 가져오는 거대한 별개의 역사적 세계와의 접촉을 준비하는 한 시련을 겪고 있었다는 의미에서 실학은 근대정신의 내재적인 태반 역할을 담당했던 것"이라고 하여 근대사상의 맹아로서의 성격은 인정했다.

한우근은 종래 사용되었던 실학 개념에 이의를 제기하고 우리나라에서 역대로 써온 '실학'이라는 용어와 '실'자의 용례를 검출하여 그것이 조선 후기 일부 학자들만의 전유물이 아님을 논증했으며, 아울러 조선시대 학자들이 실제로 어떤 내용으로 실학이라는 말을 사용해왔는지 검토했다. 그는 실학이라는 말이 실제로 쓰이기 시작한 것은 주자학이 새로이 수입되던 고려 말이었다고 하면서, 이제현李濟賢과 권근權近의 말을 빌어 실학이 당시에는 궁경행수窮經行修의 학이요, 이른바 '실'이란 인의예지仁義禮智의 4덕을 무득체인務得體認한다는 의미에서의 실이요, 그것은 바로 고려시대 사장詞章의 학을 배격하는 정주학程朱學을 가리키는 말이었다고 했다. 따라서 실학이라는 용어는 멀리 중국 삼대의 학문을 가리키는 한편, 가까이는 송·원대의 정주학을 가리켰다고 했다. 그는 종래 실학이라는 개념이 이처럼 잘못 사용되어왔으므로 실학을 제창하고 고증학의 선구적 학풍을 이룬 그 과도적 학풍을 '경세치용의 학'이라고 부르는 것이 좋겠다고 제안했다.

이처럼 실학이라는 용어 자체의 역사적 용례를 찾아 정확하게 써야 한다는 주장은 일리가 있으나, 앞에서 밝힌 것처럼 실학이라는 용어는 1930년대 민족운동의 전개 과정에서 만들어진 것이고, 조선 후기의 새로운 학문조류를 가리키는 역사용어로 정착되었다는 점에서 다른 접근방법이 필요했다. 조선 후기의 사회경제적 변화를 반영한 사상으로서 실학의 역사적 성격을 강조한 사람은 이우성이었다. 그는 실학의 역사적 성격을 강조하여 18세기 이후의 학자들만으로 실학자의 범주를 한정할 것을 제안하기도 했다.

한편 1960년대 이후 사회경제사적 연구성과와 내재적 발전론에 입각하여 실학의 성격을 발전적인 것으로 규정하려는 시도가 나왔다. 천관우는 실학을 "전근대의식에 대립하는 근대정신을, 몰민족의식에 대립하는 민족정신"을 가지는 것이라고 하면서, 전통적인 학문영역(의리학·고증학·사장학·경세학)과 실학의 관계를 검토하면서 실학이 고증학·경세학과 더 깊은 관련을 가진다고 했다. 그는 실학이 근대지향적·민족적 성격을 가지고 있다고 하면서도 유학사상의 테두리를 벗어나지 못한 개신유학改新儒學이었다고 결론지었다.

한 세대 뒤에 지두환池斗煥도 실학이라는 용어가 조선시대에 어떻게 사용되고 있었는지 검토했다. 그는 조선시대의 학자들은 "좁게는 강경講經시험 준비의 경학을, 포괄적으로는 경세치용의 경학을 말하는 것으로 볼 수도 있지만, 더 근본적으로는 인륜을 밝히는 의리의 실체로서의 경학, 즉 윤리학적 경학을 실학"으로 생각했다고 하면서, 이런 실학 개념을 조선시대 학자들이 사용한 '실학'이라는 용어나 '실'자의 용례에서 찾으려는 노력은 기본적으로 잘못이라고 지적했다. 그는 우리나라 유학사를 15·16세기의 주자 성리학 시기, 17·18세기의 조선 성리학 시기, 18세기 말 19세기의 북학사상 시기로 시기구분하고, 17세기 초 이수광 이후 19세기 후반 최한기까지 250여 년간을 실학사상 시기로 보아, 조선 성리학과 이를 비판하고 나오는 북학사상가들을 같은 성격의 사상으로 규정하는 것은 잘못이라고 하면서, 대신 18세기 말 19세기 전반의 북학사상을 근대사상으로서의 실학으로 규정하여 유형원, 이익, 안정복 등을 조선 성리학자와 구분하는 것이 실학 개념을 명확히 하는 것이라고 했다. 그런데 과연 북학사상이 근대사상인지, 주자 성리학과 조선 성리학의 차이가 무엇인지는 분명치 않다.

실학의 범위와 유파

어디까지가 실학이고 실학의 유파에는 어떤 것이 있는가? 그것은 실학을 어떻게 규정하는지에 따라 달라질 것이다.

천관우는 실학을 준비기·맹아기·전성기로 구분했다. 준비기는 16세기에서 17세기 중엽에 이르는 기간으로 이 시기에 해당하는 인물에는 권문해權文海(1534~1591), 한백겸韓百謙(1552~1615), 이수광(1563~1628), 김육金堉(1580~1658)을 들 수 있다. 17세기 중엽에서 18세기 중엽에 이르는 시기를 맹아기로 보았는데, 이 시기에는 유형원(1622~1673)을 선구로 이익(1681~1763)이 이수광의 서구적 문화에 대한 이해와 유형원의 실사구시적 학문체계를 통합했다고 한다. 이 시기에는 유형원, 박세당朴世堂(1629~1703), 이익, 안정복(1712~1791), 이중환(1690~1752), 신경준申景濬(1712~1781), 서명응徐命膺(1716~1787)이 있다고 했다. 마지막으로 18세기 중엽에서 19세기 중엽까지를 전성기로 보고, 이 시기의 인물로 홍대용(1731~1783), 박지원(1737~1805), 박제가(1750~1805), 성해응成海應(1760~?), 정약용(1762~1836), 김정희金正喜(1786~1856), 이규경李圭景(1788~?)을 꼽았다. 유형원 이전의 준비기를 거쳐 반계의 출현에 의해 학문으로 자리잡았고, 성호 이익 일문의 집단에 의해 학파로 존재하게 되었으며, 연암 박지원, 담헌 홍대용, 다산 정약용의 출현에 의해 실학은 시대사조의 지배적 경향이 되었다고 정리했다.

한편 이우성은 실학을 18세기 이후의 사상으로 한정하면서, 경세치용학파가 제1기(18세기 전반), 이용후생학파가 제2기(18세기 후반)이며, 다산 정약용은 제1기와 제2기에 걸쳐 경세치용학과 이용후생학의 합류점을 이루었고, 김정희를 대표로 한 고증학적 실사구시학이 실학의 제3기(19세기 전반)라고 보았다.

김용덕은 성호 이익을 기준으로 성호 이전, 즉 16세기 중엽부터 17세기 말엽까지의 실학파들을 전기 실학파로, 성호 이후 실학자들을 다시 경세치용학파와 이용후생학파 두 계열로 정리했다. 이와 반대로 최근에는 성호학파까지는 중세적 사유체제를 대변하는 조선 성리학자로 보고 담헌 홍대용 이후의 북학사상가들만 근대적 사유체계의 실학자로 이해하는 주장도 제기되고 있다.

실학의 범위와 유파 문제는 이상과 같이 실학 연구의 진전에 따라 시기구분이 서로 상이했고, 각 연구자의 관심과 지향에 따라 서로 다르게 파악되었다. 즉 실학사상의 철학적·학문적 경향에 관심을 가지는 경우에는 박세당(1629~1703)이나 윤증尹拯(1629~1714), 윤휴尹鑴(1617~1680)나 양명학자들까지 실학에 포함시키는가 하면, 북학파의 기원과 관련해서는 이지함李之菡(1517~1578)이나 조헌趙憲(1544~1592)까지도 전기 실학파로 보아 실학자에 포함시켰으며, 경세학과 관련해서는 이이李珥(1536~1584)도 실학자에 포함시켰다.

이렇게 실학의 범위를 확대하는 것은 실학의 성격을 애매모호하게 할 뿐만 아니라 역사학적 인식방법도 아니라고 생각된다. 일반적으로 실학의 범위는 정인보가 1930년대에 체계화한 바대로, 즉 반계-성호-다산의 경세치용학적 흐름과 그에 연관된 여러 학자들을 실학자로 이해되었고, 해방 이후 천관우나 최익한도 그와 같았다. 대개 17세기를 실학의 발생기로 보아 이수광·한백겸·유형원을, 그리고 18세기는 학파 성립기로 보아 성호와 성호학파 및 북학파(홍대용·박지원·박제가 등)의 여러 사람들을, 그리고 19세기는 실학의 전성기로 보아 정약용, 김정희, 최한기 등의 사상을 주목해왔다.

정인보는 실학의 유파나 계보를 노론학파(북학파의 여러 사람들), 소론학파(양명학파 계통), 남인학파 등 정치적 경향과 관련지어 전체적인 학술사 차원에서 파악하고 있다. 이우성은 경세치용학파, 이용후생학파, 실사구시학파 세 그룹으로 분류했다. 또한 서양사상사의 개념을 빌려 중농주의학파니 중상주의학파로 분류하기도 하고, 출생 및 성장환경에 따라 서울의 도시적 분위기를 체험한 북학파의 사상과 근기近畿 지방의 농촌 분위기를 대변하는 성호학파의 학문으로 분류하기도 했다. 한편 학문분야와 저술에 따라 백과전서파(이수광·이익·서유구·이규경 등), 역사지리학파(한백겸·신경준·이익·안정복·정약용 등), 어학파語學派 또는 명물상수학파名物象數學派(신경준·유희柳僖 등)로 분류할 수도 있다.

어떤 사상가가 특정 유파에만 들어가지 않고 여러 다양한 학문적 관심을 가지는 것은 아직 학문분화가 진전되지 않았던 시기에는 당연한 일이었다. 다만 전근대사회의 사상적 경향을 검토하면서 어떤 사상가가 주로 어떤 관심을 추구하고 있었는지 밝힘으로써 그 시대의 일반적 사상동향을 이해하는 데 도움이 될 것이다.

실학과 근대사상

실학과 근대사상의 연관관계에 대해 지금까지는 주로 실학사상(특히 북학사상)이 근대적 변혁사상으로서 개화사상과 연관되었다는 점이 주목되었다. 박지원 등 북학파와 박규수朴珪壽(1807~1876), 김옥균金玉均, 박영효朴泳孝, 서광범徐光範 등 개화파의 학적·인적 연관관계가 깊이 있게 추적된 바 있다. 강재언은 실학파 중에서 박지원·박제가·김정희 등과 갑신정변의 주역이었던 김옥균 등이 박규수, 오경석吳慶錫, 유홍기劉鴻基 등을 통해 사상적으로 연관을 지녔다고 할 수 있고, 김윤식金允植·유길준兪吉濬 등 갑오개혁을 주도했던 온건 개화파들도 박규수와 연관이 있음을 지적했다. 또한 이기(1848~1909)와 강위姜瑋(1820~1884) 등이 실학사상과 근대변혁사상의 연결고리로 주목받기도 했다. 특히 박규수는 북학파와 개화파를 맺어준 중심인물로 중점적으로 검토되었다.

이렇게 실학과 근대사상을 연결하는 시도에 대해 후지마藤間는 "실학사상과 개화사상의 관련을 '종적인 선'보다는 '횡적인 면'에서 생각하여 실학사상과 개화사상의 연결보다는 어느 시점에서 단절되었는가"를 검토해야 한다고 주장했다. 즉 상인층과 깊은 연관이 있었던 역관 오경석의 전통사상과의 단절적 측면을 중시하여 "실학과 개화사상을 직결시키는 것은 개화사상의 근대적 성격을 매장하고 경제발전의 계기를 오히려 매몰시키는 것이 아닌가"라고 했다. 이런 견해는 개화사상을 개화사상이 계승하는 사상적 계보에서 보지 않고 그 부르주아적 성격을 상업자본과 결부된 중인층의 계급적 이해관계를 반영한 것으로 보는 시점이라는 반론이 제기되기도 했다.

한편 조선 후기 사회사상사의 흐름을 진보사상과 보수사상으로 보는 시각에서는 실학파의 농업론을 민란-항조抗租투쟁기의 진보적 개혁사상으로 이해하여, 그런 진보사상은 농민전쟁기에도 허전許傳(1797~1886), 강위, 이기, 김성규 등에게 계승되어 우리나라의 전통사상이 스스로 개척한 사회개혁사상이자 근대화론으로 발전했다고 했다. 즉 실학은 초기에는 주자학의 농업론을 일부 계승·발전시켜 농업생산력의 발전에 기여했고 주자에 대한 반대는 소극적이었으나, 마침내 지주제를 정면으로 부정하게 되었다. 그 반주자학적 성격은 시대에 따라 강화되었으며, 봉건적 농업체제가 내포한 모순을 농업·상업의 구조적 관련 속에서 근본적으로 해결함으로써 국가와 농민경제의 안정을 기하려 했다는 점에서 사회개혁, 근대화의 이론으로 성장하는 사상이었다고 이해했다.

또한 농민전쟁기에 농민군 지휘부가 실학사상의 영향을 받았을 가능성이 검토되기도 했다. 훈장 출신인 전봉준全琫準이 동학조직을 이용하여 혁명을 기도했으므로 혁명 이후 새로운 정책구상은 당연히 전통적 유교사상 속에서 마련되었을 것이고, 그럴 경우 그가 채택하려 했던 사회개혁사상은 실학사상이었을 것이라는 주장이다. 호남 지방은 다산 정약용이 오랫동안 유배생활을 한 곳으로 그 사상적 영향이 적지 않았으며, 전봉준이 살았던 고부 지방의 이웃인 부안에는 반계 유형원을 모신 동림서원東林書院이 있었으므로 그러한 지적 환경이 영향을 끼쳤으리라고 추측되었다.

한편, 연암 박지원의 저작이 갑신정변을 계획했던 개화독립당에게 계몽적 역할을 했고, 다산 정약용의 이론이 동학농민전쟁에 사상적 영향을 주었을 것이라는 주장은 이미 최익한에 의해 제기된 바 있다.

광무 개혁기의 양무감리였던 김성규의 개혁론을 검토한 김용섭은, 김성규가 전주화약에서 정부군의 당로자였음을 지적하면서 1894년의 농민전쟁이 실학을 계승한 개혁파의 손으로 수습되었다는 데 주목했다. 김성규는 반계 유형원과 다산 정약용의 저술을 연구하여 독자적인 개혁론을 가지고 있었다고 한다.

한편 다산 정약용의 개혁론은 위정척사파의 거장인 기정진奇正鎭도 높이 평가했다는 주장도 있다. 이런 점을 보면 실학사상은 어느 특정한 근대사상으로 발전했다기보다 당시의 대표적인 개혁사상으로서 검토되었으며, 후대의 사상으로 연결되었다고 봐야 할 것이다.

맺음말

실학이라는 용어는 보통명사에서 출발했기 때문에 다양한 해석가능성을 내포하고 있다. 그러나 1930년대에 민족운동의 일환으로 전개된 것이 조선학운동이고, 그 가운데 하나가 실학이었다. 실학이라는 용어는 이런 민족운동

과정에서 조선 후기 새로운 사상조류를 지칭하는 역사적 개념으로 탄생한 것이다.

1950~60년대부터 지금까지 계속되고 있는 실학 개념에 대한 논쟁은 일견 실학의 개념을 당시 사료 속에서 찾아냈다는 점에서 의의가 있지만, 우리가 대표적인 실학자로 지칭하고 있는 유형원, 이익, 정약용 등은 정작 스스로 자신들의 학문을 실학이라고 칭한 적이 없었다. 그런 점에서, 당시의 학술사·사상사의 전체구도 속에서 이른바 실학의 핵심인물들의 사상이 어떤 위치를 차지하고 있었는지 검토하는 것이 앞으로의 과제라고 하겠다. 그런 맥락에서라고 생각되지만, 최근에는 통사적 서술이나 저술에서 일부러 '실학'이라는 용어를 피하여 '탈주자학적 학문경향'이라고 칭하면서 조선 후기 사상사의 전체 맥락에서 살피는 흐름도 나타났다.

실학이라는 용어도 궁극적으로 조선 후기 전체 사상사 속으로 해소시켜 조선 후기의 정치사상, 경제사상, 사회사상 등으로 다루어져야 할 것이며, 각 사상가들의 사상적 편차와 한 사상가의 사상적 변화추이를 고찰하는 것이 선행되어야 할 것이다. 즉 조선 후기의 전체적인 사상체계는 실학파와 같은 개혁론자들만이 아니라 기존의 보수적 성리학의 사상체계, 나아가서는 근대사상과의 차이를 비교하는 가운데 비로소 그 시대적 성격이 규명될 수 있으리라고 생각된다.

21세기 국제화시대를 맞이하여 전통이 얼마나 중요한 역할을 할 수 있을지 회의를 가질 수도 있다. 그러나 국제화시대일수록 자신의 정체성을 확립하고 세계 속의 자신을 인식해야 비로소 자신에 대한 올바른 이해가 가능할 것이다. 그 자기정체성 확립을 위해 한국학은 매우 중요한 내용이 될 것이고, 그렇다면 오늘날의 한국학은 1930년대에 민족운동의 일환으로 전개된 조선학운동에서 무언가 암시를 받을 수 있지 않을까 생각된다. 그런 의미에서 오늘날의 실학 연구는 큰 의미를 지닌다고 할 것이다.

김현영

국사편찬위원회 교육연구관으로 재직 중이다. 조선 후기사를 전공했다. 대표논저로 『시대와 인물, 그리고 사회의식』(공저), 『고문서를 통해 본 조선시대 사회사』 등이 있다.

내재적 발전론과 한국사인식

 '내재적 발전론'이란 무엇인가. 내재적 발전론을 문자 그대로 읽는다면, 사회발전의 계기가 사회 내부에 있다는 주장을 의미하는 것으로 보인다. 어쩌면 당연한 이야기 같지만, 다른 한편 사회 외부의 영향은 없는 것인가, 국가나 민족의 차원에서 말한다면 다른 국가나 민족과의 무력대결이나 문화교류로부터 사회발전의 계기를 얻을 수는 없는 것인가 하는 의문을 낳기도 한다. 또 더 근본적으로 역사가 발전하는 것인지 의문을 가져볼 수도 있다. 물론 이 글은 이런 의문들에 대한 철학적인 해답을 구하지는 않는다.

 1960년대 이래 내재적 발전론이 한국 역사를 해석하는 하나의 시각으로 정립된 과정을 이해해보는 것이 이 글의 목적이다. 한국 역사연구방법에서, 한국 사학사 전개 과정에서, 그리고 세계사의 발전과 동아시아사회의 전개 과정에서 내재적 발전론이 차지하는 의미를 포착해보고자 한다.

맑스주의의 유물사관

 내재적 발전론에 입각한 역사인식은 맑스주의의 유물사관에서 가장 분명하게 나타난다. 사회 내부의 생산력 발전을 계기로 생산관계의 변화가 초래되고, 그것이 사회계급의 분화로 나타나 새로운 사회계급이 계급투쟁을 통해 새로운 사회체제를 구축함으로써 한 사회가 다음 사회로 이행해간다고 보는 맑스의 역사발전원리는 사회 내부에서 발전의 계기를 찾는다는 점에서 기본적으로 내재적 발전론이다.

유물사관은 역사 전체의 합법칙적 발전원리를 체계화하지만 분석의 주대상은 근대 자본주의사회로의 이행과 자본주의사회의 모순이고, 자본주의사회의 모순을 극복함으로써 사회주의사회로의 혁명적 이행을 전망하는 것을 궁극적 목표로 삼고 있다. 여기서 주목할 것은 맑스주의의 유물사관이 보여주는 내재적 발전론이 역사발전의 합법칙적 전개, 근대사회로의 이행 법칙, 그리고 사회주의사회에 대한 전망과 밀접하게 관련되어 있다는 점이다.

그런데 유물사관의 내재적 발전론은 유럽사회를 대상으로 한 것이라는 점을 또한 주목하지 않으면 안 된다. 맑스는 아시아사회의 생산양식과 그 전개에 대해서는 유럽사회와 다르게 인식하고 있었다. 아시아는 유럽과 다른 아시아적 생산양식을 지닌 독특한 사회로서, 고대부터 현대까지 생산력이 정체된 독특한 아시아적 공동체사회가 이어졌다고 보았다. 그는 아시아사회에 대해서는 내재적 발전론이 아니라 오히려 정체론에 입각해서 이해했다. 유물사관의 내재적 발전론은 아시아사회에는 적용되지 않았다.

식민주의사관

근대국가 수립 과정에서 제국주의로 발돋움한 일본을 제외한 아시아 국가들은 수천 년의 정체된 체제를 유지하여 자주적 근대화가 불가능하기 때문에 식민지의 길을 통해 근대화해야 한다는 것이 당시 제국주의 국가들의 아시아인식이었다. 한국에서는 그런 논리가 더욱 기승을 부렸다. 후진 일본이 제국주의국가로서 한국을 병합하여 식민지로 만들었기 때문에 한국의 후진성과 정체성이 더욱 강조될 필요가 있었던 것이다. 한국의 후진성과 정체성을 주요내용으로 하는 역사인식이 바로 식민주의사관이다.

식민주의사관은 허구에 기초한 허황된 논리도 포함하지만 저명한 역사학자에 의한 구체적 역사 연구성과를 기반으로 하기도 하여 한마디로 요약하기 쉽지 않다. 그러나 복잡하고 때로 상반되기도 하는 여러 주장들을 끌어모아 정의해본다면, 식민주의사관은 대체로 한국사를 타율성과 정체성을 특징으로 하는 역사로 규정하고 있다고 할 수 있다.

타율성이란 한국인이 한국 역사의 주인공, 역사발전의 주체로 등장하지 못하고, 역사의 전개도 인접한 외세의 영향에 의해 수동적으로 이루어졌다는 역사인식을 말한다. 일본과 한국의 조상이 동일하다는 일선동조론日鮮同祖論, 지정학적으로 반도에 위치하여 대륙과 해양의 지배를 피하지 못한다는 반도적 성격론, 고대 한반도 남부에 일본의 식민통치기관이 있었다는 임나일본부설任那日本府說, 한국사를 만주 역사에 포함시켜서 보려는 만선사관滿鮮史觀 등, 한국사의 열등함을 강조하는 여러 내용들이 여기에 포함되어 있다.

정체성이란 한국 역사가 주체적으로 발전을 추진할 역량을 갖추지 못하고 사회 내부적으로 발전의 계기를 마련하지 못하는 등 발전의 길을 찾지 못함으로써 결과적으로 수천 년 동안 정체된 상태에 놓여 있었다는 역사인식을 말한다. 사회적 계급이 분화되지 못하고, 도시와 상공업이 발달하지 못하고, 사유재산제가 성립되지 못한 정체된 사회, 봉건제 이전의 씨족적 사회가 그대로 유지되었다고 한다. 또 조선시대에 대해서도 500년 동안 기술의 발전이나 자본의 축적이

전혀 없이 동일한 생활이 반복되는 정체된 사회였다고 한다.

식민주의사관의 타율론·정체론은 일제가 한국을 식민지로 만들면서 식민지가 될 수밖에 없었던 역사적 배경을 강조하고, 식민지를 통해 비로소 근대적 발전의 길을 찾을 수 있었다고 강요하는 이데올로기적 성격을 지닌다. 이런 식민주의사관은 내재적 발전론과 정반대되는 역사인식이다.

식민주의사관 비판

식민주의사관에서 주장하는 타율론이나 정체론은 한국사를 조금만 들여다봐도 사실이 아님을 알 수 있다. 일제강점기 한국인 역사학자들은 일본인 역사학자와 논객들이 만들어낸 식민주의사관에 동의하지 않았다. 한국 민족은 수천 년 동안 독자적 문화를 창조해낸 우수한 민족이라 주장하고, 그 자취를 들추어내 대중에게 알리는 데 노력을 기울였다. 독자적인 문화를 창조한 우수한 민족으로서 스스로의 역량을 동원하여 역사를 발전시켜왔다고 주장했던 것이다. 그런 주장은 독립운동의 이념적 기반이 되기도 하고, 그 자체 독립운동의 일환으로 생각되기도 했다. 신채호, 정인보 등 우리가 민족주의 역사학자로 부르는 인물들이 이런 주장에 앞장섰다. 이들의 주장은 주로 식민주의사관의 타율론을 비판하는 데 집중되었다. 다만 타율론을 비판하고 식민지로부터 해방된 독립국가를 추구하지만, 그것이 어떤 사회여야 하는지에 대한 전망은 불투명했다.

식민주의사관의 정체론 비판은 1930년대 맑스주의 역사학자 백남운에 의해 제기되었다. 맑스주의 유물사관이 기본적으로 내재적 발전론이면서 아시아사회를 정체된 사회로 규정한 것은 앞에서 본 바와 같지만, 백남운은 유물사관의 내재적 발전론을 한국사에 적용함으로써 맑스의 아시아사회정체론을 비판했는데, 그것은 곧 식민주의사관의 정체론에 타격을 가하는 것이기도 했다. 그는 조선 경제사의 내용을 다음과 같이 파악했다.

> 조선 경제사는 조선 민족의 사회적 존재를 규정하는 각 시대에 있어서 경제조직의 내면적 관련, 내재적 모순의 발전 및 거기서 일어나는 생산관계의 계기적 교대의 법칙성과 불가피성을 과학적으로 논증하는 것이다. (백남운, 『조선사회경제사』, 개조사, 1933, 10~11쪽)

여기에는 맑스주의 유물사관을 내용으로 하는 백남운의 내재적 발전론의 요점이 담겨 있다. 그런데 백남운은 고대 노예제사회와 중세 아시아적 봉건사회에 대한 연구를 수행했지만, 근대사회로의 이행이나 식민지사회와 그 이후에 대해서는 구체적인 연구를 제시하지 못했다. 조선 후기 자본주의 맹아의 발생가능성, 식민지 이식자본주의의 발달을 언급하는 정도였으며, 맑스가 분석의 주대상으로 삼은 근대 이후의 사회변화 연구에는 미치지 못했다.

이상에서 식민주의사관에 대한 비판은 민족문화의 우수성을 강조하거나 경제발전의 내재적 법칙성을 제시하는 방향으로 이루어졌음을 알 수 있다. 민족주의 사학이 타율론을 비판하여 민족문화의 역량과 우수성을 강조한 것을 내재적 발전론이라고 명백히 말하기는 어렵지만, 맑스주의 사학이 정체론을 비판한 것은 내재적 발전론의 개념에 근접하는 것이었다.

북한 학계의 내재적 발전론

남북이 분단된 뒤 내재적 발전론을 둘러싼 논의는 남·북한 학계와 일본 학계로 분화되어 전개되었다. 북한 학계는 초기에는 유물사관을 수용하여 내재적 발전론에 입각한 연구와 논의를 진행했다. 백남운의 연구에 기반한 삼국시대 사회구성 논쟁이나 조선 후기 자본주의 맹아 연구가 그것이다.

  삼국시대 사회구성 논쟁은 백남운이 유물사관의 내재적 발전론에 입각하여 삼국시대를 그리스·로마시대의 고대 노예제사회에 비정한 것에 대한 논쟁이다. 백남운의 견해는 맑스의 아시아사회 정체론에 기반한 아시아적 생산양식론의 입장에서 해석한 견해와 충돌을 빚었고, 기타 여러 가지 절충적 견해와 구체적 연구들이 진전됨에 따라 논쟁은 복잡하게 진행되었다. 결과적으로 노예제사회는 삼국시대 이전에 형성되지만 그리스·로마시대의 노예제와는 다른 아시아적 성격이 가미된 것이고, 삼국시대 이후에는 봉건제사회가 형성된 것으로 절충, 정리되었다. 역사발전의 지역적 특수현상이 더 적극적으로 해석되면서도 내재적 역사발전의 의미도 분명하게 부각되었다.

  조선 후기 자본주의 맹아론은 중국 자본주의 맹아론의 영향을 받기도 했지만, 일찍이 백남운이 자본주의 맹아의 가능성에 대한 문제제기를 한 점도 중시되어야 할 것이다. 조선 후기에 자본주의 맹아가 발생하고 자본주의적 생산관계가 발전했다는 주장은 1950~60년대 북한 학계의 중요한 학문적 성과로 평가할 수 있을 뿐 아니라, 내재적 발전론의 시각에서 얻은 중요한 성과였다.

  봉건제사회 이후 사회주의사회가 바로 등장하는 것은 유물사관의 내재적 발전론의 원리에서는 전혀 있을 수 없는 사태이기 때문에, 북한 사회주의사회의 발전 과정에서 자본주의사회의 설정은 매우 중요한 일이었다. 조선 후기사회에 자본주의 맹아가 발생했지만 일제의 식민지가 됨으로써 이식자본주의사회가 된 것으로 파악하고 있는 백남운의 관점이 수용된 결과라고 여겨진다.

  개화파의 갑신정변이나 갑오개혁이 내재적 발전과 일견 모순될 수 있는 외세의 힘에 의지하여, 즉 일본의 무력과 자금, 개혁모델에 의지하여 진행되었다는 한계를 지니고 있음에도, 이를 근대 자본주의사회로 진입하는 과정에서 발생한 부르주아적 정치변혁으로 적극 평가한 것도 이와 관련된 해석이다.

1970년대 이후 주체사관 수립에 의해 유물사관의 역사평가기준이 사회구성체론에서 계급투쟁론으로 더욱 기울어 내재적 발전의 동력을 계급투쟁에서 찾고, 특히 근현대사에서는 그 중점을 외세와의 투쟁에서 찾고 있음에도, 북한 학계의 역사상이 내재적 발전론의 방향에서 구축되어 있다는 점은 의심의 여지가 없다.

북한은 사회주의사회 건설 과정에 있었기에 내재적 발전론 수용의 의미는 과거 역사와 현대사의 합법칙적 발전의 연결고리를 확인하는 데 있었다. 특히 근현대사에서는 조선 후기 자본주의 맹아에서 시작하여 근대 부르주아 민족운동이 전개되는 단계를 거쳐 항일무장투쟁을 통해 쟁취한 사회주의사회의 건설을 내재적 발전의 논리 위에서 인식하고 있다.

남한 학계의 내재적 발전론

남한 학계에서는 1960~70년대에 식민주의사관을 비판하는 과정에서 내재적 발전의 문제가 제기되었다. 식민주의사관을 비판하는 입장은 주로 타율론을 비판하는 계열과 정체론을 비판하는 계열로 구분해서 볼 수 있는데, 전자는 일제강점기 민족주의 사학의 관점을 계승하여 민족문화의 역량과 고유성·우수성을 강조하는 방향으로 전개되었고, 후자는 사회경제적 발전을 내적 계기를 중심으로 포착하는 방향으로 전개되었다. 양자의 성과를 종합하면 선사시대에서 구석기·신석기시대의 설정, 고대사에서 임나일본부설에 대한 비판, 고려사회성격 논쟁, 당파성론 비판과 새로운 정치사의 발전방향 제시, 실학의 발생과 성장, 사회신분제의 변동과 붕괴, 자본주의 맹아의 발생, 근대 부르주아 민족운동의 전개, 시대구분론의 제기 등을 들 수 있다.

그 가운데 타율론 비판은 주체역량에 의한 한국사의 내적 전개와 그 체계화, 정체론 비판은 한국사에서의 보편적 역사발전원리의 관철을 주요목표로 한 것이었다. 식민주의사관의 타율론·정체론 비판을 주체성·발전성의 측면에서 제시한 것이다. 여기서 타율론 비판은 내적 역량을 강조하는 관점에서 수행되었기 때문에 내재적 발전론의 한 측면을 제시했다고 평가할 수도 있지만, 전반적으로는 정체론 비판의 결과가 내재적 발전론으로 나타났다고 볼 수 있다. 구체적으로는 조선 후기 사회신분제의 변동과 붕괴, 자본주의 맹아의 발생, 근대 부르주아 민족운동의 전개 등이 이에 해당할 것이다.

조선 후기사회를 대상으로 한 이런 내재적 발전론은 좁은 시각에서 본 것이다. 그리고 앞서 언급한 것처럼 내재적 발전론 개념의 외연이 확대되면서 민족문화의 주체역량을 강조하는 연구까지 포괄하게 되어, 때로는 식민주의사관의 대안으로서 내재적 발전론을 거론하게 되기도 했는데, 이것은 넓은 시각에서 본 내재적 발전론이라고 할 것이다.

물론 이런 연구경향이 당시 내재적 발전론으로 명명되었던 것은 아니다. 다만 이렇게 식민주의사관을 비판하는 방향이 내재적 발전의 방향이었다는 의미이다. 이것은 일본 학계의 연구방향과 관련하여 1980년대 이후 내재적 발전론으로 명명되었다.

그런데 남한 학계에서는 내재적 발전론의 흐름에 다기한 분화양상이 나타났다. 기본적으로 식민주의사관 비판은 공통점이었지만, 당시 사회에 대한 인식, 남한사회의 발전방향에 대해서는 관점을 달리하고 있었기 때문이다. 분화양상은 두 가지 측면에서 살펴볼 수 있다.

먼저 정체론을 비판하여 식민주의사관을 극복하고, 나아가 미래의 역사상까지 전망하고자 하는 내재적 발전론의 기본방향에 대한 것이다. 정체론에 대한 비판은 1950년대 미국 원조 경제체제하에서 경제수준이 낮았던 시기에는 엄두도 낼 수 없었다. 그러다가 1960년대 민족적 주체적 분위기 속에서 정체론에 대한 본격적인 비판이 개시되었다. 주로 조선 후기 사회경제의 변화와 변동 속에서 발전양상을 찾아가는 연구에서 출발하여 그것을 근대를 향한, 근대를 준비하는 요소·현상·세력으로 인식하기 시작했다. 대표적으로 자본주의 맹아론을 들 수 있다. 앞서 언급한 것처럼, 중국이나 북한에서도 연구와 토론을 진행한 결과 맑스의 아시아사회 정체론을 교정하는 단계에까지 도달한 바가 있었다. 남한은 중국·북한과 학술교류를 단절한 상태이기는 했지만, 기본적으로 그런 방향과 보조를 같이했다.

그러나 1960~70년대 엄혹한 냉전체제하에서 내재적 발전론은 조선 후기에 국한될 수밖에 없었고, 기껏해야 19세기 말까지 이를 뿐이었다. 이런 역사인식이 전망하는 미래상을 명확하게 상정하는 것은 불가능했다. 근대화·자본주의화의 전망에 그칠 수밖에 없었고, 그 이후 식민지 극복의 방향이나 새로운 국가건설의 방향까지 구체적인 연구가 미칠 수는 없었다. 이 점이 당시 내재적 발전론이 지닌 한계였고, 여기서 내재적 발전론이 근대주의로 경도될 위험성을 발견하게 된다.

1970~80년대에 제기되는 분단시대 사학론이나 민중사학론은 그런 현실을 타개하기 위한 변혁의 당위성에 기반한 역사인식이었다. 그것은 내재적 발전론이 지향하는 미래의 역사상이 구체성을 갖기 어려운 현실적 조건 아래서 그 현실을 타개하기 위한 방법을 제시했다. 따라서 사학사의 흐름에서 볼

때 1990년대 이후 이들 역사인식이 종합되어 내재적 발전의 미래상이 제시될 것으로 기대해볼 수도 있었지만, 그런 미래상이 정립되기도 전에 1989년 동구 사회주의권의 붕괴로 인해 사회주의적 전망을 포함한 변혁적 전망에 대한 논의는 침체의 늪에 빠지고 말았다.

다음으로 살펴볼 것은 내재적 발전론이 근대주의적 경향을 보이게 된 문제이다. 냉전체제 아래서 미국은 신생국의 사회주의화를 막기 위하여 근대화론을 내세웠다. 이를 이론적 기반으로 1960년대 이후 경제개발 5개년계획이 추진되었고, 여기 부응하는 역사인식이 내재적 발전론을 근대주의적으로 인식하게 했다. 근대화는 원래 서구 중세사회가 해체되고 근대사회가 수립되는 과정에서 일어난 여러 사회적 변혁을 의미하는 것으로서, 본질적으로 자주적·내재적 과정이었다. 그런데 그 근대화가 후진국에 와서는 경제발전단계론이 되고, 식민지에서는 파시즘=근대화론이 되고, 냉전체제하에서는 종속적 근대화론이 되고 말았다. 근대화론이 근대를 찬미하고 전통을 배제하는 입장에 서면서도 내재적 발전을 수용할 수 있었던 것은, 그것이 본질적으로 서구의 내재적 근대화를 모형으로 했기 때문이었다. 그러나 식민지를 근대화의 길로 인식하고 종속적 상황에서 고도성장을 꾀하는 역사인식은 오히려 내재적 발전과는 거리가 멀었다. 외부 힘에 의한 발전을 근대화의 길로 인식했기 때문이다. 여기에 근대화론이 내재적 발전론보다 오히려 정체론과 만나는 지점이 있다.

근대화론의 경향은 오늘날 신자유주의체제로 연결되어 있고, 최근 내재적 발전을 부정하는 방향으로 가는 역사인식은 이런 상황에서 보면 일면 당연한 논리적 귀결이기도 하다. 근대화론이 내재적 발전을 긍정했던 것은 다만 근대화·자본주의화를 역사발전의 귀결점으로 보는 관점에서였으며, 그런 측면에서 조선 후기의 근대적 요소나 자본주의적 요소를 긍정적으로 평가했을 뿐이다.

내재적 발전론의 측면에서라기보다 사회주의체제와의 체제경쟁에서 비롯된 역사관인 것이다.

　근대화는 식민지와 자유주의, 신자유주의체제에 의해 달성되었고, 그 이후의 발전도 그런 흐름 위에 놓여 있다고 파악되고 있다. 오늘날의 근대화론, 즉 근대주의 역사인식은 전통과 근대를 구분지어 전통사회의 내재적 발전을 부정하고, 일제강점기 이후에야 근대화·자본주의화와 그 발전이 가능했다고 봄으로써 내재적 발전론의 의미를 상실하고 있다. 식민지를 가졌던 선진국의 최근 학문적 경향은 기본적으로 이런 인식에 바탕을 두고 있다.

　남한 학계의 내재적 발전론은 이와 같이 두 가지 흐름을 내포하고 있었다. 근대 이후의 변혁적 전망에 이르지 못하고 근대에서 멈추어버린 내재적 발전론과 근대적 환상에 빠져 결국 전통과 단절됨으로써 내재적 발전론의 의미를 상실한 것, 이 두 가지이다. 내재적 발전론에 대한 평가도 이 두 가지 흐름을 구별하여 각각에 대해서 이루어져야 하는데, 현재로서는 그 논의가 혼동되고 있는 경향이 없지 않다.

일본 학계의 내재적 발전론

　한편 일본 학계의 경우 제국주의시대에는 제국주의사관을 가진 계열과 맑스주의 사학 계열로 구분할 수 있었는데, 제국주의사관은 일본 황국사관의 논리와 맞닿아 있다. 따라서 이들의 시각에서 내재적 발전론에 입각한 한국사상韓國史像을 기대하는 것은 불가능하다. 반면 맑스주의 사학 계열은 맑스의 이중적 역사관, 즉 보편적 내재적 발전론으로서의 유럽사관과 정체론을 특징으로 하는 아시아사관에 의해 구별될 수 있는데, 한국 역사에 대해서는 아시아적 정체론에 입론을 두고 있는 것이 일반적이다. 즉 제국주의시대 일본 학계의 한국사인식은 좌우를 막론하고 정체론적 시각에 입각해 있었다.

태평양전쟁에서 패배한 뒤 일본 학계는 제국주의시대에 대한 비판과 반성을 모색했던 좌파 계열과 여전히 제국주의적 시각을 버리지 않고 계승했던 계열로 구별될 수 있다. 한국 역사에 대해서도 그와 같은 인식의 분화가 나타났다. 제국주의적 시각을 지닌 계열은 여전히 제국주의사관 혹은 식민주의사관에 입각하여 한국사를 파악하고 있다.

식민지체제의 후유증과 세계적 냉전의 첨예한 대립으로 인해 한국전쟁이 일어나고 한민족이 고통 속에 빠져 있을 때, 일본은 한국 역사의 타율론과 정체론의 특징을 더 분명하게 규정하고 정리했다(四方博, 「구래의 조선사회의 역사적 성격에 대하여」, 『조선학보』 1·2·3, 1951~52). 반면 제국주의의 침략행위에 대한 비판과 반성을 모색하는 계열에서는 한국사 또는 조선사를 그 민족의 주체적 입장에서 내재적으로 파악해야 한다는 시각을 제시했다. 그것이 바로 내재적 발전론의 입장이다.

기실 내재적 발전론이라는 용어는 일본에서의 이런 연구경향을 1980년대에 들어와 개념규정한 것이었다. 물론 그 내용은 이미 논의해온 바와 같이, 일제강점기부터 남북한, 일본 학계에서 전개되어온 것이었다.

그런데 일본에서의 내재적 발전론 논의는 좌파 계열에 의해 주도되었다. 이들은 미국의 아시아지배와 미국주도로 이루어진 일본·한국과의 안보조약 체결을 통한 사회주의권 봉쇄정책에 강력하게 반발했다. 이들의 내재적 발전론은 역사학에서나 현실에서 사회주의적 전망을 갖는 것이었다. 그리하여 그 이론적 기원을 맑스주의 유물사관의 내재적 발전론에서 찾으며, 그것을 한국 역사에 적용함에 있어서는 마땅히 사회주의사회로의 전환을 전망하는 것일 수밖에 없었다. 그것은 한국 역사에 대해서만이 아니라 아시아사회 전체를 대상으로 한 일본 좌파의 역사인식이었다. 따라서 중공, 북한, 북베트남혁명 과정과 민족해방투쟁의 전진을 선망하면서 미·일 안전보장체제 아래 놓인 일본 사회체제를 역사발전의 후진성으로 이해하기도 했다.

이런 상황에서 내재적 발전론은 역사발전의 최종적 귀결을 사회주의로 상정하고 그 합법칙적 과정을 설명하는 방법이었고, 조선 후기사회의 신분제 붕괴론이나 자본주의 맹아론, 개항기의 부르주아 혁명운동론, 식민지 민족해방운동론, 해방공간의 변혁운동과 한국전쟁은 그 일관된 논리 아래서 파악되었다. 사회주의 건설을 추진하는 북한의 존재는 남한 사회변혁의 추동력이 되었으며, 일본 사회주의혁명의 선구로 비쳐졌다.

그러나 1980년대 이후 남한을 비롯하여 대만, 홍콩, 싱가포르의 고도경제성장은 아무도 예상치 못한 경제적 성과였다. 더구나 이 네 지역이 공통적으로 일본의 식민통치를 경험했다는 점은 내재적 발전의 방향과 내용을 재검토하게 했다. 내재적 발전의 귀결이 사회주의라는 주장에 대한 비판이 제기되었고, 결국 동구 사회주의권의 붕괴는 이를 증명한 것처럼 이해되었다.

그리하여 일본에서는 식민지적 근대화의 길이 새삼 재론되고, 종속적 자본주의화의 가능성에 대한 낙관적 전망이 쇄도했다. 따라서 내재적 발전론에 대한 비판도 강화되었다. 한편으로는 내재적 발전론의 사회주의적 전망이 한계에 봉착했으므로 내재적 발전론은 이제 폐기되어야 한다는 비판이 나왔고, 다른 한편으로는 내재적 발전론이 오히려 식민지적 종속적 자본주의화의 길을 긍정하는 근대주의적 논리로 기능하기 때문에 폐기되어야 한다는 비판도 있었다.

이렇게 상반된 비판이 제기된 것은 남한 학계에서 전개된 내재적 발전론의 두 가지 흐름을 일본 학계가 명확하게 읽지 못했기 때문이었다. 남한 학계의 내재적 발전론은 곡해되면서 그 파기를 종용받았다. 사회주의권이 무너졌으니 사회주의적 전망을 가진 내재적 발전론을 포기하라고 하고, 식민지적 종속적 자본주의화에 대한 낙관적 전망을 가진 내재적 발전론이 문제시되기도 했다. 어쨌든 일본 좌파의 붕괴로 일본 학계는 한국 역사의 내재적 발전론을 폐기하는 방향을 취하게 되었고, 그것은 어쩔 수 없이 식민지 근대화론을 긍정하는 방향으로 나아갔다.

내재적 발전론의 의의

내재적 발전론은 역사발전을 긍정하고 발전의 계기를 내적 측면에서 추구함으로써 일국사적—國史的 역사발전의 의미를 제시한다는 점에서 긍정적 의미를 지닌다. 특히 제국주의침략에 의해 식민지가 된 나라의 역사에 대한 부정적 인식을 극복할 수 있는 방법이 된다. 한국 역사에서도 그 점은 마찬가지이다. 주체적이고 내재적인 관점에서 한국 역사의 전개 과정을 발전적으로 인식함으로써 민족적 자부심을 키울 수 있고 미래에 대한 전망도 밝아질 수 있다.

내재적 발전론이 지니는 전망은 근대적 전망과 근대 이후에 대한 전망으로 구분될 수 있다. 일제강점기에는 식민주의사관에 대한 비판이 과거 역사에 대한 부정적 인식을 극복함으로써 민족해방을 전망하는 데 머물렀다. 해방 이후 북한은 자기 사회를 사회주의 건설 과정으로 파악함으로써 내재적 발전론이 근대 자본주의사회의 설정과 그 성격규명에 치중하게 되었고, 따라서 내재적 발전론의 과제는 조선 후기 자본주의 맹아의 발생·발전을 확인하는 것, 근대 부르주아 혁명운동의 존재와 양상을 파악하는 것, 민족해방운동의 혁명적 의미를 확인하는 것이었다. 과거 역사와 현대사의 합법칙적 발전의 연결고리를 확인하는 데 초점을 두었다고 하겠다.

반면 남한 학계의 경우, 하나의 조류는 근대적 전망을 거쳐 근대 이후의 변혁적 전망을 포함했지만 냉전 및 독재체제하에서는 근대적 전망에 그칠 수밖에 없다는 한계를 지니고 있었다. 다른 하나는 식민지적 종속적 근대화·자본주의화의 길을 긍정함으로써 오히려 전통과의 단절을 초래하여 내재적 발전론의 의미를 상실하는 결과를 빚기도 했다. 더구나 사회주의권의 붕괴는 변혁적 전망에 대한 기대를 반감시켰고, 다양한 방향으로의 사회발전을 모색하지 않을 수 없는 상황에 놓이게 했다.

일본 학계에서는, 여전히 제국주의사관에 입각하여 한국 역사를 파악하는 시각의 한편에서 사회주의적 전망을 가지고 한국 역사를 내재적 발전론의 입장에서 파악하려는 경향이 적지 않은 영향을 미쳤다. 그러나 1980년대 이후 한국의 경제발전과 사회주의권 붕괴에 영향을 받아 식민지적 종속적 근대화·자본주의화를 수용하는 경향이 우세해졌다.

내재적 발전론은 역사발전의 내적 계기를 강조함으로써 외적 충격과 영향, 그리고 문화교류를 소홀하게 취급할 가능성이 없지 않다. 과도한 자기환상에 빠질 우려가 있는 것이다. 이런 자기 한계는 변혁적 전망의 좌절이라는 조건 아래서 외적 영향을 강조하는 최근의 경향에 의해 여지없이 돌파되고 있다.

그러나 내재적 발전론이 왜곡된 식민주의사관을 비판한 점, 미래사회에 대한 변혁적 전망을 제시한 점, 역사발전에서 그 지역 주민의 주체성과 책임감을 강조한 점 등은 큰 성과로 이해된다. 내재적 발전론이 지닌 한계를 극복하고 그 긍정적인 면을 수용한다면 내재적 발전론은 여전히 연구방법상 중요한 의의를 지닐 것이다. 더구나 식민지를 경험한 한국에서, 아직도 그 식민지가 남긴 부정적 유산을 극복하지 못하고 있는 상황에서는 더욱 그러하다.

이영호

인하대학교 인문학부 교수로 재직 중이다. 한국 근대사를 전공했다. 대표논저로 『동학과 농민전쟁』, 『한국 근대 지세제도와 농민운동』 등이 있다.

참고문헌

고대국가의 초기 형성

백남운, 『조선사회경제사』, 개조사, 1933(하일식 옮김, 이론과실천, 1994).
손진태, 『조선민족사개론』, 을유문화사, 1948.
김철준, 『한국 고대국가 발달사』, 한국일보사, 1975.
천관우 편, 『한국상고사의 쟁점』, 일조각, 1975.
이기백, 『한국사신론』(개정판), 일조각, 1976.
한국사연구회, 『한국사연구입문』, 지식산업사, 1981.
김정배, 『한국고대의 국가기원과 형성』, 고려대출판부, 1986.
이기동, 「한국 고대국가형성사 연구의 현황과 과제」, 『산운사학(汕耘史學)』 3, 1989.
노태돈 외, 『현대 한국사학과 사관』, 일조각, 1991.
한국고대사연구회, 『한국 고대국가의 형성』, 민음사, 1990.
이기백, 『한국 고대정치사회사 연구』, 일조각, 1996.
최몽룡·최성락 편, 『한국 고대국가형성론』, 서울대 출판부, 1997.
이종욱, 『한국 고대사의 새로운 체계』, 소나무, 1999.

상상 속의 고조선, 역사 속의 고조선

리지린, 『고조선 연구』, 과학원출판사, 1963.
이종욱, 『고조선사 연구』, 일조각, 1993.
윤이흠 외, 『단군—그 이해와 자료』, 서울대학교 출판부, 1994.
오강원, 「고조선 위치 비정에 관한 연구사적 검토 (1)·(2)」, 『백산학보』 47·48, 1996·1997.
김정배 외, 『한국사 4: 초기국가 고조선·부여·삼한』, 한길사, 1997.
북한 사회과학출판사, 『고조선 력사 개관』, 1999.
송호정, 『고조선 국가형성 과정 연구』, 서울대 박사학위논문, 1998.
송호정, 「조조선 중심지 및 사회성격 연구의 쟁점과 과제」, 『한국고대사논총』 10, 2000.
노태돈 편저, 『단군과 고조선사』, 사계절, 2000.

적석목곽분으로 들여다본 신라

박보현, 「관모전립식 금구를 통해 본 적석목곽분 시대의 사회조직」, 『고대연구』 1, 고대연구회, 1988.
박보현, 「적석목곽분의 계층성 시론」, 『고대연구』 3, 고대연구회, 1992.
최병현, 『신라고분연구』, 일지사, 1992.

이성주, 「신라식 목곽묘의 전개와 의의」, 『신라고고학의 제문제』 제20회 한국고고학 전국대회 발표요지, 1996.
김용성, 『신라의 고총과 지역집단』, 춘추각, 1998.
이희준, 『4~5세기 신라의 고고학적 연구』, 서울대 박사학위논문, 1998.

고대사회와 철제 농기구

有光教一, 「慶州積石塚出土の農具に就いて」, 『朝鮮』 215, 1933.
鑄方貞亮, 「古代における南朝鮮の農具に就いて」, 『社會經濟史學』 8-10, 1939.
石上英一, 「古代における日本の稅制と新羅の稅制」, 『古代朝鮮と日本』, 1974.
武田幸男, 「眞興王における新羅の赤城經營」, 『朝鮮學報』 93, 1979.
김용섭, 「전근대의 토지제도」, 『한국학입문』, 1983.
김재홍 a, 「신라 중고기의 저습지 개발과 촌락구조의 재편」, 『한국고대사논총』 7, 1995.
김재홍 b, 「농업생산력의 발전단계와 전쟁의 양상」, 『백제사상의 전쟁』, 2000.
김재홍 c, 「신라 중고기 촌제의 성립과 지방사회구조」 서울대 박사학위논문, 2001.
노중국, 『백제 정치사 연구』 일조각, 1988.
안병우, 「6·7세기의 토지제도」, 『한국고대사논총』 4, 1992.
이남규, 「전기 가야의 철제 농공구」, 『국사관논총』 74, 1997.
이우태, 「신라의 수리기술」, 『신라문화제학술발표회논문집』 13, 1992.
이인재, 「신라 통일기 연호(烟戶)의 토지소유」, 『동방학지』 77·78·79 합본호, 1992.
이태진, 「한국의 농업기술 발달과 문화변천」, 『과학과 기술』 29-9, 1987.
이현혜, 『한국 고대의 생산과 교역』 일조각, 1999.
전덕재 a, 「4~6세기 농업생산력의 발달과 사회변동」, 『역사와 현실』 4, 1990.
전덕재 b, 「백제 농업기술 연구」, 『한국고대사연구』 15, 1999.
곽종철 a, 「한국과 일본의 고대 농업기술」, 『한국고대사논총』 4, 1991.
곽종철 b, 「발굴조사를 통해 본 우리나라 고대의 수전 도작」, 『한국고대의 도작문화』, 2001.
천말선, 「철제농구에 대한 고찰」, 『영남고고학』 15, 1994.
김기홍 a, 「미사리 삼국시기 밭 유구의 농업」, 『역사학보』 126, 1995.
김기홍 b, 「신라의 '수륙겸종' 농업에 대한 고찰」, 『한국사연구』 94, 1996.
하일식, 「신라 통일기의 왕실직할지와 군현제—청제비 정원명의 역역 동원 사례 분석」, 『동방학지』 97, 1997.
東潮, 「朝鮮三國·加耶時代の鐵製農具」, 『古代東アジアの鐵と倭』, 1999.
村上恭通, 『倭人と鐵の考古學』, 靑木書店, 1999.

조현종, 「농공구의 변천과 생산력의 증대」, 『한국 고대의 도작문화』, 2001.
홍보식, 「농기구와 부장 유형—영남 지역 2세기 후반~4세기대 분묘부장품을 대상으로」, 『한국고고학보』 44, 2001.
김도헌, 「고대의 철제농구에 대한 연구—김해·부산 지역을 중심으로」 부산대 석사학위논문, 2001.

임나일본부와 고대 한일관계

末松保和, 「日韓關係」, 『岩波講座日本歷史』, 東京: 岩波書店, 1933.
末松保和, 『任那興亡史』, 大八洲出版, 1949 (東京: 吉川弘文館, 1956 再版).
江上波夫, 「日本民族=文化の源流と日本國家の形成」, 『民族學硏究』 13-3, 1949.
江上波夫, 『騎馬民族國家』, 東京: 中央公論社, 1967.
김석형, 「삼한·삼국의 일본열도 내 분국에 대하여」, 『력사과학』 1963-1.
김석형, 『초기 조일관계 연구』, 평양: 사회과학원출판사, 1966.
井上秀雄, 『任那日本府と倭』, 東京: 東出版, 1973.
천관우, 「복원 가야사」 (상·중·하), 『문학과 지성』 28·29·31, 1977·1978 (『가야사연구』, 일조각, 1991).
김현구, 『大和政權の對外關係硏究』, 東京: 吉川弘文館, 1985 (『임나일본부연구』, 일조각, 1993).
이기백 편, 『한국사시민강좌 11. 임나일본부 특집호』, 일조각, 1992.
이영식, 『加耶諸國と任那日本府』, 東京: 吉川弘文館, 1993.
김태식, 『가야연맹사』, 일조각, 1993.
김태식, 「광개토왕릉비문의 任那加羅와 '安羅人戍兵'」, 『한국고대사논총』 6, 한국고대사회연구소, 1994.
이근우, 『일본서기에 인용된 백제삼서에 관한 연구』, 한국정신문화연구원 박사학위논문, 1994.
鈴木英夫, 『古代の倭國と朝鮮諸國』, 東京: 靑木書店, 1996.
延敏洙, 『고대한일관계사』, 혜안, 1998.

한국 중세는 언제 시작되었나

조기준·이기백 외, 『한국사시대구분론』, 을유문화사, 1970.
木村誠, 「한국 전근대의 시대구분」, 『신조선사입문』, 1981 (조성을·염인호 역, 『새로운 한국사입문』, 돌베개, 1983).
이희덕, 「중세의 기점에 대하여」, 『국사관논총』 50, 국사편찬위원회, 1993.
배항섭, 「남한 학계의 전근대 시대구분과 사회성격 논의」, 『한국사』 24, 한길사, 1994.
송호정, 「북한 학계의 전근대 시대구분과 사회성격 논의」, 『한국사』 24, 한길사, 1994.

서영대·노중국 외, 『한국사의 시대구분에 관한 연구』, 한국정신문화연구원, 1995.
이태진·김영하 외, 「한국사의 시대구분—고대와 중세」, 『한국고대사연구』 8, 신서원, 1995.
차하순·이기동 외, 『한국사시대구분론』, 소화, 1995.
박종기, 「한국사의 중세기점과 중세사회론」, 『경제사학』 21, 1996.
이경식, 「한국사연구와 시대구분론」, 『한국사인식과 역사이론』, 지식산업사, 1997.

고려사회를 어떻게 볼 것인가

백남운, 『조선사회경제사』 개조사, 1933(하일식 역, 이론과실천사, 1994).
백남운, 『조선봉건사회경제사』 상, 1937(하일식 역, 이론과실천사, 1994).
前田直典, 「동아시아에서 고대의 종말」, 『중국사의 시대구분』, 도쿄: 동경대출판부, 1957.
旗田巍, 「고려시대 토지의 적장자상속과 노비의 자녀균분상속」(1957), 『조선중세사회사의 연구』, 도쿄: 호세이대출판국, 1972에 수록.
浜中昇, 「고려의 역사적 위치에 대하여」, 『조선 고대의 경제와 사회』, 도쿄: 호세이대출판국, 1986.
이우성, 「신라시대의 왕토사상과 공전」(1965), 『한국중세사회사연구』, 일조각, 1991.
김용섭, 「전근대의 토지제도」, 『한국학입문』, 학술원, 1983.
김기홍, 「한국사의 고중세 시대구분」, 『한국고대사연구』 8, 한국고대사연구회, 1995.
이인재, 『신라 통일기 토지제도 연구』, 연세대 박사학위논문, 1995.
이기백, 「한국사의 발전과 지배세력」(1970), 『한국사신론』(개정판), 일조각, 1978.
이기백, 「성종대 정치적 지배세력」, 『한국사』 4, 국사편찬위원회, 1974.
변태섭, 「고려조의 문반과 무반」(1961), 『고려정치제도사연구』, 일조각, 1971.
변태섭, 「고려의 귀족사회」, 『한국사의 반성』, 신구문화사, 1969.
안확, 『조선문명사』, 1934.
손진태, 『조선민족사개론』, 1948.
박창희, 「고려시대 관료제에 대한 고찰」, 『역사학보』 58, 1973.
박창희, 「고려의 양반공음전시법의 해석에 대한 재검토」, 『한국연구원논총』 22, 이화여대, 1973.
박창희, 「'한인전'론에 대한 재검토」, 『한국연구원논총』 27, 1976.
박창희, 「고려시대 귀족제사회설에 대한 재검토」, 『백산학보』 23, 1977.
김의규 편, 『고려사회의 귀족제설과 관료제론』, 지식산업사, 1985.
박용운, 「고려 가산관료제설과 귀족제설에 대한 검토」, 『사총』 21·22 합본호, 1977.
허흥식, 『고려 과거제도사 연구』, 일조각, 1981.
박용운, 『고려시대 과거제와 음서제 연구』, 일지사, 1990.

김용선, 『고려음서제도연구』, 일조각, 1991.
유승원, 「고려사회를 귀족사회로 보아야 할 것인가」, 『역사비평』 1997년 봄호.
박용운, 「고려는 귀족사회임을 다시 논함」, 『한국학보』 93·94, 1998.
김용선, 「고려 문벌의 구성요건과 가계」, 『한국사연구』 93, 1996.
채웅석, 『고려시대의 국가와 지방사회』, 서울대출판부, 2000.
박종기, 「고려사회의 역사적 성격」, 『한국사』 5, 한길사, 1994.
박종기, 「민족사에서 차지하는 고려의 위치」, 『역사비평』 1988년 겨울호.
박종기, 『5백년 고려사』, 푸른역사, 1999.

고려 초기의 정치체제와 호족연합정권

旗田巍, 「高麗王朝成立期の府と豪族」, 『法制史研究』 10, 1960.
旗田巍, 『朝鮮中世社會史の研究』, 도쿄: 호세이대출판국, 1972.
하현강, 「고려왕조의 성립과 호족연합정권」, 『한국사』 4, 1977.
박창희, 「고려 초기 '호족연합정권'설에 대한 검토―'귀부' 호족의 정치적 성격을 중심으로」, 『한국사의 시각』, 영언문화사, 1984.
엄성용, 「고려 초기 왕권과 지방호족의 신분 변화―호족연합정권설에 대한 검토」, 『고려사의 제문제』, 1986.
정경현, 「고려 태조대의 순군부에 대하여」, 『한국학보』 48, 1987.
황선영, 『고려 초기 왕권 연구』, 동아대출판부, 1988.
이기백, 『고려 귀족사회의 형성』, 일조각, 1990.
김갑동, 「호족연합정권설의 검토」, 『나말여초의 호족과 사회변동 연구』, 고려대학교출판부, 1990.
이순근, 「신라말 지방세력의 구성에 대한 연구」, 서울대 박사학위논문, 1992.
신호철, 「후삼국시대 호족연합정치」, 『한국사상의 정치형태』, 일조각, 1993.
채웅석, 『고려시대의 국가와 지방사회―'본관제'의 시행과 지방지배질서』, 서울대출판부, 2000.
윤경진, 「나말여초 성주(城主)의 존재양태와 고려의 대성주정책」, 『역사와 현실』 40, 2001.

전시과체제에서 사전의 성격

和田一郎, 『朝鮮の土地制度及地稅制度調查報告書』, 朝鮮總督府, 1920.
백남운, 『조선봉건사회경제사 (上)』, 개조사, 1937.
深谷敏鐵, 「朝鮮の土地制度一斑―いわゆる科田法を中心として (上·下)」, 『史學雜誌』 50-5·6, 1939.
김석형, 『조선 봉건시대 농민의 계급구성』, 북한 과학원출판사, 1959(신서원, 1993 재편집).

이우성,「고려의 영업전」,『역사학보』 28, 1965.
강진철,『고려토지제도사연구』, 고려대출판부, 1980.
이성무,「공전·사전·민전의 개념—고려·조선 초기를 중심으로」,『조선초기양반연구』, 일조각, 1980.
김당택,「고려시대 사전의 개념에 대한 재검토」『진단학보』 53·54합병호, 1982.
박종진,「고려초 공전·사전의 성격에 대한 재검토」,『한국학보』 37, 1984.
浜中昇,『朝鮮古代の經濟と社會』, 東京: 法政大學出版部, 1986.
홍승기,「고려시대 사전에 대한 일고」,『이병도구순기념한국사학논총』, 지식산업사, 1987.
신영복,「존재론에서 관계론으로」,『우리교육』 1998. 6.
佐佐木稚幸,『創造都市の經濟學』, 勁草書房, 1997.

고려시대의 농업생산력은 어느 정도였나

宮嶋博史,「朝鮮史研究と所有論」,『人文學報』 167, 1984.
이경식,「고려 전기의 평전과 산전」,『이원순교수화갑기념사학논총』, 1986.
이태진,『한국 사회사 연구』, 지식산업사, 1986.
이태진,「사회사적으로 본 한국 중세의 시작」,『고대와 중세 한국사의 시대구분』, 1995.
위은숙,「나말여초 농업생산력의 발전과 그 주도세력」,『釜大史學』 9, 1985.
위은숙,『고려 후기 농업 경제 연구』, 혜안, 1998.
여은영,「고려시대의 양전제」,『교남사학』 2, 1986.
浜中昇,『朝鮮古代の經濟と社會』, 東京: 法政大學出版局, 1986.
이호철,『조선 전기 농업경제사』, 한길사, 1986.
김기섭,「고려 전기 농민의 토지소유와 전시과의 성격」,『한국사론』 17, 1987.
민성기,『조선농업사연구』, 일조각, 1988.
강진철,『한국중세토지소유연구』, 일조각, 1989.
이우태,「신라의 양전제—결부제의 성립과 변천 과정을 중심으로」,『국사관논총』 37, 1992.
이우태,「전결제」,『한국사』 14, 국사편찬위원회, 1993.
이종봉,『고려시대 도량형제 연구』, 부산대 박사학위논문, 1999.
김용섭,『한국중세농업사연구』, 지식산업사, 2000.

고려시대의 신분제

김광수,「중간계층」,『한국사』 5, 국사편찬위원회, 1975.
허흥식,「고려시대의 신분구조」,『고려사회사연구』, 아세아문화사, 1981.

김의규 편, 『고려사회의 귀족제설과 관료제론』, 지식산업사, 1985.
유승원, 「양천제의 연혁」, 『조선 초기 신분제 연구』, 일조각, 1987.
유승원, 「고려사회를 귀족사회로 보아야 할 것인가」, 『역사비평』 1997년 봄호.
주웅영, 「고려조 신분제 연구의 성과와 과제」, 『역사교육논집』 10, 경북대 역사교육학회, 1987.
구산우, 「고려 시기 부곡제의 연구성과와 과제」, 『부대사학』 12, 부산대 사학회, 1988.
박종기, 『고려시대 부곡제 연구』, 서울대출판부, 1990.
홍승기, 「신분제도」, 『한국사』 15, 국사편찬위원회, 1995.
권영국, 「신분구조와 직역」, 『한국역사입문』 2, 풀빛, 1995.
채웅석, 「고려시대 향촌지배질서와 신분제」, 『한국사』 6, 한길사, 1995.
박용운, 「고려는 귀족사회임을 다시 논함 (上·下)」, 『한국학보』 93·94, 일지사, 1998·1999.
채웅석, 「고려 '중간계층'의 존재양태」, 『고려-조선 전기 중인 연구』, 신서원, 2001.

2군 6위는 어떤 이들로 구성되었을까

백남운, 「제11편 고려의 병제」, 『조선봉건사회경제사』, 1937.
內藤雋輔, 「高麗兵制管見」, 『靑丘學叢』 15·16, 1934(『滿鮮史研究』, 1961).
김종국, 「고려의 부병에 대하여」, 『입정사학』 23, 1959.
강진철, 「고려 초기의 군인전」, 『숙명여대논문집』 3, 1963.
이기백, 『고려병제사연구』, 일조각, 1968.
장동익, 「고려 전기의 선군」, 『고려사의 제문제』, 삼영사, 1986.
서일범, 「試論高麗前期兵制與唐朝府兵制的主要區別」, 『朝鮮歷史研究論叢』, 延邊大出版社, 1987.
정경현, 「고려 전기 이군육위제 연구」, 서울대 박사학위논문, 1992.
오영선, 「고려 전기 군인층의 구성과 위숙군의 성격」, 『한국사론』 28, 1992.
홍승기, 「고려 초기 경군의 이원적 구성론에 대하여」, 『이기백선생고희기념한국사학논총』 上, 일조각, 1994.
홍원기, 『고려 전기 군제 연구』, 연세대 박사학위논문, 1998.
권영국, 「고려 전기 군역제의 성격과 운영」, 『국사관논총』 87, 1999.

삼별초는 어떤 조직인가

김상기, 「삼별초와 그의 난에 대하여」, 『진단학보』 9·10·13, 1938~1941.
김상기, 『동방문화교류사논고』, 을유문화사, 1948.
강진철, 「몽고의 침입에 대한 항쟁」, 『한국사』 7, 1973.
김윤곤, 「삼별초의 대몽항전과 지방 군현민」, 『동양문화』 20·21, 1981.

이우성, 「삼별초의 천도항몽운동과 대일통첩」, 『한국의 역사상』, 1982.
김당택, 『고려 무인정권 연구』, 새문사, 1987.
신안식, 「고려 중기의 별초군」, 『건대사학』 7, 1989.
민병하, 『고려 무신 정권 연구』, 성균관대 출판부, 1990.
박종기, 「12, 13세기 농민 항쟁의 원인에 대한 고찰」, 『동방학지』 69, 1990.
채웅석, 「12, 13세기 향촌사회의 변동과 '민'의 대응」, 『역사와 현실』 3, 1990.
윤용혁, 『고려 대몽항쟁사 연구』, 일지사, 1991.
이익주, 「고려 후기 몽고 침입과 민중 항쟁의 성격」, 『역사비평』 24, 1994.

원 간섭기 개혁정치의 성격

이우성, 「고려조의 '吏'에 대하여」, 『역사학보』 23, 1964.
민현구, 「신돈의 집권과 그 정치적 성격」 (상·하), 『역사학보』 38·40, 1968.
민현구, 「고려 후기의 권문세족」, 『한국사』 8, 국사편찬위원회, 1974.
민현구, 「정치도감의 설치 경위」, 『논문집』 인문과학편 11, 국민대학, 1977.
민현구, 「정치도감의 성격」, 『동방학지』 23·24합집, 1980.
이기남, 「충선왕의 개혁과 사림원의 설치」, 『역사학보』 52, 1971.
이태진, 「고려말·조선초의 사회변화」, 『진단학보』 55, 1983.
박종진, 「충선왕대의 재정 개혁책과 그 성격」, 『한국사론』 9, 1983.
노용필, 「홍자번의 '편민십팔사'에 대한 연구」, 『역사학보』 102, 1984.
권영국, 「14세기 각염제의 성립과 운용」, 『한국사론』 13, 서울대 국사학과, 1985.
권영국, 「14세기 전반 '개혁정치'의 내용과 그 성격」, 『역사와 현실』 7, 1992.
김광철, 「고려 충렬왕대 정치세력의 동향」, 『논문집』 7-1, 창원대학교, 1985.
김광철, 『고려 후기 세족층 연구』, 동아대출판부, 1991.
이익주, 「고려 충렬왕대의 정치상황과 정치세력의 성격」, 『한국사론』 18, 서울대 국사학과, 1988.
이익주, 「충선왕 즉위년(1298) '개혁정치'의 성격」, 『역사와 현실』 7, 1992.
이익주, 「공민왕대 개혁의 추이와 신흥유신의 성장」, 『역사와 현실』 15, 1995.
이익주, 「고려·원관계의 구조에 대한 연구—소위 '세조구제'의 분석을 중심으로」, 『한국사론』 36, 서울대 국사학과, 1996.
이익주, 「고려말 신흥유신의 성장과 조선 건국」, 『역사와 현실』 29, 1998.
김당택, 「충렬왕의 복위 과정을 통해 본 천계 출신 관료와 '사족' 출신 관료의 정치적 갈등—'사대부'의 개념에 대한 검토」, 『동아연구』 17, 서강대 동아연구소, 1989.
김당택, 『원 간섭하의 고려 정치사』, 일조각, 1998.

김순자, 「원 간섭기 민의 동향」, 『역사와 현실』 7, 1992.
신안식, 「대몽항쟁기 민의 동향」, 『역사와 현실』 7, 1992.
한국역사연구회 14세기 고려사회성격 연구반, 『14세기 고려의 정치와 사회』, 민음사, 1994.

고려·조선의 친족제도

旗田巍, 『朝鮮中世社會史の研究』, 東京: 法政大學出版局, 1972.
노명호, 「산음장적을 통해 본 17세기 초 촌락의 혈연양상」, 『한국사론』 5, 1979.
노명호, 「고려의 오복친과 친족관계 법제」, 『한국사연구』 33, 1981.
노명호, 「고려 시기의 승음혈족과 귀족층의 음서기회」, 『김철준박사화갑기념사학논총』, 1983.
노명호, 「이자겸 일파와 한안인 일파의 족당세력」, 『한국사론』 17, 1987.
노명호, 「고려시대의 토지상속」, 『중앙사론』 6, 1989.
노명호, 「전시과체제하 백정 농민층의 토지소유—토지상속제와 관련된 검토를 중심으로」, 『한국사론』 23. 1990.
허흥식, 『고려사회사연구』, 아세아문화사, 1981.
신호철, 「고려시대의 토지상속에 대한 재검토」, 『역사학보』 98, 1983.
최재석, 『한국 가족제도사 연구』, 일지사, 1983.
권두규, 「고려시대의 별적이재금지법과 가족규모」, 『경북사학』 13, 1990.
권두규, 「고려시대 관인의 친족범위」, 『안동사학』 1, 1994.
역사학회 편, 『한국 친족제도 연구』, 1992.
이수건, 『영남학파의 형성과 전개』, 일조각, 1995.

조선왕조 성립을 어떻게 볼 것인가

麻生武龜, 「李朝の建國と政權の推移」, 『靑丘學叢』 5, 1931.
이상백, 『이조 건국의 연구』, 을유문화사, 1947.
이성무, 『조선 초기 양반 연구』, 일조각, 1980.
김준석, 「조선 전기의 사회사상」, 『동방학지』 26, 1981.
김준석, 「유교정치론」, 『한국사인식과 역사이론』(김용섭교수정년기념한국사학론총 I), 지식산업사, 1997.
한영우, 『정도전 사상의 연구』, 서울대출판부, 1983.
한영우, 『조선 전기 사회경제 연구』, 을유문화사, 1983.
한영우, 「이상백과 조선 건국사 연구」, 『우리 역사와의 대화』, 을유문화사, 1992.
이경식, 『조선 전기 토지제도 연구』, 일조각, 1986.

이태진, 『한국 사회사 연구』, 지식산업사, 1986.
이태진, 『조선 유교사회사론』, 지식산업사, 1989.
정두희, 「조선 전기 지배세력의 형성과 변천」, 『한국사회발전사론』, 일조각, 1992.
오종록, 「중세 후기로서의 조선사회—조선사회의 성립을 중심으로」, 『역사와 현실』 18, 1995.
도현철, 『고려말 사대부의 정치사상 연구』, 일조각, 1999.

훈구와 사림

이태진, 『조선시대 정치사의 재조명』, 범조사, 1985
이태진, 『한국 사회사 연구』, 지식산업사, 1986.
이태진, 『조선 유교사회사론』, 지식산업사, 1989.
최승희, 『조선 초기 언관 언론 연구』, 서울대 한국문화연구소, 1976.
이병휴, 『조선 전기 영남 사림파 연구』, 일조각, 1984.
이수건, 『한국 중세사회사 연구』, 일조각, 1984.
정두희, 『조선 성조조의 대간 연구』, 한국연구소, 1986.
최이돈, 『조선 중기 사림정치구조 연구』, 일조각, 1994.
정홍준, 『조선 중기 정치권력구조 연구』, 고려대 민족문화연구소, 1996.
김돈, 『조선 전기 군신 권력관계 연구』, 서울대출판부, 1997.
김우기, 『조선 중기 척신정치 연구』, 집문당, 2001.

인조반정과 서인 정권

이태진, 『조선 후기의 정치와 군영제 변천』, 한국연구원, 1985.
오수창, 「인조대 정치세력의 동향」, 『한국사론』 13, 서울대 인문대학 국사학과, 1985.
정옥자, 「병자호란시 언관의 위상과 활동」, 『한국문화』 12, 서울대 한국문화연구소, 1991.
이성무·정만조 외, 『조선 후기 당쟁의 종합적 검토』, 한국정신문화연구원, 1992.
정만조, 「조선시대의 사림 정치—17세기의 정치형태」, 『한국사상의 정치형태』, 일조각, 1993.
권인호, 『조선 중기 사림파의 사회정치사상』, 한길사, 1995.
한명기, 「반정과 쿠데타」, 『전통과 현대』 1997년 가을호.
지두환, 「인조대의 대동법 논의」, 『역사학보』 155, 역사학회, 1997.
이상필, 「한국 유학사상 남명학파의 위상 (1)—인조반정을 전후한 시기의 정신사적 인식을 중심으로」, 『남명학 연구』 8, 경상대 남명학연구소, 1998.
이기순, 『인조·효종대 정치사 연구』, 국학자료원, 1998.

실학, 환상인가 실체인가

천관우, 「반계 유형원 연구―실학 발생에서 본 이조사회의 일 단면」, 『역사학보』 2·3, 1952·1953.
최익한, 『실학파와 정다산』, 청년사(복각판), 1955.
한우근, 「이조 실학의 개념에 대하여」, 『진단학회』 19, 1958.
김용섭, 「최근의 실학 연구에 관하여」, 『역사교육』 6, 1962.
이우성, 「실학 연구 서설」, 『실학 연구 입문』, 일조각, 1973.
김용섭, 「조선 후기의 농업 문제와 실학」, 『동방학지』 17, 1976.
박충석, 『한국정치사상사』, 삼영사, 1982.
강재언, 정창렬 역, 『한국의 개화사상』 비봉출판사, 1979.
김현영, 「실학 연구의 반성과 전망」, 『한국 중세사회 해체기의 제문제 (상)』, 한울, 1987.
지두환, 「조선 후기 실학 연구의 문제점과 방향」, 『태동고전연구』 3, 1987.
임형택, 『실사구시의 한국학』, 창작과비평사, 2000.

내재적 발전론과 한국사인식

中塚明, 「내재적 발전론과 제국주의 연구」, 『新朝鮮史入門』, 龍溪書舍, 1981.
橋谷弘, 「한국사에 있어서 근대와 반근대」, 『歷史評論』 500, 1991. 12.
竝木眞人, 「전후 일본에서의 조선 근대사 연구의 현단계」, 『歷史評論』 482, 1990. 6.
吉野誠, 「조선사에 있어서 내재적 발전론」, 『東海大學文學部紀要』 47, 1987.
宮嶋博史, 「방법으로서의 동아시아―동아시아 삼국에 있어서 근대로의 이행을 둘러싸고」, 『歷史評論』 412, 1984.
宮嶋博史, 「근대 극복 지향형 내셔널리즘과 새로운 朝鮮史像」, 『歷史批判』 3, 1986.
방기중, 『한국 근현대 사상사 연구―1930~40년대 백남운의 학문과 정치경제사상』, 역사비평사, 1992.
梶村秀樹, 『朝鮮史의 方法』(梶村秀樹著作集 2), 明石書店, 1993.
박찬승, 「분단시대 남한의 한국사학」, 『한국의 역사가와 역사학 (하)』, 창작과비평사, 1994.
이영호, 「해방후 남한 사학계의 한국사인식」, 『한국사』 23, 한길사, 1994.
김인걸, 「1960·70년대 '내재적 발전론'과 한국사학」, 『한국사인식과 역사이론』, 지식산업사, 1997.
김도형, 「근대사회 성립론」, 『한국사인식과 역사이론』, 지식산업사, 1997.
이세영, 『한국사 연구와 과학성』, 청년사, 1997.